Peter J. Kraus

Rock-Highway

Kalifornien und seine
Musik-Legenden

W0086080

Ch. Links Verlag, Berlin

Fotonachweis:
Ulrich Pschewoschny (Seite 55, 69, 155, 166, 171)
Archiv von Peter J. Kraus (Seite 13, 37, 53, 61, 77, 83, 92,
105, 115, 121, 129, 131, 137, 143, 149, 190, 197)
WEA (Seite 207)
Michael Werner (Seite 231)

Die Deutsche Bibliothek – CIP-Einheitsaufnahme

Kraus, Peter J.:
Rock-Highway : Kalifornien und seine
Musik-Legenden / Peter J. Kraus. – 1. Aufl. –
Berlin : Links, 1996
ISBN 3-86153-108-9

1. Auflage, März 1996
© Christoph Links Verlag – LinksDruck GmbH
Zehdenicker Str. 1, 10119 Berlin, Telefon: (030) 449 00 21
Umschlaggestaltung: KahaneDesign, Berlin
unter Verwendung eines Fotos von Maurice Weiss/Ostkreuz, Berlin
Satz und Lithos: LVD GmbH, Berlin
Schrift: New Century Schoolbook
Druck- und Bindearbeiten: Wagner Gmbh, Nördlingen
ISBN: 3-86153-108-9

Inhalt

Anhang

Der Highway 101 –
oder was man dafür hält

Kalifornien. Unsere Berge sind zu hoch, unsere Entfernungen überwältigend, unsere Sandstrände nutzlos breit, denn der Pazifik eignet sich nicht zum Schwimmen, weil er viel zu kalt ist. Bei uns bebt die Erde, wir erdulden jarelange Trockenperioden, furchtbare Schneestürme und sengende Hitze. Kalifornien besteht aus Wüste und Urwald, aus walisisch-sanften Hügeln und schroff-alpinem Fels, aus aufgetürmten Großstädten und unendlicher Weite, aus tiefblauen Seen und vulkanischen Hochebenen. 32 Millionen Kalifornier teilen sich zwar zehn Prozent mehr Fläche als 80 Millionen Deutsche, aber wir haben 150 Kilometer weniger Küste. Über 1000 Kilometer mißt die bananenförmige Republik von Süden nach Norden, dafür aber nur etwa 400 Kilometer von Ost nach West.

Unsere wenigen Großstädte sind gepflegt und verdreckt, steinreich und bettelarm, wunderschön begrünt und staubig kahl, je nachdem wo man sich gerade befindet. Ein nichtendenwollendes Rassenproblem haben wir, einen in Nachbarschaften und Barrios täglich erneut ausgefochtenen, lautlosen Kleinkrieg der Kleinbürger, der in Vorstandsetagen wie in Vorstadtkneipen tobt. Früher eingewanderte Kalifornier nehmen den Hinzugekommenen jeder Schattierung das Hiersein übel. Man will nicht so eng aufeinanderhocken. Vor 40 Jahren saßen 14 Millionen Kalifornier aufeinander, und in zwei Dekaden sollen es 50 Millionen sein. Was dann? Man nimmt übel, aber nur in Leserbriefen. Der Kalifornier macht sich Luft, aber nur auf nette Art. Anstößigkeit ist ein Verhaltensmerkmal der Unterschicht, und zu der möchte sich kaum jemand zählen.

Morgens um vier Uhr zweiunddreißig wird man aus dem Bett geworfen, weil wieder mal ein Erdbeben durch die Mojave rumpelt. Im Sommer stöhnen wir unter der kolossalen Hitze, im Winter kommt zuviel Wasser auf einmal vom Himmel, das dann nicht versickert, sondern brausend zum Pazifik will und alles in seinem Weg mitreißt.

Ist der Kalifornier im Auto unterwegs und verläßt einen der wenigen Highways, könnte es sein, daß ihm die Tektonik einen Strich durch die Rechnung macht. Erdbebenspalten reißen ab und zu Landstraßen auf und bedingen stundenlange Umwege. Will man von Süd-Los Angeles in den Norden San Franciscos fahren, könnte es durchaus passieren, daß es ebensolange dauert, beide Städte zu durchfahren wie die dazwischenliegenden 800 Kilometer zu bewältigen. Der Verkehr ist katastrophal, das Wetter unberechenbar, die Geologie gefährlich, das Sozialgefüge des Staates ein Alptraum.

Warum immer mehr Menschen in diesen Staat ziehen, fragen sich viele Kalifornier. Aber wenige von ihnen verlassen den Riesenstaat an der Westküste Amerikas. Sie schimpfen und bleiben. Bei allen Nachteilen hat Kalifornien eben doch ein gewisses Etwas. Bis auf kümmerliche Reste der ohnehin nie großen indianischen Bevölkerung ist jeder Kalifornier Einwanderer. Alteingesessene leben in der vierten oder fünften Generation in Kalifornien, weiter zurück reicht der Stammbaum nicht.

Dieser nichtseßhafte Menschenschlag, an den Rand des Kontinents gedrängt, von wo aus keine Flucht mehr möglich ist, hat seine eigene Kultur entwickelt. Er ist seit vielen Jahren kräftig dabei, diese Kultur in den Rest der Welt zu exportieren. Daß Hollywood in Kalifornien liegt, weiß man, und daß Hollywood Filme exportiert, ist bekannt. Doch kalifornische Musik und Musiker haben einen noch stärkeren Einfluß auf die Populärkultur der Welt als unsere hochgelobte und beschimpfte Filmindustrie.

Um die Musik geht es in diesem Buch, Musik, die nur hier entstehen konnte, und um die Musiker, die etwas ganz Neues schufen. Nicht unbedingt um die Hitmacher, nicht unbedingt um die Top 40, sondern um Bekannte und Unbekannte, deren Talent und Arbeit mithalfen, den vielen verschiedenen Kulturen der Welt eine alle verbindende Populärkultur überzustülpen.

Das stark strapazierte Disneyland und der momentan regierende Popkünstler Michael Jackson haben gemeinsam, daß sich die ganze Welt zu ihnen drängt. Doch der weniger bekannte Winkel in der Weite des Staates, der momentan weniger beachtete Künstler, der etwas Neues schafft, ist typischer für ein Land und eine Gesellschaft als der Geschmack des Monats. Selbst in einer jungen Kultur wie der unsrigen geht es um Bestand. Hulahoop war zwei Jahre modern, aber der Rock Chuck Berrys wird noch heute gespielt und geliebt. Man läuft noch immer Rollschuh, aber eine Wiedergeburt des Raga-Rock läßt auf sich warten. Menschen, die hier zu Wort kommen, werden weltberühmt oder kaum bekannt sein, doch alle haben sie gemein, daß sie an der Entwicklung dieser Weltkultur kräftig mitgebastelt haben, daß sie mitverantwortlich sind für die musikalische und kulturelle Globalisierung dieser Welt. Egal, mit welch großen Plänen sie einst antraten, daß es so kommt, hätte sich keiner von ihnen träumen lassen.

Steigen wir also in unser kalifornisches Kabrio, drehen das Radio schön laut auf und fahren den Highway 101 von Süden nach Norden. Teilweise folgt die Überlandstraße noch dem alten Highway 1, dem kalifornischen Teil der längsten Straße der Welt, die sich von Alaska bis nach Feuerland hinunterzieht. Sie durchzieht fast alle geographischen Regionen Kaliforniens, sie durchquert Wohngebiete aller Rassen und sozialen Schichten dieses Staates. US-Highway 101 beginnt sein kalifornisches Leben im vielstöckigen Trubel der Los Angeles Downtown und verläßt den Staat in der tiefgrünen Einsamkeit Nordkaliforniens am Winchuck River. Doch wir sind ja keine Erbsenzähler. Deshalb machen wir's wie alle Kalifornier; für sie ist die breite Straße von Tijuana bis Oregon der 101, basta. Auch wenn sie auf den ersten Kilometern noch Interstate 5 heißt, oder Old Highway One.

Also beginnen wir am zwanzigspurigen Grenzübergang

bei Tijuana. Durch San Diego und an der Küste entlang bis San Juan Capistrano sind wir auf der »I Five«. Dann beginnt der alte Highway 1, das Sträßchen, auf dem Humphrey Bogart in tausend alten Filmen fluchend die Nacht durchfährt, das zweitklassigen Detektiven aus schwarzweißer Fernsehfrühzeit als Staffage diente. Es führte damals wie heute durch die teuren Stranddörfer des Orange County, quer durch die Vierzehnmillionenhölle Los Angeles, am Strand entlang zum wunderschönen Santa Barbara, und trennt sich erst bei San Luis Obispo von der ihr aufgewalzten Verbreiterung, dem US 101. Die moderne Verkehrsader biegt ins Inland ab und zieht sich durch weite, einsame Felder zum Salinas John Steinbecks. Dort trifft man sich fast wieder; zischt der 101 vierspurig durch die Ölfelder und Knoblauchfelder des Salinas Valley, tuckert der behäbige Highway 1 immer hart an der Küste entlang. Durch Morro Bay und Cambria, auf schmaler Trasse an den rotholzbestandenen Hängen des wilden Big Sur, durchs malerische Carmel und das popgeschichtsträchtige Monterey zieht sich der Traditionshighway, während der 101 durch Kaliforniens jüngste Großstadt San Jose und das übermorgige Silicon Valley nach San Francisco führt. Wir überqueren die Golden Gate und durchfahren das europäisch angehauchte Marin County. Ab Bodega Bay wird's einsam, das obere Drittel des Staates hat kaum Einwohner. 80 000 Leute wohnen in der größten Siedlung oberhalb San Franciscos, kaum zu fassen, denn Nordkalifornien ist immerhin ein Gebiet von der Größe der alten DDR. Von Eureka fahren wir nach Crescent City, um dann ins regnerische Oregon überzuwechseln, aber so weit wollen wir ja gar nicht.

Gehen wir also zurück an den Anfang unserer Minitour, an den Grenzübergang von Tijuana, und besuchen auf unserem Weg nach Norden einige der Musiker, die kalifornische Populärkultur zum Exportschlager ohnegleichen gemacht haben.

San Diego: arme Nachbarn und reiche Punker

2 500 Kilometer ist sie lang, die gelblich-braune Grenze zwischen Mexiko und den Vereinigten Staaten. 2 500 Kilometer, von San Diego am Pazifik nach Brownsville am Golf von Mexiko verläuft sie, diese Grenze, die auf lange. Strecken nur ein gedachter Strich im Sand ist. Die Regierungen beider Länder verlassen sich wohl auf die Schrekken der Wüste, die von der Grenze durchzogen wird, denn gesichert ist sie nur auf wenigen Kilometern. Das ewig optimistische Kalifornien hat vor einigen Jahren eine übermannshohe Blechwand zwischen die beiden Großstädte San Diego und Tijuana gestellt und gedacht, damit sei dem kalifornischen Volksempfinden Genüge getan und die Grenze endlich abgeriegelt.

Doch wer sie überwinden will, tut das auch. Wer die 500 Dollar für einen der Kojoten nicht hat, die jede Nacht ganze Trupps Illegaler durch versteckte Täler, auf stillen Pfaden von Mexiko nach Kalifornien schleusen, der kauft sich festes Schuhwerk und ein paar Wasserflaschen und umgeht die Mauer einfach. Einen Tag nach Osten, einen Tag nach Westen, und der Mexikaner ist auf Nimmerwiedersehen in Kalifornien verschwunden. 300 000 illegale Einwanderer werden jedes Jahr an der Grenze abgefangen, doch man schätzt, daß nur ein Drittel derjenigen, die den Grenzübertritt wagen, dabei erwischt werden.

Kalifornien ist ein großes, fruchtbares Land. Aller Rhetorik und Demagogie zum Trotz braucht man die billigen Arbeitskräfte aus dem Süden, weil ohne sie unsere Landwirtschaft zusammenbräche. Man braucht die billigen Arbeiter, die unter Tarif bezahlt werden, die jeden Job annehmen, nur um zu überleben. Also drückt man ein Auge zu.

Die kalifornische Millionenstadt San Diego liegt nur sieben Meilen nördlich der jungen nordmexikanischen Großstadt Tijuana. Im einstigen gottverlassenen Grenzkaff wohnen offiziell 800 000 Leute, aber mexikanische Behörden schätzen, daß die tatsächliche Einwohnerzahl zwischen zwei und drei Millionen liegt. Tijuana ist ein riesiges Sammelbecken der Armen Lateinamerikas und Mexikos. Viele von ihnen schaffen es mit Müh und Not bis an die Grenze und haben dann weder die Mittel noch den Mut, sie zu überwinden. Sie bleiben in Tijuana hängen, und jedes Jahr wächst das Heer der Habenichtse. Wie die Amerikaner, die nach Westen ziehen, um in Kalifornien eine von der Natur gesetzte Grenze zu finden, stoßen sie an die Grenze ihrer eigenen Leistungsfähigkeit. Die zehn Kilometer von Tijuana bis zum Verschwinden in der Großstadt San Diego schaffen viele einfach nicht mehr.

Fährt man in Tijuana an der Grenze entlang zum Meer, die Avenida Revolucion hinunter, deren Bordelle, Donkey Shows und Seemannskneipen durch Edelboutiquen ersetzt wurden, stößt man an der Schnellstraße nach Ensenada auf ein nichtmarkiertes Drecksträßchen. Das führt in Drehungen und Windungen bergan, und wenn man endlich oben ankommt, stellt man fest, daß man auf der Schutthalde von Tijuana steht. Ein Dorf ist hier aus dem Müll gewachsen, ein Barrio der Ärmsten. Wellblech- und Papphütten lehnen sich aneinander, rachitische Hühner versuchen zu fliehen, und nackte, dickbäuchige Kinder laufen ihnen nach. Beißender Rauch steigt aus diesem künstlichen Berg, von dem aus man vor sich das blitzblanke Panorama San Diegos sieht. Die Yachthäfen und Golfplätze, die breiten Autobahnen und den gewaltigen Heimathafen der Pazifikflotte überblickt der Müllcampesino. Aus azurblauem Himmel strahlt eine grelle Sonne auf die roten Dächer und weißen Mauern der Großstadt. Doch das atemberaubende Panorama ist nur sichtbar, wenn der Wind vom Ozean her die Rauchschwaden des stinkenden Berges nach Südosten bläst. Die einzige Grenze zwischen einem Land der dritten Welt und einem hochindustrialisierten Staat überblickt der Elendstourist von dieser grotesken Anhöhe, und er friert, wenn er sich in die Lage desjenigen versetzt, der täglich seine Kinder aus einer der Hütten krabbeln sehen muß. Die Müllhalde von Tijuana wäre ein ideales Tagungsgelände für Politiker, die einen Blick in die Zukunft werfen wollen.

Hat man nach stundenlangem Anstehen die Grenze passiert und fährt ins gelobte Land, muß man erst mal höllisch aufpassen. Das erste Verkehrsschild, das der Reisende auf der Autobahn sieht, dürfte einmalig sein auf der Welt. Auf gelbem Grund läuft eine Piktogrammfamilie, wie der Hirsch auf dem europäischen Wildwechselwarnschild. Das Wild, das hier wechselt, sind illegale Einwanderer. Sie entkommen den Häschern der Einwanderungspolizei durch einen verzweifelten Spurt über den Freeway. Der Empfang, den Kalifornien seinen Gästen bietet, ist also nicht der allerliebste. Das Grenzgebiet ist ein Mikrokosmos der kalifornischen Zukunft.

San Diego lebte von der Marine. Der riesige Kriegshafen sorgte 50 Jahre lang für eine anhaltende Hochkonjunktur in dieser Stadt, sorgte aber auch dafür, daß San Diego eine Tradition amerikanisch-puritanischer Sauberkeit hat. Hier

San Diego: amerikanisch-puritanische Sauberkeit

wohnen die Familien des Offizierskorps, hier wachsen die guten Töchter heran. Daß der Landurlaub einer Kriegsschiffbesatzung mit allerlei Schabernack verbunden ist, akzeptiert auch der prüdeste Bürger. Boys will be boys, und für unsere kämpfende Truppe ist nur das Beste gut genug.

Kein Problem, denn wozu hat San Diego das Ausland zum Nachbarn? Man sorgte immer dafür, daß Tijuana eine Art fremdländischer Vorstadtabtritt blieb. Hier konnten sich die Boys nach Herzenslust vergnügen, während die Jungfrauen San Diegos welche blieben, solange sie es wünschten. Die letzten Jahre brachten hier einen grundlegenden Umschwung, nicht unbedingt im Status der Jungfrauen, aber im Weichbild der Stadt. Das Verteidigungsbudget wurde rigoros zusammengestrichen, Marinewerften mußten dichtmachen, Kriegsschiffe wurden eingemottet. Mit der Kampfbereitschaft ist's nicht mehr weit her. Dafür verfiel der Dollar gegenüber europäischen Währungen. Kalifornien wurde über Nacht zum Ferienziel. San Diego stellt sich gerade um, man will mehr Tourismus anlocken, man will saubere Industrie, und man hat, wenn's nötig wird, die billigen Arbeitskräfte gleich nebenan. Die Stadt liegt einmalig verkehrsgünstig. Ein tiefer Naturhafen, der Highway und einige gut ausgebaute Militär- und Zivilflughäfen schaffen die Voraussetzung für eine wirtschaftliche Umstellung.

San Diegos Flughäfen liegen überall verstreut. Sonderbarerweise scheinen alle Einflugschneisen direkt über die Musikkneipe Casbah am Kettner Boulevard zu führen. Einen derartigen Lärm veranstalten die landenden Flugzeuge, daß es kein Wunder ist, daß die junge San-Diego-Musikszene so wahnsinnig laute Sounds produziert. Reine Selbstverteidigung. Die Gruppen, seien sie nun *Fluf*, *Chune*, *Heavy Vegetable*, *Rocket from the Crypt* oder *Drive like Jehu*, überbieten sich im Gitarrenattack und Schlagzeuggedröhn. In der Casbah kann man sich nur schreiend unterhalten. Und das bringt's natürlich.

Die San-Diego-Musikszene dümpelte bis Anfang der

Neunziger so vor sich hin. Wer hier Musik spielte, ging entweder nach Tijuana, denn da waren die Gigs, oder nach Los Angeles, denn da waren die Studios, da saßen die Labels, da war die Action. Doch seit sich einige Klubs gegen die Konkurrenz aus Tijuana durchsetzten, bleiben die Kids zu Hause. Aus den Surfern wurden Rocker.

Nick Hernandez kam vor Jahren zu mir ins Sendestudio. Langhaarig, braungebrannt, kannte man ihn an der Küste als Berufssurfer. Nick zog auf der Welle immer die beste Show ab, war Weltmeister seiner Disziplin, verdiente mit seinen 19 Jahren entsprechend horrend und studierte nebenher Musik. Er hatte ein Demoband dabei, und wir hörten rein, während irgend etwas Rockiges lief. Ich war völlig baff; der Knabe hatte eine Dubband vom Feinsten zusammengestellt, als Sänger glänzte er. Da gab's keine Frage – sofort wurde der rohe Demomix gesendet, und sämtliche Telefonleitungen begannen zu glühen. Seither ist die *Common Sense* von Surfer Nick eine der meistgebuchten Live-Bands Südkaliforniens. Nick, hocherfreut über den Erfolg, schickte seinen Freund Quino vorbei. Der brachte eine CD seiner San-Diego-Gruppe *Shiloh* mit; gefälliger Reggae, richtiger südkalifornischer Strandpop, wie für einen faulen Herbsttag am Strand geschaffen.

»California Reggae« hieß die Erstproduktion der jungen Gruppe auch folgerichtig, wir spielten sie, und die Hörerreaktion war recht gut. Quino freute sich, kam noch einige Male vorbei und fragte, ob wir sein Album auch spielen würden. Klar doch, Junge. Bis 1983, als aus *Shiloh* die Gruppe *Big Mountain* wurde, aus den gefälligen Songs des »California Reggae« die Ohrwürmer seines »Unity«, als sein Cover des massiven *Drifters*-Hits von 1964 »Under The Boardwalk« dem des noch massiveren Peter-Frampton-Hits von 1976, »Baby, I Love Your Way« Platz machte und die Reggae-Version des jungen *Big Mountain*-Gründers Quino ein echter Tophit auf MTV und in der Musikzeitschrift *Billboard* wurde. Seither fragt er nicht mehr, ob ich sein Album spiele.

Nicht nur gefällige Popper kommen aus San Diego, sondern auch ganz harte Rocker, und die härtesten sind auf dem einheimischen Cargo Label. Die haben sich auf Rock, Punk und Hardcore, made in San Diego, spezialisiert. Die Synergie eines enthusiastischen Kleinlabels und einer starken jungen Musikszene ist in der Stadt zu spüren. Spitzenmusik von einheimischen Bands gibt's regelmäßig in der University, das San-Diego-Musikfestival hat sich zu einer beachteten Veranstaltung gemausert, und Gruppen aus den Strandstädten der Umgebung bemühen sich um Gigs in San Diego.

Eine der schärfsten jungen Bands der Szene ist *Psychotic Waltz*, deren erstes Album 1992 in Deutschland aufgenommen wurde. Sie sind eine der vier oder fünf Gruppen San Diegos, die das Zeug dazu haben, es ihren großen kommerziellen Vorbildern nachzumachen, den *Stone Temple Pilots*. Die kamen Mitte der Achtziger zusammen. Gruppenchef Weiland, der aus Kalifornien stammte, aber in Ohio aufwuchs, hatte Sehnsucht nach Sonne und Meer. Die gitarre- und baßspielenden Brüder Dean and Robert DeLeo zogen aus New Jersey zu, und Eric Kretz fand man in einem der Klubs. Er war der, der den dreien noch zur Gruppenbildung fehlte. Auf den waren sie sofort scharf, denn sie hatten noch nie einen derart auf die Drums knallen sehen.

Robert DeLeo, Weiland und Kretz begannen zusammen Songs zu schreiben, aber aus den geplanten Auftritten wurde lange nichts. Dean DeLeo übte gelegentlich mit der Band und kam sich recht überflüssig vor, bis die Jungs ihn einluden, doch die Demos der geschriebenen Lieder mit einzuspielen. Dazu gehörten »Piece Of Pie«, »Cracker Man« und »Where The River Goes«. Die Demos waren spitze, sagt Robert, und als sie das Material endlich live spielten, wußten sie, daß sie eine wirklich starke Sache hatten. Die Jungs nannten sich *Mighty Joe Young* und spielten ihren ersten bezahlten Gig im August 1990, natürlich in Los Angeles, im Whisky a Go Go. Doch in San Diego, in den kleinen Klubs, machten sie sich einen Namen. Sie traten, sooft man sie ließ, auf, in dieser sich gerade konstituierenden Musikszene, die noch keiner so nennen wollte, weil es großkotzig klang. Was sich nach dem *Pearl Jam*-Album »Ten«, das 1991 herauskam, sofort änderte. Denn deren Sänger Eddie Vedder war einer der Aktivsten San Diegos. »Der Kerl, der nie schläft« hieß er, denn er war unermüdlich. Frontman der glücklosen Gruppen *Bad Radio* und *Surf and Destroy* war er, hatte für eine Ölfirma malocht, um Musik machen zu können, und dann hatte er sich mit den Seattle-Rockern zusammengetan. Damit machte Eddie San Diego ungewollt hoffähig, und plötzlich saß in jeder Musikkneipe ein Talentscout und hielt die Ohren offen.

Der Hollywooder Talente-Manager Don Muller hatte schon viel von Weiland und seiner *Mighty Joe Young* gehört, aber er ist ein mächtiger Industrieführer, und so einer geht nicht einfach nach San Diego. Als die Boys 1992 im Club with no Name in Los Angeles auftraten, saß der einflußreiche Mann im Saal. Don war ganz weg von der Gruppe und rief seinen Freund Tom Carolan an, der die Band sofort für sein Atlantic Label unter Vertrag nehmen wollte. »Mann, hatten wir Muffe«, sagt Robert DeLeo. »Ich glaub' jede Band, die sich binden soll, hat Angst. Wir hatten wirklich keine Lust, in die Scheiße zu steigen. Weißt du, wenn du so einen Vertrag unterschreibst, verpassen sie dir's entweder von vorne oder von hinten. You get fucked, either way. Wir wollten's nicht in die Hintertür kriegen.«

Die Unentschlossenen trafen sich mit Danny Goldberg. Der managte die *Beastie Boys*, *Sonic News* und *Nirvana*. Das galt im Alternativgeschäft als göttergleich. So einem traut man. Goldberg, der Vizepräsident von Atlantic werden sollte, ließ die Jungs wissen, daß sie sich so entwikkeln können, wie sie's vorhatten. Und man unterschrieb. Ausgerechnet am 1. April 1992. Einen Monat später nahmen sie schon ihr Debütalbum mit dem Produzenten Brandon O'Brian auf, der auch die *Red Hot Chili Peppers* und die *Black Crowes* betreut. Doch einige Tage ehe das Album auf den Markt kommen sollte, rief ein Anwalt an und teilte ihnen mit, daß ein Bluessänger aus Chicago schon als *Mighty Joe Young* bekannt war. Sie mußten sich unbedingt sofort einen neuen Namen suchen. Was dabei rauskam, ist bekannt: der Unsinnsname *Stone Temple Pilots*, weil sich Weiland an einen Motorenölaufkleber erinnerte, den er als Kind auf seinem Fahrrad gehabt hatte. Das Album war »Core«, kam im September 1992 raus und rechtfertigte die Begeisterung Mullers, Carolans und Goldbergs.

In der Band steckte das große Geld, wenn man kleinere Probleme wie mißverständliche Lyrics bereinigen konnte. Weiland, ein ausgesprochener Feminist und politically correct bis in die Wurzeln seiner Locken, ausgerechnet Weiland, der das Lied »Sextype Thing« geschrieben hatte, wurde auf der ersten Tournee nämlich überall böse angemacht. Er sei ein Schwein, er sei ein Macho, er rede der Vergewaltigung das Wort, warf man ihm vor. Satire kann ein sehr heißes Pflaster sein, wenn sie Humorlosen zugemutet wird, und die angeblich frauenfeindlichen Texte waren natürlich bewußt überzogen. Die Gruppe lernte daraus; sie lehnten ein Angebot der *Aerosmith* ab, deren nächste Tour zu begleiten, und nahmen statt dessen das Tourangebot der *Butthole Surfers* an. Das hatte nichts mit *Aerosmith* zu tun, sagt Robert. Sie waren immerhin mit *Aerosmith* aufgewachsen. Nur waren sie zu dem Zeitpunkt ihrer Karriere keine Stadienband. Die erste *Pilots*-Tour führte durch kleine Klubs, die zweite Tour mit *Megadeth* lief vor einigen tausend Konzertbesuchern. Die Band hatte bis dahin kaum in Großstädten gespielt, also scheute man eine unpersönliche Stadientour vor älterem Publikum.

Als 1994 »Purple« herauskam, war *STP* eine Stadienband. In der Hardcore-Szene von San Diego gelten sie zwar nichts mehr, dafür aber im Rest der Welt. Sie verkauften Millionen Platten, waren auf dem besten Weg, die Topband Amerikas zu werden, als Weiland beim Crackkaufen erwischt wurde. Ungut, denn das ist für sein Publikum eindeutig die falsche Droge. Vor Crack hat der Bürgersproß berechtigte Muffe. Doch die Peinlichkeit liegt hinter ihnen, denn Weiland hatte bombige Public-Relations-Leute, die *STP*-Alben verkaufen sich bestens, und ihre Soundtrackbeiträge machen ihnen in Hollywood sehr viele Freunde. Daß die *Stone Temple Pilots* auf Dauer angelegt sind, läßt sich inzwischen nicht mehr bezweifeln. Und daß die Gemeinschaft, die Eddie Vedder und *STP* ausspuckte, noch mehr solcher ausbaufähigen Talente aufweist, ist jedem Musikmanager mit Spesenkonto klar. Die Musikkneipe Casbah ist trotz Fluglärm immer voll, die Stadt San Diego nennt sich schon hoffnungsfroh das neue Seattle.

Tentakelstadt L.A.:
Nichts wie weg!

Die südlichen 200 Kilometer Highway zwischen der Hafenstadt San Diego und dem raumgreifenden Los Angeles erinnern manch einen Touristen an ein palmenbestandenes Ruhrgebiet, andere wiederum halten diese Küstenstrecke für die schönste Vorstadt der Welt. Aber einheimische Kreative sind sich darin einig, daß man möglichst schnell, möglichst gut verdienen muß, um dem Moloch den Rücken kehren zu können. Mittelkalifornien ist der bevorzugte Zufluchtsort derer, die es in der Medienmetropole Südkalifornien endlich geschafft haben. Nichts wie weg, sagt man, ins 140 Kilometer entfernte Santa Barbara ziehen oder in das darüberliegende Santa Ynez Valley, und möglichst nur zum Studiotermin in die Großstadt fliegen. Aus angemessener Entfernung kann man Südkalifornien vorbehaltlos genießen.

Gewinnstreben ist der Kitt, der Südkalifornien zusammenhält. Zwischen den Metropolen wohnt, wer täglich dort zur Arbeit muß. Man nimmt die langen Anfahrten in Kauf, nur um aus dem unmittelbaren Dunstkreis der Großstädte herauszukommen. Das hat dazu geführt, daß ehemals ländliche Orte wie Anaheim mit ihrem auf die grüne Wiese gesetzten Disneyland zu Schlafstädten der unteren Mittelschicht wurden, daß selbst die einst wohlsituierten Gemeinden der Republikanerhochburg Orange County vor einigen Jahren ihren Landkreis nicht vor der Pleite retten konnten. Es ist einfach kein Geld mehr da. Die wenigen, die wirklich viel haben und immer noch im Gebiet zwischen Los Angeles und San Diego wohnen, schotten sich hinter hohen Mauern ab. Sie haben ihre wohlhabenden Ghettos durch Leibwachen, scharfe Hunde und breite,

schallschluckende Grüngürtel vom Rest des Volkes iso-
liert. Sie fühlen sich langsam aber sicher von den Habe-
nichtsen bedrängt, verdrängt. Der südkalifornische Wild-
wuchs zog sich am Meer entlang und setzte sich, als Land
knapp und teuer wurde, nach Osten fort. Immense Oran-
genhaine, unendliche Weinanbauflächen, landwirtschaftli-
ches Gelände allererster Güte, ein 40 Kilometer breiter
Streifen Hinterland wurde zu einer unübersehbaren
Haus- und Autobahnlandschaft.

Der Großraum Los Angeles hat sich in den vergangenen
40 Jahren effektiv verdoppelt. Der Ausbreitung, so nahm
man früher an, wären natürliche Grenzen gesetzt. Im
Nordosten schließt eine hohe Bergkette das südkalifornische Tal ab, dahinter liegt die unendliche Weite der
Mojavewüste. Im Südosten begrenzt die staubtrockene
Anza-Borrego-Ebene mit ihrer Salton Sea den bewohn-
baren Küstenstreifen, zum Westen hin das Meer, im Norden und Nordwesten machen der unglaublich fruchtbare
Boden des San Joaquin Valley und die Wildnis der Santa
Monica Mountains eine Bebauung unwirtschaftlich. Aber
der Drang nach außen hat seinen Weg über die Berge gefunden, der westliche Rand der Mojavewüste ist schon
dicht besiedelt, Lancaster und Palmdale, zwei Ortschaften, deren Unzugänglichkeit noch die heranwachsenden
Frank Zappa, Captain Beefheart und Merrell Fankhauser
von den Fleischtöpfen Los Angeles' fernhielten, sind Teil
des erweiterten Städteverbundes.

Im Osten der Stadt, am Fuße der San Gabriel Mountains, liegt San Bernardino. Man kennt es aus dem Bobby-
Troup-Klassiker »Route 66«. Von hier aus war's nicht
mehr weit bis zum Endpunkt des sagenhaften Highway 66.
Der Reisende hatte die Einsamkeit der San Gabriels durchquert, war durch das Skigebiet des Big Bear Lake und das
Dämmerdorf Lake Arrowhead bis fast an den Rand des
Kontinents gelangt, und wenn er die engen Kehren der
unbefestigten Paßstraße hinter sich hatte, konnte er sich
im abgelegenen San Bernardino auf den Endspurt vor-
bereiten. So war es noch am 5. Juni 1964, als die *Rolling
Stones* hier erstmals gastierten. Die spielten »Route 66«

für ihr Leben gern, und Amerika-Fan Keith Richards hatte darauf gedrängt, die erste US-Tournee im berühmt gewordenen Städtchen zu beginnen.

San Bernardino hat seinen Charakter eingebüßt. Nichts erinnert mehr an das Nest aus »Route 66«, es ist heute Teil der Tentakelstadt, die sich Los Angeles nennt. Wie die Nachbarorte Colton, Fontana, Redlands und Yucaipa ist San Bernardino gesichtslos. Es ist alles eins. Ein großer, bunter Brei, bewohnt von Menschen aus aller Welt, Menschen, die zu ihrem neuen Wohnort nur die Beziehung des Geldes haben. Die natürlichen Grenzen der Großstadt sind durch künstliche ersetzt worden. Die neuen Grenzen liegen darin, Geld und Baugenehmigungen für immer neue Stadtgründungen, für immer neue Wohnsiedlungen aufzutreiben. Natürlich lohnt sich so ein Großprojekt nur, wenn es gelingt, immer mehr Leute anzulocken, die die neuerbauten Siedlungen auch bewohnen. Die wirbt man in der Innenstadt von Los Angeles an; die meisten Neubürger kommen aus den Gegenden, die als gefährlich und kaum mehr bewohnbar gelten. Wer kann, zieht von dort in die umliegenden, weniger verwahrlosten Orte.

Aber auch San Bernardino, Riverside, Orange County, die Wüstenorte Lancaster, Adelanto und Victorville, die Erholungsgebiete des Big Bear und Lake Arrowhead haben alle in den letzten Jahren eine Explosion der Gewalt erlebt. Graffiti markiert die erweiterten Grenzen des Gang-Territoriums, den Gebietszuwachs. Die Innenstadtaussiedler bringen ihre Kulturen mit sich und treiben diejenigen, die von der Zeit überholt wurden, vor sich her. Man zieht nach Norden und Nordwesten. Nichts wie raus aus diesem unübersichtlichen, stinkenden, gefährlichen Tal der Engel.

Am südkalifornischen Pazifikufer entlang führt er, der Highway 1, am äußerst westlichen Rand des zunehmend brodelnden Kessels. Durch das Orange County in die südlichen Vororte der Stadt Los Angeles bringt er uns, am Hafen von Long Beach finden wir uns wieder. Die altehrwürdige »Queen Mary« ist hier vertäut, ein schwimmendes Restaurant ist sie. Irgendwas brauchte Long Beach, denn der makellose Ruf der selbständigen Kommerzmetropole hatte mit dem Niedergang der Handelsschiffahrt gelitten. Mit einem Grand Prix auf ihrer Hafenpromenade versuchten sie's, die Long Beacher, aber das war auch nicht das Wahre. Jetzt haben sie eine schöne neue Prachtallee, die keiner so recht annimmt, weil sie auch eine sehr aktive Gruppe der Los-Angeles-Crackkönige »Crips« haben, und die sind unberechenbar. Seit deren Ehrenmitglied und Sohn der Stadt Snoop Doggy Dogg solche Wellen macht, kennt man Long Beach. Ob die Rapper-Reklame im Sinne der Stadtväter ist, müssen die entscheiden.

Wir ziehen jedenfalls vorsorglich den Kopf ein und fahren durch das obermiese San Pedro, um Charles Bukowski unsere Ehre zu erweisen. Der wohnte als versoffener, bettelarmer Pennerpoet und als steinreicher, versoffener Kulturschaffender zwischen Nutten und Tagelöhnern, in diesem dreckigen Hafenkaff mit den kleinen, alten Häusern auf Grundstücken, denen schon vor langer Zeit der Rasen ausgefallen war. Ein langer Weg vom schmucken Andernach hierher, aber einer, der Charles Bukowski das Leben ermöglichte, das er so erdnah und doch grandios beschrieb.

Bukowski stieg oft in den graffitibeschmierten Stadtbus, der ihn den Avalon Boulevard entlang bis in die Innenstadt brachte, zum MacArthur Park, wo sich eine stets wechselnde Korona den Fusel aus den tütenumwickelten Flaschen teilte. Wir folgen dem Bus bis ins Herz der Stadt, in die alten Schwarzenviertel von L.A., an Compton vorbei nach Watts. Hier begann nämlich die moderne Popgeschichte Kaliforniens. Hier sind wir richtig.

»Louie, Louie« – bei jeder Geschwindigkeit unverständlich

Richard Berry saß schon zum drittenmal im muffigen FBI-Büro und beantwortete blöde Fragen. Die überkorrekten Kriminalen ließen aber auch nicht locker. Richard platzte bald der Kragen. Hätte er doch nur den verdammten Song nicht geschrieben – von Anfang an gab's nur Ärger damit. Er riß sich zusammen und gab zum x-ten Mal die gleiche müde Antwort auf die gleiche drängend gestellte Frage.

»Der Song handelt von einem Matrosen, der in einer Bar sitzt und an seine Freundin in Jamaika denkt – mehr nicht. Der Barbesitzer heißt Louie, und dem jammert er was vor. Der Text ist weder unverständlich noch obszön!«

»Und warum, bitte schön, wird dann mittendrin nur gemurmelt?« trumpfte der Beamte auf. Verflucht warm war ihm, aber den Kragenknopf konnte er nicht lösen. Der Chef, J. Edgar Hoover, würde sicher davon hören, und dann gab's Zunder. Die Männer des Federal Bureau of Investigation hatten jederzeit korrekt zu sein – korrekt im Umgang mit solchen Typen wie dem schlaksigen Neger vor ihm, korrekt in der Ausdrucksweise, vor allem korrekt in der Kleidung. Das Schicksal des Landes hing am seidenen Faden, zwischen der Heimat und den roten Horden standen nur die Patrioten der nationalen Kriminalpolizei. Die machten kurzen, zackigen Prozeß mit Leuten wie diesem Berry, der amerikanischen Kindern seine säuischen Texte unterjubeln wollte. Seit 30 Monaten ermittelte das Bureau schon, auf Weisung des Chefs blieben sie dran, aber bisher waren alle Versuche, dem Text auf den Grund zu kommen, ins Leere gestoßen. Wenn man nur verstehen könnte, was der Kerl sang! Aber weil's keiner verstand,

mußte ja was dran sein. Der Aufrechte lockerte unauffällig seine dunkle Strickkrawatte, schaute auf die Arm-
banduhr und machte weiter ...

*

Richard schrieb »Louie, Louie« genauso aus dem Handge-
lenk wie die vielen anderen Songs, die er im Laufe der
Jahre komponiert und aufgenommen hatte. Eine Idee flog
ihm zu, ein Anstoß, und dann floß es nur so aus der Feder.
Er erinnerte sich genau an die Entstehung des Liedes, das
ihm jetzt den Ärger einbrachte. Mit einer Mexikanerband
hatte er gearbeitet, für sie Klavier gespielt und gesungen,
und als die Jungs ihr Set mit den Heimatsongs anspiel-
ten, ging er wie immer von der Bühne. Rock 'n' Roll und
Rhythm & Blues – das spielte Richard Berry, aber keine
Nortenos. Im Umkleideraum, wohin er sich durstig zu-
rückzog, lief gerade der Tageshit seines Namensvetters
Chuck Berry, »Havana Moon«. Und die Kollegen auf der
Bühne schrammelten ihren nordmexikanischen Walzer,
mit viel Bajo Sexto – eine riesige mexikanische Gitarre –
und Ziehharmonika. Die Kombination löste irgend etwas
aus – Showtime, dachte Richard, und schnappte eine
Klopapierrolle, um die Noten aufzuschreiben, die in sei-
nem Hirn tanzten. Das Medium ist unwichtig, dachte er,
Hauptsache, ich kann damit ein paar Dollar verdienen.

Darum ging's sowieso immer. Trotz seiner Erfolge mit
Etta James, seiner Doo-Wop-Mädchengruppe *Richard
Berry and The Dreamers*, trotz der vielen verkauften Singles war er um jeden Gig heilfroh. Es war nicht einfach für
einen schwarzen Popmusiker, sich im Jahre 1956 von seinem Beruf zu ernähren. Und schon gar nicht in Los Angeles. Die Konkurrenz war riesengroß. Er hatte zwar
einen Vorsprung, weil er seit seiner Kinderlähmung musizierte – zwei Jahre lag er damals im Bett und konnte
außer Songs schreiben und singen nicht viel tun –, aber
die Filmstudios Hollywoods zogen Künstler aus ganz
Amerika an die Küste. Das Angebot überstieg bei weitem
die Nachfrage. Da mußte man quick sein, sonst war's aus

mit der Karriere, und auf einen Job in der Autowaschanlage hatte Richard absolut keinen Bock.

Das kleine Holzhaus mit der großen Veranda hatten seine Eltern gekauft, als sie von Louisiana herkamen. Dort, in der 53sten Straße, wohnte Richard immer noch, obwohl er schon stark auf die 22 zuging. An Ausziehen war nicht zu denken, denn das Haus lag zentral, Mutter Berry briet die schönsten panierten Hühnerschenkel, und jeden Tag schickte irgendein Studiobesitzer seinen Chauffeur, um den gehbehinderten Richard abzuholen. Der Knabe konnte einfach alles; komponieren, singen, ein As auf dem Klavier war er, und als Rock-Arrangeur einfach nicht zu schlagen. Seine Jugend übertrug sich auf den Sound – L.A.-Rock hörte sich einfach schmissiger, frecher, begeisterter an als die Songs, die aus New York oder Chicago stammten. Das lag sicher zum Teil am Musikprogramm der Jefferson High School. Kids drängten zur »Jeff«, weil schon einige ihrer Absolventen regionale Hits hatten – Don Cherry, Art Farmer, O. C. Smith und Big Jay McNeely gehörten dazu, und erst kürzlich hatte der junge Jefferson-High-Schüler Jesse Belvin seine erste Single veröffentlicht und wurde mit seiner samtweichen Primanerstimme zum Schwarm des weiblichen Watts.

Schwarze Kids taten also alles, um zur Jefferson High gehen zu dürfen. Richard Berry legte sein Junggangster-Image ab, das Messer weg und meldete sich. Der Hinkende wurde auch angenommen, durfte erst einmal beweisen, daß er ein ordentlicher junger Mann war – was einiges an Lebensstiländerung voraussetzte, denn im Ghetto ist man körperlich fit, oder man hat die ganze Nachbarschaftsmeute täglich auf dem Hals, wogegen nur der Ruf schützt, ein »bad guy« zu sein, einer, mit dem man sich lieber nicht anlegt – und nahm nach erfolgter Bewährung seinen Platz im Schulchor ein. Um Richard bildete sich ein harter Kern musiziersüchtiger Mitschüler, denn er hatte die Stimme, den Baß, der natürlicher Mittelpunkt eines jeden schwarzen Songs war. Gaynel Hodge, Joe Jefferson, Cornelius Gunter und Curtis Williams gehörten zum neuen Freundeskreis. *The Flamingos* nannten sie sich, nach den damals sehr populären »Bird groups«. Sämtliche Amateurabende im Ghetto von Watts bestritten sie – und sie gewannen alle. So erfolgreich war das junge Gesangsquartett, daß Joe Jefferson bald das Angebot erhielt, der recht erfolgreichen Hitgruppe *The Platters* beizutreten, denen schon Gaynels Bruder Alex angehörte. Curtis Williams roch den Braten, seilte sich von den *Flamingos* ab und gründete die *Penguins* – die Doo-Wop-Gruppe, die einige Jahre später mit dem Jesse-Belvin-Song »Earth Angel« einen gewaltigen Crossover-Hit landete.

Noch war an ein »Crossover« in die weißen Charts nicht zu denken. Die Musikindustrie war selbst im fortschrittlichen Los Angeles nach strengen Rassengrundsätzen geregelt. Schwarze musizierten für Schwarze, Weiße hatten die Hits und verdienten das Geld. »Race Records«, die Songs, die für Schwarze gepreßt wurden, hatten keine Chance, im Rundfunk gespielt zu werden, wurden in Ghettoläden verkauft, mußten selbst in der Zeitschrift *Billboard* in den Charts ein getrenntes Dasein führen – »Race« eben, Rasse. Daß sich die Stückzahlen in bescheidenen Grenzen hielten, versteht sich – wenige Schwarze konnten sich einen eigenen Plattenspieler leisten.

Die Kids wußten also, daß die Chance, eine Platte aufzunehmen, ihnen ein gewisses Prestige sicherte – und damit gingen Gigs einher. Wer auf Vinyl (oder Schellack) zu hören war, bekam Arbeit. Damit war das Geld zu verdienen. Die Platten waren nur Mittel zum Zweck.

Entsprechend sahen die Studios aus. Hinterhofbetriebe, deren Produktion großenteils aus Einzelaufnahmen bestand; Songs, die irgendein Kid seiner Familie schenkte, Geburtstagsgrüße und A-cappella-Gehversuche, die Mutter und Vater vom Talent des Sprößlings überzeugen sollten. Musiker werden war für viele der Weg aus dem Ghetto; Musiker, gute Musiker, waren ewig auf Tour durch das Schwarze Amerika, von der Vorstadtkneipe zur Baptist Church, als Hauptattraktion der »Rent Parties«, bei denen die überfällige Wohnungsmiete durch Musik, Glückspiel und – wenn's sein mußte – etwas käufliche Liebe zusammengekratzt wurde. »Saturday Night Fish Fries« boten Arbeit, wenn am Wochenende die Nachbarschaft zusammenkam, um bei Stockfisch, Selbstgebranntem und den neuesten Schlagern aus der Großstadt die Nacht unter freiem Himmel zu verbringen.

Musiker sein bedeutete steten Ortswechsel – der ab und zu auch blitzschnell vonstatten gehen mußte, wenn Polizeisirenen das Ende der illegalen »Rent Party« ankündigten oder die freundliche Pokerrunde beim »Fish Fry« durch Pistolenschüsse aufgelockert wurde. Auf so was wollte sich Richard gar nicht erst einlassen. Dem gingen Familie und Freunde über alles. Für ihn galt nur Los Angeles, und er richtete sich auf eine lange Karriere als Komponist, Sänger und Studiomusiker ein.

Als wieder einmal eine Single fällig war, baute Richard auf den Evergreen »You Are My Sunshine«. Ein radiofreundliches Lied, ein Song, der zum Repertoire jedes weißen Lounge-Sängers gehörte und der unter Umständen sogar von Weißen gekauft würde. Die Rückseite interessierte nicht – B-Seiten wurden nur bespielt, weil der Platz da war. Richard erinnerte sich seines »Louie, Louie« auf der Klopapierrolle, nahm's auf, aber die Platte lag in den Läden wie Blei. Keiner kaufte.

*

Die sagenhafte Ausbreitung der südkalifornischen Metropole wird dem Reisenden erst aus der Luft klar. Schon der Anflug über die San Gabriel Mountains, über die Big Bear- und Arrowhead-Seen läßt ahnen, daß gleich was kommt. Aus einigen 1 000 Fuß Flughöhe täuscht die Bergeinsamkeit heile Welt vor, deren Rand allerdings durch einen gelblich-grauen Horizont markiert wird. Der berüchtigte Smog ist der erste Gruß einer 14-Millionen-Metropole, und wenn der Flieger dort eintaucht, macht sich unter ihm ein nicht endenwollender Teppich aus einstökkigen Holzhäuschen und kahlstämmigen Königspalmen breit. Die vergleichsweise winzige Innenstadtinsel vielstöckiger Bürogebäude ist neueren Datums – noch bis in die Sechziger galt eine Stadtverordnung, die das dreiundzwanzigstöckige Bürgermeisteramt zum höchsten Gebäude der Stadt deklarierte. City Hall ist nun ein Zwerg unter den Büro- und Hotelpalästen des Bunker Hill, ein letztes Relikt einer städtebaulichen Philosophie, die auf unbegrenzte Weite, auf riesige, billige Baulandreserven setzte – und die durch jahrzehntelangen Zuzug aus allen Teilen der Welt obsolet wurde. Selbst das scheinbar unendliche Los Angeles fand seine natürliche Grenze. Die Stadt greift nun nach Norden, umfaßt schon den Küstenstreifen bis Ventura, nimmt das 130 Kilometer entfernte, noble Santa Barbara ins Visier; Los Angelesization ist das Schlagwort derer, die das Vielvölkergemisch fürchten, zu dem Los Angeles wurde. Jeder siebte Kalifornier wurde im Ausland geboren, und vielen Einheimischen scheint es, als wohnten sie alle in Los Angeles.

Dabei war die junge Stadt am Pazifik schon seit ihrer Gründung 1781 multikulturell. Erst teilten sich Indianer und Mexikaner das Pueblo de la Reina de los Angeles, bald kamen Europäer hinzu, und als Kalifornien als Folge des mexikanisch-amerikanischen Krieges den USA zufiel, galt der goldene Staat als letztes Refugium aller, die sich weiter östlich nicht mehr blicken lassen konnten oder einfach der Zivilisation entfliehen wollten. Bei Los Angeles endete das auf Europa konzentrierte Amerika – weiter weg von Verwandten und Gläubigern ging's nicht mehr. Endstation und Neubeginn: L.A. war schon immer beides.

Als die junge Filmindustrie das ganzjährig ideale Wetter und die helle Sonne Südkaliforniens entdeckte und 1911 das erste Studio in die verschlafene Los-Angeles-Vorstadt Hollywood zog, wandelte sich das Gesicht der Stadt für immer. Bis dahin lebte man vom Orangenanbau, vom Erdöl, das auf auf dem Signal Hill, zwischen der Stadt und ihrem neuen Hafen Wilmington, entdeckt wurde, von der Bauindustrie, die durch Bodenspekulanten und Eisenbahnbarone gegründet wurde, um den vielen Neueinwanderern ein Dach überm Kopf zu schaffen. Mit dem Film hatte sich eine neue Industrie etabliert, eine personalintensive Industrie, die ganz spezifische Talente forderte. Vom Bau kamen Schreiner und Maler, die immer neue Kulissen herstellten, von den Ölfeldern starke Männer, die stundenlang schwerste Lasten schleppen konnten. Chauffeure, Mechaniker, Friseure, Schneider; jedes Handwerk wurde gebraucht, und nur die Besten bekamen die begehrten Jobs in der rapide expandierenden Industrie. Die Künstler, Grundstock des Gewerbes, die Musiker, Schauspieler, Autoren wurden immer schneller verschlissen, um den stets fordernden Markt zu befriedigen. Tag und Nacht wurde gedreht, rund um die Uhr, ohne Unterlaß. Das schaffte nur eine ganz spezielle Art Arbeitnehmer – jung mußte man sein, träumen mußte man noch können, denn nur junge Träumer ließen sich das Tempo gefallen, konnten mithalten und immer noch auf den großen Durchbruch hoffen. Der Homo Californicus wurde hier, unterhalb der Hollywood Hills, zwischen mit Bougainvillea bewachsenen Studiomauern und den ersten Millionärsvillen des benachbarten Beverly Hills geboren: ein ewiger Optimist, ein braungebrannter, athletischer Träumer, der locker lächelnd über Leichen geht, wenn er oder sie die große Chance greifbar nahe wissen.

Über Nacht, so schien es, war aus der Wildweststadt Los Angeles ein Popkultur-Mekka geworden. Film ersetzte die Bühnen des New Yorker Broadway. Erstmals konnten Millionen am kulturellen Leben teilhaben, auch wenn sich das meist auf Tortenschlachten oder Verfolgungsjagden zu Pferd bezog. Hollywood hatte sich in den neun Jahren zwischen Gründung des ersten Studios und dem Beginn der ausgelassenen Zwanziger verelffacht – aus der 4 000-Seelen-Siedlung waren 50 000 Filmindustrieabhängige geworden. Eine blütenweiße Industrie, übrigens. Rassisch gemischt waren höchstens die Zulieferbetriebe; Reinigungs- und Transportfirmen beschäftigten Schwarze, obwohl ihre Eigentümer natürlich europäischer Abstammung waren. Die Tagelöhner afrikanischer Abkunft durften sich um den Echo Park ansiedeln. Doch als sich die Stadt immer mehr ausbreitete und die citynahe Lage des Echo Park immer attraktiver wurde, räumte man das

Schwarzen-Ghetto kurzerhand und verlegte es in den Süden der Stadt, entlang der Straßenbahntrasse zwischen Downtown, den Signal-Hill-Ölfeldern und dem Hafen. Die Central Avenue wurde damit zur meistbefahrenen Straße der Stadt – und entlang der Bahn, deren Passagiere freitags die Taschen voller Dollars hatten, öffnete so manch eine Kneipe, ein Nachtlokal, ein Freudenhaus seine Türen.

Central Avenue mauserte sich zum Westküstengegenstück des berühmten New Yorker Stadtteils Harlem, wo Musik, Mädchen und Money den Ton angaben. Das Dunbar Hotel machte als erstes schwarzes Hotel der Stadt auf, um den vielen anreisenden Musikern eine Bleibe zu geben, und zog durch seinen ungewohnten Luxus die Creme der Jazz- und Big Bands nach Los Angeles. Rund ums Dunbar etablierten sich die besten Klubs, die nobelsten Hurenhäuser, und hier entstand ein ganz frischer Pop – weit entfernt vom »weißen« Broadway-Sound, vom gequälten Humor des New Orleans Jazz mit seinen flotten Beerdigungsliedern. Der neue Sound kündete von Sonnenschein und der relativen Freiheit der schwarzen Angelenos. Ein Louis Jordan etablierte sich an der Central Avenue und spielte mit seiner *Tympany Five* Songs wie »Ain't Nobody Here But Us Chickens«, »Beans And Cornbread« und »Saturday Night Fish Fry« – flotte, swingbeeinflußte Tanzmelodien, zu denen die Schritte erst noch erfunden werden mußten.

Der Krieg brachte gewaltige Schiffswerften und Flugzeugfabriken nach Los Angeles, und aus den Sümpfen Louisianas, aus dem Mississippi-Delta und dem kalten, industrialisierten Nordosten kamen hunderttausende Schwarze, um hier Arbeit und ein neues, freieres Leben zu finden. Central Avenue wurde Ziel- und Mittelpunkt der schwarzen Westküstensehnsucht. Nun lohnte sich die Anreise für manchen hochbezahlten schwarzen Musiker, nun brauchte man nicht nur herkommen, um im Dunbar übernachtet zu haben. Und die, die kamen, entdeckten Hollywood. Die Filmfabriken hatten schon 1926 auf Ton umgestellt und brauchten Musiker, viele verschiedene Musiker, die, wenn sie weiß waren, vielleicht sogar eine Filmkarriere vor sich hatten. Waren sie schwarz, konnten sie zumindest Melodien schreiben, zu denen die Schauspieler tanzten. Hollywood zahlte gut und bot eine Art Sicherheit, ein fast bürgerliches Leben. Mit Glück konnte man hier erstmals als Musiker seßhaft werden. Das lockte.

Der riesige Stadtteil Watts mit seinen schmucken Holzhäuschen inmitten grüner Vorgärten, palmenbestandenen Straßenrändern und einem auf die schwarze Kundschaft eingestellten Geschäftsleben war eine sichere Insel im gleichgültigen weißen Meer. Hier konnte sich die hergebrachte schwarze Kultur weiterentwickeln, konnte sich ihrer afrikanischen Ursprünge entsinnen, und aus der bunten Einwandererschar entstand eine Musik, deren Einflüsse den Erfahrungen vergangener Jahrhunderte entsprachen: aus New Orleans die Lebensfreude, aus Mississippi die einsamen Gitarrensounds des Delta, die Großstädte Chicago und New York steuerten clevere, freche Texte bei, aus Texas kamen die Westerneinflüsse einer ländlichen weißen Kultur, die ihrerseits vom schwarzen Country-Blues geprägt war.

Der Gruppengesang, der Vorsänger, dessen Aussage vom Chor als Echo wieder zurückkam, diese westafrikanischen Call- and Responsegesänge waren überall in der schwarzen Kultur beibehalten worden. Kaliforniens Fliegenwedelrassismus – man begegnete ihm nur, wenn sich ein Weißer in seiner Ruhe gestört fühlte – und die Sonne taten das ihre. Aus den Jazzkneipen der Central Avenue kamen zunehmend härtere Sounds, aus den Schulen des Ghettos immer süßere Harmonien, und als die vielen Einflüsse endlich zu einer Gestalt zusammenfanden, war der luftige kalifornische Pop geboren.

Wo sich etwas ganz Neues tut, steht immer einer, der sich davon ein Geschäft verspricht. Die vielen Musiker, die neuen Sounds, zogen die Augen und Ohren der Musikindustrie auf sich. Aus den bisherigen Hochburgen Houston, New York, Chicago und New Orleans kamen sie, die Studiobosse und Labelchefs, um zu sehen, ob man hier nicht absahnen konnte. Don Robey aus Houston war interessiert – er galt im heimischen Texas als der größte schwarze Gangster im Südwesten; ihm gehörten legale Nachtklubs und weniger legale sonstige Etablissements, und er hatte ein Plattenlabel gegründet, um die Talente aus seinen diversen Läden wirklich zu nutzen. Peacock hieß das, wie sein größtes Kabarett, und er hatte junge Künstler, die nichts kosteten und vielleicht doch irgendwann einen Gewinn abwarfen, unter Vertrag.

Dieser Don Robey suchte nun in Los Angeles einen, der ihm Talente zuführte – und fand Johnny Otis. Johnny spielte Vibraphon und Schlagzeug, war mit den Vorkriegs-Big-Bands durch Amerika gezogen, und hatte sich nun auf der Central Avenue eine schöne Existenz aufgebaut. Ihm gehörte das Barrelhouse, eine geräumige Musikkneipe, die er immer füllte, weil seine *Johnny Otis Band* als eine der fortschrittlichsten der Stadt galt. Eine Little Big Band, wie sie nach dem Krieg überall entstanden, weil durch die Elektrifizierung der Instrumente viel weniger Leute viel mehr Lärm machen konnten als früher. Und Sängerinnen hatte er immer, der Johnny – da blieb einem die Spucke weg.

Jung waren sie, oft nicht älter als dreizehn oder vierzehn, hübsch und talentiert, wahnsinnig talentiert. Daß Johnny sich in die Gemeinde eingeschlichen hatte, war kaum jemandem bekannt. Man hielt ihn für einen sehr hellhäutigen Neger, allerdings einen, der immer den neuesten Slang draufhatte, die schärfsten Sprüche, die schickste neue Mode. Daß der Lokalheld eigentlich Johnny Veliotes hieß, aus dem nordkalifornischen Vallejo stammte, wohin seine Eltern aus dem heimischen griechischen Bergdorf eingewandert waren, wußte man nicht im Ghetto von Watts – und wenn, geglaubt hätte es eh keiner. Johnny war ein »cool cat«, basta. Bißchen hell, aber helle.

Johnny Otis ist ohne Zweifel die Zentralfigur der Los-Angeles-Rockszene. Er transformierte die schwarzen Sounds, er machte aus der Musik einer Rasse eine Musik für alle Rassen. Als Wahlschwarzer war er in einer einmaligen Lage dazu. Er hatte den Geschmack der Schwarzen voll drauf und wußte, was Weiße kaufen würden – und konnte, bei Bedarf in einen Weißen zurückverwandelt, mit den Musikbossen auf gleicher Ebene verhandeln. Johnny hatte dementsprechend die Finger in allem, was im jungen Rockbusiness lief. Er fand das Talent, er bot eine Bühne, er hatte die Connections.

Mit Johnny Otis hatte Richard Berry schon zusammengearbeitet. Das war 1954, als Hank Ballard seinen Riesenhit »Work With Me, Annie« hatte. Darin ging's ums Bumsen – wie in vielen Songs der damaligen Zeit. Zensoren ließen natürlich die in der Vorverhandlung nötigen Ausdrücke nicht zu, also mußte man den Wunsch umschreiben, aber so, daß er immer noch deutlich war, ohne anstößig zu wirken. So wie der Ausdruck Rock and Roll, der aus dem schwarzen Sprachbereich kommt und ganz einfach die Vorgänge im Bett beschreibt. Wenn's olympiaverdächtig wird, umschreibt »working« den Tatbestand.

Johnny, Richard und die junge Sängerin der *Johnny Otis Band*, die fünfzehnjährige Etta James, setzten sich zusammen und schrieben eine Antwort auf das Verlangen – »Dance With Me, Henry«, was im Prinzip »klarer Fall« hieß. Richard, mit seiner tiefen Stimme, sang den Part des geilen Henry, Ettas überreife Jungmädchenröhre sorgte für Hitze, die *Johnny Otis Band* kochte hinter ihnen. Der Song schlug derart ein, daß er sofort die Polizei auf den Plan rief. Jeder Schwarze wußte, was der Text aussagte, die weißen Polizisten ahnten es, konnten's aber nicht beweisen. Johnny kicherte und kassierte, Etta wurde mit einem Schlag berühmt, und Richard hatte wieder einmal eine ordentliche Tagesarbeit geleistet. Beide, Richard Berry und Etta James, verbindet seit dem Tag vor über 40 Jahren eine innige Freundschaft, die sich sogar auf beider Kinder überträgt; Richard Berrys Tochter Christie und Ettas Sohn stehen oft zusammen auf der Bühne.

Richard hatte durch »Dance With Me, Henry (The Wallflower)«, seinen angsteinflößenden Baß auf dem 1954 von Leiber/Stoller komponierten Robins-Hit »Riot In Cellblock

Number Nine« (auch als »The Big Break« bekannt), seine Auto-und-Mädchensongs wie das chauvinistische »Get Out Of The Car« und durch seine ständigen Single-Veröffentlichungen einen fast legendären Ruf in Los Angeles erlangt. Studios rissen sich um ihn, denn er war ein echter Allround-man; dichtete, komponierte, sang, spielte und hatte die Ohren, die ein Spitzenproduzent nun einmal braucht. Das Modern-Label, auf dem die meisten Berry-Songs erschienen, das Specialty Label mit Stars wie Little Richard, Imperial mit Fats Domino, die Firma Flair mit Elmore James; sie alle benutzten die gleichen Studios, oft in der Normandie Avenue, und Richard arbeitete mit allen. Zwischen Studiogigs wurde gegiggt. Deswegen der Abend im Harmony Park Ballroom, wo »Louie, Louie« entstand.

Die Single »You Are My Sunshine« ging nicht, bis sie Los-Angeles-Rock-DJ Hunter Hancock umdrehte. Das Füllsel »Louie Louie« wurde zum Regionalhit – 130 000 Kopien verkaufte Flair und ließ ständig neu pressen. Doch so schnell der »Louie«-Wahn begann, so schnell endete er, und das Label saß auf einem Berg unverkäuflicher Platten. Flair-Chef Max Feirtag, der die Firma aus seiner Wohnung in der Sixth Street führte, reagierte auf solche »stiffs« schnell – er verramschte. »You Are My Sunshine«, mit »Louie Louie« auf der Rückseite, wanderte vom Regal in die Billigabteilung, wo sie einige Jahre später von Rockin' Robin Roberts gefunden wurde. Der war Sänger der Seattle-Gruppe *The Wailers*, und die suchten immer nach einem potentiellen Hit, um endlich aus der Übungsgarage herauszukommen. Das einfache Riff gefiel den Jungs, und sie nahmen den Song auf. Die Geschichte wiederholte sich; »Louie Louie« von den *Wailers* klebte auch zäh wie Melasse in den wenigen Läden, die sie überhaupt führten, doch die Band hatte keinen Hunter Hancock, der Radiopromotion machte. Dafür spielten die Knaben den Song bei ihren Live-Auftritten, wo er von der Konkurrenzband *The Kingsmen* gehört wurde. Die waren musikalisch noch im Neandertal, aber den einfachen da-da-da / da da-

Riff kriegten sie hin. Der Song kam so gut an, daß die Gruppe endlich ihre eigene Aufnahme brauchte. Sie legten ihre Dollars zusammen und buchten ein Studio – gerade rechtzeitig, denn die Hitmacher *Paul Revere and The Raiders* hatten auch vor, »Louie Louie« aufzunehmen. Weil das billigste Studio in Seattle nur ein Vokalmikrofon hatte und das aus Platzgründen an der Decke befestigt war, mußte sich Frontman Jack Ely auf die Zehenspitzen stellen und recht laut singen – seine Boys spielten nämlich mit Gusto, und man hätte ihn sonst nicht gehört. Das Resultat ist eine Perle des Garage-Rock – unverständliche, geschriene Lyrics über einem stolpernden Beat – so amateurhaft, und doch so rhythmisch ansprechend, daß »Louie Louie« für die *Kingsmen* 1963 zu einem gewaltigen, karrierebegründenden Renner wurde. Die glatte, polierte Version Paul Reveres, drei Tage später entstanden, lockte keinen Hund hinterm Ofen hervor. Die *Kingsmen* hatten den Song auf die einzige Art eingespielt, die ihnen möglich war; besoffen hört er sich an, eilig, den Hosenladen schon halb auf, die Zeit drängt, ich muß bald nach Hause.

Wer nun glaubt, damit habe Richard Berry wenigstens aus zweiter Hand von seinem Song profitiert, der kennt das Plattenbusiness schlecht. Denn Flair-Mann Feirtag hatte Richard – man kann ja nie wissen, und Feirtag hatte schon Pferde kotzen sehen – die Rechte zum Song abgekauft. 700 Dollar bekam der Komponist, und ihm war's recht, denn er wollte heiraten und brauchte jeden Penny. Als sein Song also auf sämtlichen Sendern zu hören war, schabte sich dessen geistiger Vater, nahm's aber hin, weil das der Lauf der Dinge war.

Nur, daß er zum FBI vorgeladen wurde und tagelang zum Song aussagen mußte, störte ihn doch. Richard hatte den Text nach der Aufnahme weggeworfen, so wenig hatte ihm »Louie Louie« bedeutet, also war's schwierig, die mißtrauischen Beamten davon zu überzeugen, daß die Lyrics harmlos waren. Aber nachdem auch Ely ausgesagt hatte, daß wirklich nichts dran sei, ging die Bundespolizei wissenschaftlich zu Werke. Sie spielten erstmals »Louie, Louie« im Labor, setzten Experten und Oszilloskope ein, verlangsamten und beschleunigten die Abspielgeschwindigkeit; kurzum, sie taten alles, um diesen unverschämten Rockern auf die Schliche zu kommen. Sie mußten kapitulieren.

Endlich schloß das FBI die Untersuchung mit der Begründung ab, der Song sei »bei jeder Geschwindigkeit unverständlich«. Sie wollten mit dem Song auch nie wieder etwas zu tun haben – obwohl noch heute hin und wieder Anzeigen von Kirchengruppen und empörten Eltern eingehen, die der festen Ansicht sind, es hier mit teuflischen, hinterhältigen Texten zu tun zu haben, Worte, die das Resthirn der meist jugendlichen Fans noch vollends zersetzten.

Richard Berry komponierte viele Songs, spielte unablässig, war bis in die späten Siebziger hinein noch gut beschäftigt. Seine erste Frau verließ ihn, er heiratete noch mal, hatte einige Kinder, um die er sich kümmerte, und an »Louie, Louie« hatte er schon seit Jahren nicht mehr gedacht. Der Song war inzwischen in fast 400 Versionen auf Platte, von der Blaskapelle über die zuckersüßen Harmonien der *Beach Boys*, den funky Soul Otis Reddings

Richard Berry bei einem Auftritt in Los Angeles 1993

und die sexy delivery Ike und Tina Turners bis zur Pun-
kanthem der *Black Flag*. Richard wußte es nicht. Der
hörte nur schwarze Sender in der Los-Angeles-Innenstadt
und hatte seine eigenen Sorgen. Die wurden zunehmend
größer.

Dann kam Hollywood. Komiker John Belushi drehte 1978
einen Film über eine College-Verbindung. »Animal House«
ist die Story Bluto Blutarskys, eines versoffenen Tunicht-
gutes, der immer hart am Rande der Exmatrikulation se-
gelt. »Louie, Louie« tobt zu den Orgien im Verbindungs-
haus, und eine junge Generation Kinogänger hörte erstmals den fast 20 Jahre alten Garage-Rock der *Kingsmen*.
Die glaubten ihren Ohren nicht und kauften, was das
Zeug hielt. Komponist Richard Berry hatte immer noch
keine Ahnung von der Wiedererweckung seines Songs,
wußte nichts von den *New York Dolls*, die »Louie Louie«
aufgenommen hatten, und von der *Iggy and the Stooges*-
Version.

Richard, wieder einmal Junggeselle, hielt sich zunehmend
an Drogen. Je seltener die Auftritte, umso mehr weißes
Pulver stopfte er sich in die Nase. Bis zur Bruchlandung.
1980 war's vorbei mit der Showbusiness-Karriere. Richard
steckte die Beine unter Mutter Berrys Küchentisch, beantragte Sozialhilfe und wußte nicht, wie's weitergehen
sollte. Die Verwertung der Rechte an »Louie Louie« hatte
Feirtag bislang runde zehn Millionen Dollar eingebracht.
Richard erhielt 240 Dollar Sozialhilfe pro Monat und lebte
davon.

Irgendwas muß der Mensch ja mit sich anfangen, und
dem einstigen Studiokönig war die Sozialhilfe peinlich;
außerdem reichte sie hinten und vorn nicht. Also schrieb
er sich bei einer Handelsschule ein, um Computerpro-
grammierer zu werden. Der begnadete Klavierspieler
lernte Schreibmaschine und bekam tatsächlich einen Job.
Nicht als Programmierer, aber als Lochkartenstanzer in
einem Großbetrieb. Lohnabrechnungen machte er, stanzte
tagtäglich Hunderte Lochkarten, und ging am Ende der
Woche mit einem Scheck über 150 Dollar nach Hause.
Doch das Glück hielt nicht. Er stand eines Tages wieder

vor Mutters Haus, als ihn zwei Nachbarhunde unvermittelt anfielen. Richard, dem Laufen immer noch schwerfiel, rutschte aus und quetschte sich einen Rückenwirbel. Neun Monate lag er – der Job war längst verloren –, ehe er einen Spezialisten aufsuchte, und als der Arzt im Gespräch erfuhr, daß Richard den berühmtesten amerikanischen Trash-Rock-Song geschrieben hatte, war er entsetzt. So ein Talent, und dann Lochkarten. Das rüttelte Richard Berry endlich auf, und er begann wieder, in kleinen, schmuddeligen Kneipen Musik zu machen.

1983 rief ihn Darlene Love an. Darlene war eine der meistbeschäftigten Studiosängerinnen, hatte schon für Phil Spector gearbeitet, als der in den frühen Sechzigern seine Wall of Sound patentierte, und kannte sich im Business gut aus. Die erzählte Richard, daß ihn ein gewisser Chuck Rubin suche, der sich wegen der Rechte an »Louie, Louie« Gedanken machte. Richard rief Rubin an und erfuhr, daß der ehemalige Impresario schon einigen Künstlern geholfen hatte, ihre verschenkten, verramschten oder gestohlenen Songrechte wiederzubekommen. Das sei nicht billig, sagte der pfiffige Rubin, aber er sei bereit, auf eigenes Risiko die Rechtslage zu prüfen und dann gegebenenfalls zu klagen. Im Erfolgsfall würde gerecht geteilt. Richard schlug ein – warum auch nicht? Kostete ja nichts.

Zwei Jahre lang sperrte sich Max Feirtag, der Rechtsinhaber. Doch dann kam die angesehene Werbeagentur Chiat-Day und wollte »Louie Louie« für eine ausgedehnte Werbekampagne – aber nur mit sauberen Rechtsverhältnissen. Rubin hatte verlauten lassen, daß da nicht alles in Ordnung sei, und in der Werbeindustrie horchte man auf. Feirtag mußte handeln oder auf sehr viel Geld verzichten. Die Parteien einigten sich. Feirtag gab die Hälfte der Rechte an Richard Berry zurück, aber nur für künftige Geschäfte – von den schon kassierten zehn Millionen würde Richard nie einen Penny sehen. Er willigte trotzdem ein – und freut sich noch heute, daß er's tat. »Mann, die Erfahrung mit der Sozialhilfe reicht mir«, sagt er. Und kassiert.

Als ich ihn im Frühjahr des Jahres 1987 besuchte, stand er gerade mit dem Postboten vor der Haustür. Als der Postler weiterzog, riß Richard ein langes Kuvert mit japanischer Briefmarke auf. Innen lag ein fünfstelliger Scheck. Gelassen schaute er auf den Betrag, grinste, steckte den Scheck weg und meinte: »Siehste?«

Zappa, Beefheart, Fankhauser: Tick, Trick und Track

Watts, Compton und Inglewood beeinflußten weit mehr Kids in den Fünfzigern, als selbst ängstlichste Eltern annahmen. Die Mittelwellensender der drei schwarzen Städte im Zentrum des weitläufigen Los Angeles strahlten nämlich ihr jugendgefährdendes Programm nach Sonnenuntergang tief in die Wüste hinein, und dort hörten baff erstaunte weiße Jugendliche schon 1953 die wilden Sounds der Big Mama Thornton, deren »Hound Dog« erstaunlicherweise von zwei neunzehnjährigen Schülern aus dem jüdischen Viertel um Fairfax Avenue geschrieben wurde: Mike Stoller und Jerry Leiber. Johnny Otis, der Wahlschwarze aus Watts, hatte nicht nur Big Mama unter Vertrag, seine Band spielte nicht nur auf all ihren Singles, sondern er hatte auch auf dem Popsender KFOX seine eigene Radioshow, wo er seine Platten unters Volk bringen konnte. Das totale Marketing kam an, besonders dort, wo außer Big Band und Country nichts zu hören war. Seine Kollegen waren auch nicht faul; ein DJ-Kampf tobte zwischen Otis, dem bellenden Hunter Hancock, der aus dem Schaufenster eines Plattenladens sendete, und einem Herrn, der sich »The Squeakin' Deacon« nannte, der kreischende Diakon. Das war er sicher nicht, aber der Bühnenname reimte sich, und die Assoziation war irgendwie cool.

Lancaster ist ein Kaff in der Mojavewüste, nur 120 Kilometer von Los Angeles entfernt, aber für Heranwachsende in den Fifties hätten es genausogut 1 000 Kilometer sein können. Die Verkehrsverbindung war miserabel – nur eine zweispurige Straße führte über die Berge ins endlos weite, sandige Tal. Die Air Force war der größte Arbeitgeber Lancasters und ihrer Schwesterstadt Palmdale; das Versuchsgelände der Edwards Air Force Base sorgte ganztägig für Lärm, der Happy Bottom Riding Club war der Soldatenpuff mit angeschlossener Bar, wo Testpiloten und künftige Weltraumhelden wie Chuck Yeager und Neil Armstrong nach gelungenem Flug ihren eigenen Krach veranstalteten, und wer nicht zur Elite gehörte, machte Schicht auf der Air Base. Flugzeugfabriken entstanden hier, Zulieferbetriebe der Air Force, und wer in der Wüste wohnte, arbeitete in irgendeiner Form für die Landesverteidigung. Das hieß stramm konservativ, und das hieß keine Ausrutscher: keine schwarze Musik, keine langen Haare, keine ausländischen Autos, keine Gitarren im Haus. Die einzige kidgerechte Unterhaltung boten die Wochenendtanzveranstaltungen der Kirchen, aber da ging kaum jemand hin, und die örtlichen Drive-In-Kinos. Die waren immer gerammelt voll. Da konnte man sich für wenige Dollar Eintritt um menschliche Annäherung bemühen, die auf dem Rücksitz des eigenen alten Autos oder der Familienkutsche stattfand, falls die Sterne günstig standen. So was mußte sorgfältig geplant werden. Spanner grasten meist die hinteren Reihen der geparkten Autos ab, also mußte die Tat irgendwo in der unauffälligen, vollgeparkten Mitte des riesigen Geländes geschehen, zwischen nichtsahnenden Familien und anderen Fortpflanzungsscheuen. Der clevere Knabe recherchierte den Film schon vor der geplanten Verführungsvorstellung, merkte sich, wo die spannenden Szenen waren – und wie lange sie die Aufmerksamkeit des Publikums hielten. Eine langwierige Prozedur mit relativ mieser Trefferquote zwar, aber immer noch das aufregendste Vergnügen im Kaff.

Don van Vliet stand nicht auf Drive-In-Movies oder gar gesittete Tanzmusik voller Saxophon und Trompete – er tendierte mehr zu Johnny Otis' spätabendlichen Sendungsinhalten. Big Mama Thornton, Jackie Wilson, Richard Berry, Hank Ballard. Seine Freunde bei der Antelope Valley High School verstanden das – besonders der junge Frank Zappa, dem der Rhythm and Blues aus der Großstadt erstmals zeigte, daß das Leben mehr bot als Astronauten und Klapperschlangen, Flugplätze und Kinogegrapsche. Van Vliet war eine Lokalgröße, weil er schon eine Karriere als Fernseh-Kinderstar hinter sich hatte, und entsprechend unbekümmert ging er mit Leuten um – was dem schüchternen Zappa mächtig imponierte. Beide klimperten die nächtlichen Songs auf Gitarren nach, Don spielte auch noch Klavier, und bald hatten sie sich zum Kern einer Schülerband gemausert, die nur Rock und Rhythm & Blues draufhatte. Eltern waren natürlich entsetzt, aber die beiden späteren Bürgerschrecke ließen sich nichts sagen. Zu beliebt waren sie bei den gelangweilten Wüstenkids, zu sehr hatten sie sich an die Fans gewöhnt, und ihnen schauderte davor, wieder auf Drive-In-Parkplätze relegiert zu werden.

Ihre Gruppe nannten sie die *Blackouts*, später die *Omens*, und sie waren ab 1958 die treibende Kraft hinter solchen Teenagervergnügen wie Sprintrennen auf einsamer Wüstenstraße, durchwachten, kalten Wüstennächten bei verbotenem Bier und heimlicher Liebe und den offiziell sanktionierten »Sock Hops« in der örtlichen High School. Die girlandengeschmückte Turnhalle wurde für einen Abend zum Tanzsaal, Lehrer und Eltern wachten adleräugig über das vorgeschriebene sittliche Benehmen, das Licht blieb an, die Band spielte Schickes von Dean Martin oder Louis Prima, und in der Ecke stand eine Riesenwanne Fruchtpunsch, der allerdings – je später der Abend, desto schmackhafter der Punsch – zunehmend aus mitgeführten Flachmännern gespickt wurde. Don und Frank waren wer – sie machten die Langeweile des Wüstendaseins erträglicher, und dafür wurden sie verehrt.

Es wunderte niemanden, daß sich Frank Zappa recht bald nach seinem High-School-Abschluß abseilte. Er war für die Großstadt geschaffen, das sah selbst sein Freund van Vliet ein. Als Vater Zappa Anfang der Sechziger nach San Bernardino zog, ging Junior mit. Damit war der Fortbestand der *Omens* auf Frank angewiesen, der quer durch Los Angeles fahren mußte, über die Berge und durch die Wüste, bis er zum Gig erschien – und so eine Anfahrt hat schon manche Band auseinandergerissen. Van Vliet sah sich also in seinem Kaff nach einem Zappa-Ersatz um und stieß auf den jungen Merrell Fankhauser, der seit einiger Zeit in Lancaster wohnte.

Merrell war der Sohn eines begeisterten Fliegers und Autorennfahrers, der als Flughafendirektor und Fluglehrer seine Familie durchbrachte. Er war vom mittelkalifornischen Küstenort Pismo Beach nach Lancaster gezogen, um dort eine Flugschule zu übernehmen, und Merrell half kräftig, indem er Flugbenzin schleppte und Leichtflugzeuge gegen den ewigen Wüstenwind vertäute. Der dürre blonde Zwanzigjährige, begeisterter Surfer, hatte an der Küste schon einige Musikerfahrung gesammelt; als begnadeter Gitarrenspieler, der als Kind seine Bottleneck-Licks von alten Schwarzen im Heimatstaat Kentucky erlernte, hatte Merrell schon seit seinem 16. Lebensjahr gegiggt. In Pismo hatte er sich mit Freunden zusammengetan und die Gruppe *The Impacts* gegründet. Sie spielten den brandneuen Surf; schnelle Instrumentalmusik mit möglichst wilden Halleffekten, auf die sämtliche kalifornischen Surfer total abfuhren. Jeder der *Impacts* surfte selbst – sie schleppten ihre zwei Meter langen, kunstharzverstärkten Holzbretter über den Sand und alle anwesenden Mädchen gleich mit. Den Sport hatten Hawaiianer schon in den frühen Zwanzigern aus ihrer Inselheimat aufs Festland gebracht, aber er blieb einer kleinen Gruppe muskulöser Athleten vorbehalten, bis er auf einmal Südkalifornien symbolisierte – die ewige Sonne, das Meer und braungebrannte junge Körper. Wer auf sich hielt, surfte.

Im heißen Sommer 1961 saß Merrell Fankhauser mit den *Impacts* am Strand des Seebades Pismo Beach. Die kalte Alaskaströmung verwirbelt dort, am Point San Luis, und der aufgewühlte Pazifik knallt mit ordentlicher Wucht auf den breiten Sandstrand Pismos. Zur Abkühlung griff Merrell sein Surfbrett und schwamm langsam am Pier

44

entlang auf die Brecherlinie zu. Er setzte sich aufs Brett und wartete auf »the big one«. Als Saxophonspieler Joel Rose plötzlich aufsprang, die Arme schwenkte und schrie, verstand Merrell nichts. »Was?« rief er und wurde von einer gewaltigen Welle vom Brett gerissen. Als er spukkend und halbblind wieder auftauchte, freuten sich die Freunde am Strand königlich. »Wipe out, man«, lachten sie, klatschten sich auf die Schenkel und meinten mit dem Surferausdruck die heimtückische »unsichtbare« Welle, die Surfer »ausradiert«. Der peinliche Vorfall – und der Ausdruck – blieben einige Tage kleben, und als Merrell wieder eine Komponiersession einlegte, fand er die kurze, bildhafte Beschreibung des Surferpechs für einen Surftitel ideal. »Wipe Out«, klar.

Kurz darauf lernte die Gruppe Bob Keene kennen. Dessen Del-Fi Label war eine der erfolgreichsten Plattenfirmen in Los Angeles – Keene hatte immerhin schon 1958 Ritchie Valens entdeckt und die beiden ersten Singles des mexikanischen Angelenos herausgebracht. An »Donna« und »La Bamba« verdienten sowohl die Mutter des kurz nach der Aufnahme verunglückten Valens wie auch Bob Keene mehr, als sie jemals für möglich hielten, aber die Kosten laufen bekanntlich weiter. Also graste Keene jetzt aktiv die Surfszene ab, denn er hatte ein Gespür für kommende Trends, und er wußte, daß Surf riesig würde. Die Spürnase führte ihn zu den *Impacts* im mittelkalifornischen Pismo.

Die Gruppe nahm ein Album für Del-Fi auf, dessen Mittelstück Merrells neuer Song war. Keene nannte das ganze Album »Wipe Out« und freute sich, daß er wieder einmal recht behalten hatte – das Ding lief nur so aus den Läden. Daß die Jungs von der Band noch minderjährig waren, als sie ihren Vertrag unterschrieben, störte ihn wenig. Wozu auch – das Album war prima, er zahlte ordentlich Tantiemen an den selbsternannten Manager der Gruppe, und die *Impacts* hatten alle Hände voll zu tun, die vielen Gigs zu spielen, die ihnen ein Hitalbum brachte. Selbst als Merrell seinen Abschied nahm, als der Boß nach Lancaster zog, machte die Band weiter.

Der »Wipe Out«-Komponist war also in Lancaster gelandet und stellte eine neue Gruppe zusammen. Sein zweiter Gitarrist stand schon fest – der Schüler Jeff Cotton, dem Merrell Gitarrenunterricht gab, war ein Naturtalent, und den wollte der etwas ältere, erfahrene Fankhauser unbedingt dabeihaben. *Merrell and The Exiles* nannten sie sich, spielten – 1963 ging gerade zur Neige – Rock, Rhythm & Blues, der Radioeinfluß Johnny Otis' machte sich auch hier bemerkbar, alte Howlin'-Wolf-Songs und Muddy Waters coverten sie und hoben damit Wolf-Fan Don van Vliet aus den Latschen. Don hatte schon einen Ruf als Musiker, obwohl er zur Zeit ohne Band war, Merrell hatte die Band, aber sein Ruf als Surfstar war noch nicht bis Lancaster gedrungen. Die *Exiles* übten in der Garage oder, seltener, in Vater Fankhausers Flugschul-Hangar, und van Vliet lungerte immer irgendwo. »Ehe die Übungssession anfing«, erzählt Merrell, »hab' ich erst immer die Straße hoch und runter geguckt, ob nicht Dons Jaguar irgendwo stand. Der schlich sich während der Sessions nämlich immer ans Haus ran, und wenn ihm wieder mal ein Gitarrenlauf gut gefiel, schickte er einen seiner Trabanten rein, um zu fragen, wer denn das gerade gespielt habe. Dann haute er meine Jungs an, ob sie nicht mit ihm eine Band gründen wollten.«

Van Vliet nannte sich inzwischen Captain Beefheart, denn er hatte mit seinem alten Freund Frank Zappa einen Film gedreht, »Captain Beefheart meets the Grunt People«, der allerdings nie das Licht der Öffentlichkeit sah. Zappa hatte sich in Cucamonga etabliert, hatte mit dem Erlös der von ihm geschriebenen Filmmusik für den B-Western »Run Home Slow« ein kleines Tonstudio eingerichtet und nahm jede Arbeit an, um mit seinem Studio zu überleben. Als sich ein Gebrauchtwagenverkäufer in Zappas Studio einfand und Frank 100 Dollar dafür bot, daß ihm der Künstler ein pornographisches Tonband herstellte, willigte Frank ein. Der Kunde entpuppte sich als getarnter Sittenpolizist, Zappa mußte zehn Tage absitzen und verlor sein Studio. Er hatte schon während des vergangenen Jahres eigene Singles produziert und unter Phantasienamen wie *Brian Lord and The Midnighters*, *Baby Ray* und *Ned and Nelda* auf den Markt geworfen – jetzt schloß er sich der erfolglosen Bar-Band *Soul Giants* an. Die Jungs merkten sehr bald, daß Zappas satirische Kompositionen beim saufenden Publikum viel besser ankamen als ihr nachgemachter weißer Soul, und aus den *Soul Giants* wurden die *Muthers*.

Hinter den San Gabriel Mountains hatte Beefheart inzwischen seine erste *Magic Band* zusammengestellt und neidete dem Newcomer Fankhauser die Singles, die der mit seinen *Exiles* alle paar Monate aufnahm. Das kleine Glenn Recording Studio im nahen Palmdale hatte – was sonst kein Studio aufwies – eine Sängerkabine, die aus der Plexiglashaube einer F-86-Sabre-Jet-Pilotenkanzel bestand und ein unglaubliches Echo ermöglichte. Die *Exiles* nutzten den simplen technologischen Trick, um tanzbaren Rock mit Merseyside-Kellereffekt aufzunehmen. Die britischen *Beatles* hatten am 1. Februar 1964 die Single »I Want To Hold Your Hand« herausgebracht, die *Billboard* als »... driving rocker with surf-on-the-Thames-sound« beschrieb, und ganz Amerika wollte so spielen.

Beefheart packte es anders an; er ging nach Los Angeles, um seinen Freund Zappa zu überreden, ihm doch auch einen Managementvertrag zu besorgen. Frank und die *Muthers* waren nämlich von Manager Herb Cohen entdeckt worden, und nachdem sie einwilligten, sich fortan *The Mothers* zu nennen (weil Cohen fand, *Muthers* erinnerte zu sehr an den schwarzen Prolo-Ausdruck »Muthafucker«, womit er vollkommen ins Schwarze traf), begannen sie einen regelmäßigen wöchentlichen Gig im Whisky a Go Go in Hollywood, wo sie Hits wie »Gloria« und »Louie, Louie« spielten.

Merrell hatte das Wüstenleben und seine *Exiles* satt. Jeff Cotton hatte endlich den ständigen Verlockungen des Don van Vliet nachgegeben und war ans ferne Ende der Stadt gezogen, um mit der *Magic Band* »die große Welt zu sehen«, wie Beefheart immer versprach. Allerdings beschränkte sich die immer noch auf Lancaster, allenfalls

Palmdale, denn Beefheart hatte einige Eisen im Feuer, aber die waren noch kalt. Fankhauser zog wieder ans Meer zurück, denn Surfen und das Strandleben seiner Jugend hatte er in der kahlen, langweiligen kalifornischen Wüste arg vermißt. Er hatte nie wieder was von seiner Plattenfirma Del-Fi gehört, die inzwischen einige hunderttausendmal »Wipe Out« verkauft hatte, das entsprechende Album dazu und einige Kompilationen, die aus Studioresten zusammengestellt wurden.

Frankhauser fand es an der Zeit, den *Beatles*- und Blues-Sound zu verschrotten und sich einer neuen Richtung zuzuwenden.

Zappa hatte mit seiner drei Jahre vorher großmäulig hervorgebrummelten Prophezeihung recht behalten: »Okay, Männer«, hatte er damals gesagt, als aus den *Soul Giants* die *Muthers* wurden, »ich hab 'nen Plan. Bleibt zusammen, und ich mache uns alle reich.« Die *Mothers of Invention,* wie sich seine Band inzwischen nannte, waren die absoluten Gegenkulturfreaks. Frank brachte alles, was »man« nicht tat: schiß auf die Bühne – oder tat jedenfalls so –, schrieb Lyrics, bei denen patriotischen Bürgern der Abzugsfinger zuckte, machte Häßlichkeit nachahmenswert und produzierte eine noch heute gültige Kritik der vollgefressenen Gesellschaft. Sein erstes Album »Freak Out« war im Juli 1966 als Doppel-LP auf den Markt gekommen und dank einer lückenlosen Underground-Werbeaktion, vom Künstler selbst inszeniert, 23 Wochen im unteren Drittel der *Billboard*- Charts herumgedümpelt.

Mit »Freak Out« etablierte sich Zappa als Hippie-Vordenker, als Hohepriester des Schock, und er zog seinen Freund Beefheart mit. Der landete auf dem Herb-Alpert-Label A&M und nahm ein ganzes Album auf, von dem A&M jedoch nur zwei Singles herausgab; »Diddy Wah Diddy« und »Frying Pan / Moonchild«. Beide stürzten ab, Beefheart flog vom Label. Als die *Magic Band* im April des folgenden Jahres für ihr neues Label Buddah »Safe As Milk« aufnahm, sang Beefheart direkt in ein teures Vokalmikrofon, das unter seiner Sieben-Oktaven-Stimme sofort den Geist aufgab. Das clevere Label schlachtete die Stimmgewalt als Werbegag aus; hier war endlich ein Sänger, der Wände zum Einsturz brachte. Die Gruppe war vom Feinsten; neben Gitarrist Cotton war der hochangesehene junge Gitarrengott Ry Cooder in der *Magic Band*. Getreu seinem Faible, jedem unmögliche Phantasienamen zu geben, nannte er Jeff Cotton »Antennae Jimmy Semens« – doch Cooder wollte seinen eingeführten Markennamen nicht abgeben, weshalb er auch bald darauf die *Magic Band* verließ.

Spielte Zappa Sozialkritisches, hatte er schon Klassikelemente in seinem Rock, machte sich Beefheart mit Riesenstimme und Showtalent einen Namen, indem er ein musikalisches Genre schuf, das es noch gar nicht gab. Der auch etwas skurrile David Lindley erzählt heute noch gern, daß Beefheart allein ins Studio kam, um zu bereits aufgenommenen Instrumentaltracks zu singen, und empört Kopfhörer ablehnte – er wolle, so der Künstler, die Lyrics dort einsetzen, wo sie nach kosmischer Bestimmung hingehörten. Dann sang er los, ohne zu wissen, welcher Teil der Melodie gerade dran war – oder sogar, zu welchem Song er sang. Daß er manchmal auch übers Telefon sang, verwundert da nicht weiter – am Ende eines seiner Telefonsongs hört man den Produzenten Frank Zappa sagen, daß das ganz toll war, und die Aufnahme nehme man.

Währenddessen hatte Merrell eine neue Band zusammengestellt, die *H.M.S. Bounty*. Ein neuer Name für eine alte Gruppe – die *Bounty* war seine Surfband *The Impacts* von 1961. Die in der Zwischenzeit gemachten Erfahrungen ihrer Mitglieder resultierten in einem Sound, der von der New Yorker Rockkritikerin Lillian Roxon als Folkrock-psychedelisch eingestuft wurde, und das Album »Things« war der Underground-Renner im drogengeilen Los Angeles. Die *Bounty* verließ das Stranddorf, etablierte sich in einem der Canyons im Nordwesten Hollywoods und begann eine Serie Gigs, die vom neuen Gruppenlabel UNI vermittelt wurden. Mittwochs war ihr Abend im Whisky – und ihre Vorgruppe hieß *The Doors*. Wenn die

Bounty spätabends die Bühne betrat, erinnert sich Merrell, brüllten die Kids immer etwas, das sich wie »Light My Fire« anhörte. Die Band hatte keine Ahnung, was damit gemeint war, und spielte ihr Set. Das bestand großteils aus langgezogenen Soli, Folk-beeinflußtem Balladenrock und Lyrics, deren Sinn sich erst ergab, wenn der Hörer die metaphysische Suche der Gruppe nachvollzog. Sie lehnten Drogen ab – Merrell sagt, er könne seine LSD-Trips an einer Hand zählen – und suchten ihr Nirwana bei den vielen, fernöstlich beeinflußten Minireligionen Südkaliforniens. Von Rosenkreuzlern über Zen-Buddhisten bis zur Self-Realization Fellowship pilgerte die Gruppe, saugte überall Philosophie und Scharlatanerie auf und setzte das bunte Gemisch musikalisch um. Die *H.M.S. Bounty* war ein Schiffchen, das meterhoch über die scharfen Felsen der Südsee flog, statt sie traditionell zu navigieren, ihr Kapitän Bligh ein sanfter Fankhauser, dem neue Wege über alles gingen, neue kosmische Erkenntnisse, und sein Fletcher Christian war Jeff Cotton. Dessen Meuterei zugunsten Beefhearts konnte Merrell nicht verwinden – und er tat alles, um ihn wiederzubekommen.

Die beiden Gruppen wohnten im gleichen Tal, bewegten sich in den gleichen Kreisen und sahen einander ständig. Beefheart hielt seine *Magic Band* am kurzen Bändel; der Verein schlief den ganzen Tag, sagt Merrell, und übte nachts. Beefheart liebte Kontrolle über alles – und um Kontrolle über seine Kreation zu behalten, manipulierte er. Decken, Wände und Fußböden seines Gruppenhauses waren rot angemalt. »Nur so kann ich die Arschlöcher nachts wach halten«, sagte Gruppenchef Beefheart zu Gruppenchef Fankhauser. »Die Beefheart-Freundin«, erzählt Merrell weiter, »servierte jeden Abend nach dem Aufstehen ein Abendessen – und alle, außer dem Captain, bekamen LSD in ihren Hamburger. Beefheart rechnete aus, wann die Jungs fliegen sollten, und danach bekamen sie ihre Dosis zugeteilt. Die Bandmitglieder hielten ihn natürlich für einen Gott – es wußte ja keiner, daß ihm gespickte Hamburger serviert wurden.« Beefheart, mit schwarzem Spitzbart und tiefer Sprechstimme, war der

Mephisto, der die Gruppe kurzhielt, dem die Gagen und Tantiemen zuflossen und der das Geld verwaltete.

Cotton war schon einige Male abgehauen. Er lief zum Safeway-Supermarkt an der Ecke Topanga Canyon und Ventura Boulevard, versteckte sich dort in einem geparkten Auto, einmal sogar in einem offenstehenden Müllcontainer, und wurde doch jedesmal von der Gruppe wieder eingefangen. Seine Eltern hatten Angst, daß dem kleinen Gitarristen etwas passieren würde, und als Merrell ihn endlich dazu überreden konnte, Beefheart zu verlassen und ins *H.M.S. Bounty*-Haus überzuwechseln, sei er völlig ausgemergelt und abgerissen dort angekommen, die langen Haare verfilzt, und es habe einige Monate gedauert, bis er wieder einigermaßen normal war.

Zappa war Kultheld. Er hatte im Januar 1969 »Cruisin' With Ruben And The Jets« herausgebracht, nach alter Manier unter fiktivem Gruppennamen, aber jeder wußte, wer sich hinter Ruben versteckte. »Cruisin'« ist eine Hommage an Doo-Wop und Rock der Fünfziger – an die Musik, die Zappa in Lancaster hörte, die Johnny Otis und Huggie Boy über ihren schwarzen Äther ausstrahlten. Es ist noch heute ein Klassiker des Genres, eine Hinterlassenschaft Zappas, die seine musikalischen Anfänge dokumentiert, wie kein anderes Album das könnte.

Die *Mothers* hatten zwei erfolgreiche Jahre hinter sich, Frank hatte sein eigenes Plattenlabel Bizarre/Straight, als ihm das ganze Theater nach einer kurzen Tour durch Kanada stank. »Die Leute applaudieren immer aus den falschen Gründen«, sprach das Genie und löste seine Band auf. Keine Tourneen mehr, schwor er, nur noch ab und zu ein Album. Bizarre/Straight nahm Beefheart auf – das Jahrhundertalbum »Trout Mask Replica« entstand gleich nach Labelgründung im Oktober –, kümmerte sich um Straßenkünstler wie Wild Man Fisher und sammelte einen Katalog vom Feinsten an, der Jahre später für einige Millionen Dollar verkauft wurde. Zappa hatte mit dem versprochenen Reichtum recht behalten.

Fankhauser und Cotton, wiedervereinigt und guter Dinge, lösten *H.M.S. Bounty* auf und gründeten aus den Trümmern eine neue Gruppe. Die Musik war schon geschrieben – dazu hatten sie reichlich Zeit, während sich Cotton erholte. In acht Monaten, während die bislang namenlose Gruppe nur sporadisch auftrat, hatten die beiden über 100 Songs komponiert und die Demos dazu auf dem kommuneeigenen Tonband aufgenommen. Das mit dem Namen war ein Problem – sie suchten etwas, das den seltsamen Sphärenrock beschreiben würde, aber kurz genug war, um auch gut von der Zunge zu gleiten. »Eines Tages«, erinnert sich Merrell, »ging ich auf dem Sunset Boulevard spazieren und schaute hoch. Am Himmel hingen nur zwei Wolken – und sie bildeten das Wort MU! Ich schwör's, Peter, ein Omen. Ich bin sofort heimgerannt und hab's den Boys erzählt. Die waren genauso erstaunt wie ich. Und als wir einige Tage später den Brennholzstapel im Garten wegräumten, lag darunter ein altes Buch. Die Geschichte des versunkenen Pazifischen Kontinents Mu. Da wußten wir, daß es unser neuer Gruppenname war.«

Hatte die Vorsehung auf dem Sunset Boulevard gewatet, war sie auch in Chatsworth nicht faul. Dort wohnte nämlich Drummer Randy Wimer in einer Blockhütte, und der hatte das Tonband mit den vielen Neukompositionen mit heimgenommen, um den Schlagzeugpart zu schreiben. Als Randy weg war, brannte die Bude ab. Das erste *Mu*-Album, noch heute ein wiederaufgelegter Renner für Merrell, bestand aus den Songs, die sie noch aus dem Gedächtnis nachspielen konnten. Rein psychedelisch, von einer Band ohne harte Drogen. Die Endorphine waren's, meint Merrell, die Melodien hervorbrachten, obwohl er einräumt, es mochten bei Jeff noch Nachwirkungen der vielen Beefheart-Hamburger gewesen sein.

Mu war außerordentlich erfolgreich. Sie spielte pausenlos, war zwischen L.A.-Gigs ständig auf Tour, ihr Album verkaufte sich. Endlich waren alle drei Musiker aus der High Desert anerkannt – und jeder der drei hatte einen ganz eigenen Stil, machte etwas ganz Neues. Das Verblüffende an der Stildivergenz war ihre Retorte, Lancaster.

Solche Neustädte sind von Nomaden bevölkert, von Leuten, die es als selbstverständlich erachten, öfter einmal einen Schlußstrich zu ziehen und irgendwo frisch anzufangen.

Die Zappas kamen aus Baltimore, wo Frank bis zum zehnten Lebensjahr die Ostküstenkultur genoß; zeit seines Lebens liebte er die Werke des Komponisten Edgar Varese. Beefheart/van Vliet stammte aus dem bürgerlichen Glendale, einer rein weißen Republikanerhochburg am Fuße der San Gabriels, und Fankhauser wurde in Louisville, Kentucky, geboren. Sie hätten auch irgendwo anders aufeinanderstoßen können; daß sie's ausgerechnet in der Wüste taten, hat viel mit der heilssuchenden Rastlosigkeit derer zu tun, die Kalifornien schon immer magisch anzog.

Der Apfel fällt nicht weit vom Pferd – Omas Lieblingsspruch bewahrheitet sich immer wieder. Wie ihre Eltern, die zeitlebens die Fata Morgana des besseren Lebens quer durch die Staaten verfolgten, folgten Merrell und Jeff dem

Merrell Fankhauser (rechts) mit dem britischen Keyboarder Nicky Hopkins, der einige Jahre mit den Rolling Stones *arbeitete.*

Ruf des legendären Mu und stiegen am 28. Februar 1973 ins Flugzeug nach Hawaii. Dort, auf der Urwaldinsel Maui, vermuteten sie Mu, glaubten, die Insel sei eine der Bergspitzen des versunkenen Kontinents. Daß sie sich schon zum zweitenmal eine neue Karriere aufgebaut hatten, wo es doch keine zweite Chance gibt, daran verschwendeten beide keinen Gedanken. Die gesamte Gruppe zog mit, man mietete sich Holzhütten, tief im Urwald, und begann die mythische Suche. Während Zappa für »Overnite Sensation« seine erste goldene Schallplatte erhielt, Beefheart immer noch und schon wieder Gruppenmitglieder austauschte und am eigenen Image herumbastelte, schrieben die *Mu*-Macher hawaiianisch angehauchte Balladen, Songs über den Südpazifik, spielten unter Wasserfällen ihre Akustikkonzerte und bereiteten sich auf das zweite Album vor, das der Plattenmulti UNI zunehmend drängend verlangte.

Auf Maui steht die Zeit still – und, wenn man Einheimisches raucht, noch stiller. Marihuana ist eine der ganzjährigen Riesenernten der Hippie-Insel, das berühmte »Maui Wowee«, das man zur Not am Straßenrand pflücken kann. *Mu* rauchte sich durchs Jahr, nahm gastfreundlich die *Beach Boys*, Nicky Hopkins und die *Quicksilver Messenger Service*, George Harrison und einige weniger bekannte Kulturmacher auf und spielte mit ihnen allen wunderschöne Bänder ein – Impromptu-Konzerte, die heute halbvergessen im Fankhauserschen Wandschrank liegen.

Jeff heiratete 1974 seine Freundin Emma Wu, eine halbchinesische hawaiianische Schönheit, und Emma führte ihn zum Herrn. Daß damit *Mu* auseinanderfiel, störte Jeff nicht. Er hatte nun einen vollwertigen *Mu*-Ersatz, hatte einen Lebenssinn entdeckt und verzog sich, um Prediger der Siebentage-Adventisten-Sekte zu werden. Merrell sah ihn erst nach Jahren wieder – er flog gerade zu einem Konzert aufs Festland, Reverend Jeff Cotton kam aus San Francisco angeflogen. Die Begegnung der beiden Freunde war kurz und schmerzhaft – Emma hatte einige hundert Pfund angesetzt, die vielen kleinen Kinder der beiden wuselten durch die Flughafenhalle, und Supergitarrist Jeff Cotton trug einen grünen Overall mit Hüfthalfter. Darin steckte eine dicke Bibel, die Jeff auch sofort zückte, als er seinen alten Mentor sah. Hinfort mit dir, Versucher, schien die Geste zu sagen. Der sanfte Merrell, Hippie bis zuletzt, schaute nicht zurück.

Zappa trug seine schräge Vision eines anarchischen Kalifornien in die Welt hinaus. Er, der Freund des großen Sozialkritikers und Komikers Lenny Bruce, zeigte der Welt bis zuletzt, daß der einzelne sehr wohl gegen eine ganze Gesellschaft antreten kann, wenn nur der Glaube an sich selbst und seine vermeintliche Bestimmung groß genug ist.

Seit seinem Tod am 4. Dezember 1993 ist das Interesse am skurrilen Progressivrocker Frank Zappa wieder gewachsen. Witwe Gail entschloß sich, den größten Teil seines Œuvre beim feinen Ryko-Label erscheinen zu lassen. Die alten Bänder werden dort mit der nötigen Reverenz bearbeitet, die Alben in der ihnen gebührenden Form auf den Markt gebracht.

»Frank Zappa trug seine schräge Vision eines anarchischen Kalifornien in die Welt hinaus.« (Foto von 1990)

Daß Frank für die Familie sorgte, ist selbstverständlich. Er war ein innovativer Musiker, aber er war auch ein exzellenter Geschäftsmann. Zappas Söhne Dweezil (gui) und Ahmet (voc) passen nahtlos in jede Rockband, Schwester Moon Unit ist seit ihren Valley-Girl-Vocals ohnehin ein Markenartikel.

Daß Frank Zappa als Genie in die Geschichte eingeht, nimmt auch der Nicht-Fan als gegeben – und gerecht – hin. Besonders in Deutschland schätzte man ihn, und er mochte das deutsche Publikum. Zu Hause galt er der Presse als Fossil, in Europa verehrte man den modernen klassischen Komponisten. Vielen Amerikanern war er ein Dorn im Auge, seit er sich vor der Tipper Goreschen Untersuchungskommission für die Verfassungsgarantie künstlerischer Ausdrucksfreiheit aussprach; der jungen tschechischen Demokratie war er Vorbild, ihrem Verfechter Václav Havel ein guter Freund. Indem er für seine Rechte eintrat, räumte Frank Zappa mit Ängsten auf. Er blieb bis an sein Lebensende ein Freigeist.

Beefheart zog sich nach einigen kaum verkäuflichen Alben, nach Krach mit Frank und der anschließenden Versöhnung, nach Jahren der Leere wieder in die Wüste zurück und widmete sich seiner Jugendbeschäftigung. Der Bildhauer, dessen früh entdecktes Talent ihm schon als Kind Fernsehruhm einbrachte, saß in der Mojave und werkelte an seinen Skulpturen. Er trat nur noch sporadisch auf, und eines Tages war sein Telefon abgeklemmt. Beefheart war verschwunden.

Merrell lebte bis 1988 auf Maui, bis ein deutscher Schallplattenhändler an seine Hüttentür klopfte. Es habe lange gedauert, sagte der Besucher, aber er habe unbedingt den Herrn Fankhauser kennenlernen wollen, habe dessen Schallplatten alle zu Hause, und ob der Künstler denn wisse, daß seine »FaParDoKly«-LP unter Sammlern inzwischen 1 000 Dollar wert sei? Nein, das wußte Merrell nicht, aber er wußte, wo noch einige der Raritäten herumlagen. Doch das sagte er dem freundlichen German nicht. Den lud er auf ein Teechen und ein paar tiefe Züge ein, und als der Herr wieder Richtung Europa abgezogen war, kratzte Merrell die Dollars zusammen, die ihn nach Pismo Beach bringen würden, nach Kalifornien, wo seine Mutter noch an die 20 originalverpackte Alben im Wäscheschrank hatte. Merrell rieb sich die Hände; endlich mal wieder unterm Pismo Pier surfen, wo er 27 Jahre zuvor »Wipe Out« geschrieben hatte.

Und seit Weihnachten 1995 hat er sein Hauptwerk wieder. »Wipe Out«, das schon so viele reich machte, wurde dem Komponisten von der American Society of Composers and Publishers zugesprochen, von der Behörde, die Aufführungen überwacht und Honorare einzieht und verteilt. Die *Surfaris*, die den Song 1963 nachgespielt und sich dann die Rechte angeeignet hatten, vergaben kürzlich die Veröffentlichungsrechte zu einigen ihrer alten, nie erschienenen Studioaufnahmen. Der Käufer bekam nicht nur die Originalbänder, sondern auch die damals entworfenen Plattenhüllen, und er brachte die alten Sachen historisch getreu auf den Markt. Und siehe da – die erste *Surfaris*-Aufnahme des Liedes »Wipe Out« nennt eindeutig Merrell Fankhauser als Komponisten. Da mußten auch die alten Surfer endlich klein beigeben und die Urheberschaft Fankhausers eingestehen. Jetzt endlich, über 30 Jahre nach Schöpfung des Werkes, wird der Komponist entlohnt. Wie bei Richard Berry geht das natürlich nicht nachträglich – die vielen Millionen sind unwiederbringlich dahin. Aber die Zukunft sieht für Merrell Fankhauser ausgesprochen rosig aus.

Merrell macht laufend neue Musik, nimmt Alben auf, und er hat eine sehr erfolgreiche wöchentliche Radioshow, die auf einigen hundert Sendern in Nordamerika zu hören ist. Und er wohnt wieder dort, wo er als Junge surfte – nahe dem mittelkalifornischen Pismo Beach.

Beach Boys, Bikinis und B-Movies: Surf's up

Dick Dale war auch nicht mehr der Jüngste, aber außer Gitarre spielen hatte er nichts gelernt, also hackte er weiter. Der Rock der späten Fünfziger war ja auch nicht weiter kompliziert – drei Akkorde. Wenn man die kannte, konnte man eine ganze Karriere drauf bauen. Dick lebte recht ordentlich davon – er giggte ständig, bei High-School-Feten rissen sich die Teenies um ihn, und konnte mit seinen Del-Tones sogar etwas profitabler als die Konkurrenz arbeiten, weil er für Gitarrenhersteller Leo Fender Tester wurde. Fender gab ihm neue Gitarren und Verstärker, und Dick nahm sie auf Tour unter die Lupe.

Nun hatte jeder bessere Rockmusiker natürlich schon Bo Diddley gehört, dessen »Bo Diddley« und »I'm A Man« seit 1955 schwarze Parties auflockerten, aber keiner hatte so recht geschnallt, wie es der Bo fertigbrachte, eine Gitarre so aggressiv klingen zu lassen. Dick, nie zu fein, um abzukupfern, experimentierte. Vom libanesischen Onkel lernte er den Doppelanschlag, mit dem dieser seine Oud wie einen D-Zug rasen ließ, aus der Countrymusik hatte er den Slide-Stil, und er knallte das Stahlröhrchen mit unerbittlicher Wucht auf die Saiten. Daß dabei seine neuen Versuchsverstärker reihenweise dran glauben mußten, störte ihn wenig – Leo Fenders Pech, wenn er solchen Mist herstellte.

Dick schrubbte drauflos, entdeckte, wie Duane Eddy vor ihm, die Baßsaiten und die Reverb-Bar seiner elektrischen Fender-Gitarre, und je mehr Verstärker in die Luft flogen, umso hartnäckiger ging er dem Sound mit Nachhalleffekt und Höchstgeschwindigkeit zu Leibe. Bis Leo nach 40 teuren, zerstörten Vorlaufmodellen endlich seinen »Showman« stabil genug hatte, um auch die lauteste Garagen-Band dranzulassen, ohne massive Garantieleistungen befürchten zu müssen – da hatte Dick auch den Sound raus, den er suchte. Als »Let's Go Trippin'« 1961 die südkalifornischen Radiosender erreichte, atmete Jungkalifornien hörbar auf. »Let's Go Trippin'« lief auf sämtlichen tragbaren, batteriebetriebenen Plattenspielern am Strand.

Der hawaiianische Königssport des Wellenreitens blieb wenigen vorbehalten. Die Surfbretter wogen gute 100 Pfund, setzten voraus, daß der Surfer ein Auto hatte, um das Ding transportieren zu können, und genügend Zeit, auf die wenigen großen Wellen des Tages zu warten. Doch der zweite Weltkrieg machte Surfen zum Massensport. Die Bretter wurden dank neuer Kunststoffe leichter, die Erfahrungen südkalifornischer Marinearchitekten wurden auf Segeljachten und Surfbretter übertragen, als die Werften nach gewonnenem Krieg Massenentlassungen vornahmen, und aus der massiven Edelholzplanke wurde ein handliches, mannshohes, holzverstärktes Kunststoffbrett. Das paßte selbst in die alte Karre, die sich Nachkriegskinder sofort kauften, wenn sie 15 wurden und endlich den Führerschein machen durften. Schnipp ging's, und das Dach des alten Modell T war abgeschnitten (und wenn's draufblieb, wurden zumindest die Dachpfosten auf Bleistiftlänge gekürzt, die Scheiben entsprechend angepaßt. Dann war's ein »Deuce Coupe«, so wichtig fürs Surferimage wie blonde Haare und gutgebaute Freundin), ratsch, fehlten die Kotflügel, auf irgendeinem Schrottplatz ließ sich ein Sechs- oder Achtzylindermotor auftreiben, und in wochenlanger Heimarbeit entstand der Albtraum eines jeden deutschen TÜV-Prüfers. Hot Rods, »heiße Karren«, gehörten ganz einfach zum Selbstimage jedes gutsituierten kalifornischen Kids, und sie kauften den Uraltautomarkt ratzeputz leer. Breite Chromfelgen mußten drauf, und eine knallige Vielschichtenlackierung ließ die wenigen Karosserieteile glänzen, die der Bastler noch drangelassen hatte. Daß die Motorhaube fehlte, war Ehren-

sache – sonst hätte ja niemand den liebevoll hineinge-
quetschten alten Achtzylinder gesehen, seinen verchrom-
ten Luftfilter bewundern, seine polierten Ansaugstutzen
streicheln können. Was sein muß, muß sein.

Mit dem Hot Rod ging's hinunter zum Strand, das Surfbrett hinter die Frontsitze geklemmt, irgendwo fand man
einen sympathischen Erwachsenen, der die Crew mit Bier
versorgte. Und wenn kein sympathischer Erwachsener zu
finden war, fuhr man in irgendeine heruntergekommene
Gegend und suchte einen, der durstig und pleite war.
Hauptsache, über einundzwanzig. Denn das war – und
ist – das hiesige »drinking age«. Darunter steht der Jung-
kalifornier offiziell trocken. Versteht sich, daß zur Beach
Party Alkohol gehörte. Am Strand von Malibu, in Newport Beach, Laguna, am Leo Carrillo State Beach, bis hoch
nach Pismo saßen Kids ganze Nächte vorm Lagerfeuer
und taten, was Kids immer tun. Drei herrliche Monate
Sommerferien lassen ja manchen Gedanken aufkommen,
manchen Plan reifen, der unter Schulstreß nicht zur Aus-
führung kommt. Als Dick Dales »Let's Go Trippin'« da-
zukam, war die Surfkultur perfekt.

Instrumentalrock hatte sich schon länger eine Nische in
der Westküsten-Kidkultur erobert. Die *Revels* aus dem
mittelkalifornischen San Luis Obispo lieferten 1959 mit
dem Gitarren- und Saxophonsong »Church Key« einen regionalen Renner, dessen Clou darin bestand, daß eines
der Instrumente eine zischende angestochene Bierdose
war – das Surferrequisit Bierdosenöffner hieß im Slang
der Zeit treffend »Kirchenschlüssel«. Die *Revels*, nette,
kurzgeschorene Kids aus gutem Hause, bauten über den
Dick-Dale-Sound total ab. Was der spielte, war's. Sie kick-
ten ihren Gitarristen raus und ersetzten ihn durch einen,
der den neuen Stil nicht nur mochte, sondern auch spielen
konnte. Wie die *Revels* machte sich ganz Kalifornien dran,
den Dale-Sound zu kopieren. Leo Fender verzieh seinem
holzhackenden Betatester; jede Band mußte einen Fender
»Showman« haben, und Leo konnte die Nachfrage kaum
befriedigen.

*Newport Beach (Foto oben) und Malibu: Surfkultur und
Strandparties zogen die Kids magisch an.*

Die drei Wilson Brothers standen auch total auf den neuen Stil – obwohl nur Bruder Dennis surfte. Die Jungen aus der Los-Angeles-Vorstadt Hawthorne hatten Anfang 1961 ihren Cousin Mike Love und Bruder Brian Wilsons Schulfreund Al Jardine dazu überredet, mit ihnen ein Gesangsquintett zu bilden; bei ihren ersten, tastenden Auftritten in der Hawthorne High School kopierten sie die enge Harmonie der *Four Freshmen*, was bei den Schülern bombig ankam, hatten doch die *Freshmen* schon seit geraumer Zeit immer irgendeine Schnulze in den Top Ten. *The Pendletones* nannten sie sich, die Wilson Boys, nach der Hemdenmarke, die man 1961 trug – doch als sie im September dem Musikverleger Hite Morgan vorsangen, erkannte der Fachmann sofort das Talent der fünf, konnte jedoch mit dem Namen nichts anfangen. Sie nahmen ihren ersten Song, »Surfin'« auf, einen nichtssagenden Titel, auf dem Surfer Dennis bestand, und der pfiffige Morgan kam mit Candix-Plattenlabel-Promotionmann Russ Reagan überein, sie entsprechend zu nennen: *Beach Boys*. Daß die Betroffenen gern davon gewußt hätten, fiel ihnen nicht ein. Brian sagt, sie erfuhren erstmals ihren Gruppennamen, als sie die Vorlaufkopien ihrer Single in die Hand bekamen.

Ihre erste Studiosession hatten die *Beach Boys* mit dem Haushaltsgeld bezahlt, das die Eltern Wilson ihren Sprößlingen hinterließen, als sie einen mehrwöchigen Mexiko-Urlaub machten. Die umgeleitete Investition in die unmittelbare Zukunft der ohnehin leicht angefetteten Wilson-Söhne hatte sich gelohnt; dem Lokalsender KFWB gefiel das inzwischen in besserer Qualität wiederaufgenommene »Surfin'« derart, daß sie's einmal die Stunde spielten. Die Band erzählt noch heute, wie sie damals alle in Brians '57er Ford den Hawthorne Boulevard hinunterfuhren, als »Surfin'« im Radio kam. Brian mußte anhalten und erst mal tief Luft holen. Dann sausten sie den Boulevard hinunter und brüllten, das sei ihr Song, ihr Song auf KFWB, bei Gott! Sie warfen noch zwei Singles aus der »Surfin'«-Session auf den Markt, spielten nun regelmäßig und waren die Helden der Hermosa-Beach-Surf-Szene.

Bis auf den wasserscheuen Brian trieben sie sich zunehmend am Strand herum, holten sich Ideen, die auch prompt in neue Songs umgesetzt wurden. Braungebrannte Bikinimädchen, breiter Partystrand, heiße Sonne und schnelle, frisierte Autos; das waren Themen, die sich verkaufen ließen, wie der Schwarze Chuck Berry Jahre vorher entdeckt hatte.

Jardine war ausgestiegen – der ärgerte sich, daß die Gruppenmitglieder an der ersten Single nur runde 200 Dollar verdient hatten, und begann sein Zahnarztstudium –, aber die *Boys* fanden schnell Ersatz und hatten im September 1962 mit »Surfin' Safari« ihren ersten nationalen Hit. Der knallte besser rein als jede Droge. Die Kids wußten, daß sie hier ihre Berufung gefunden hatten. Brian hatte den befreundeten Jan and Dean einen Song gegeben, den die *Beach Boys* nicht aufnehmen wollten – »Surf City«. Der Text reflektierte den schlagartig veränderten Lebensstil der Wilsons – »two girls for every boy« hatte Brian gedichtet, die über Nacht wahrgewordene Schülerphantasie eines bisher einsamen Pummeligen.

Mit Hit-Nummer zwei gab's etwas Ärger; »Surfin' USA« war ab April 1963 dreizehn Wochen in den Charts, wo ihn wahrscheinlich der vorerwähnte Chuck Berry hörte – und wiedererkannte. Denn die Wilson Boys hatten Chucks »Sweet Little Sixteen« fast unverändert übernommen, ihm andere, surfgerechte Lyrics verpaßt und sich nicht um die Rechte gekümmert. Chuck war der Falsche für solche durchaus üblichen Scherzchen. Der drohte, und die Jungs lenkten ein, als sie merkten, daß mit dem weltgewandten Schwarzen gar nicht gut Kirschen essen war. Es dauerte, aber seit 1974 ist Chuck Berry einer der wenigen Mitkomponisten eines *Beach Boys*-Hits.

Hollywood hatte die Jugendkultur vor der Haustür entdeckt und drehte Surf-Movies. Die Filmemacher hatten die Surfer richtig eingeschätzt; Inhalte zählten weniger als pralle Bikinis und Soundtracks, die billig eingekauften Hitmachern von gestern eine neue Chance auf Chartplazierung gaben. Mit »Beach Party« fing's 1963 an. Schmalzlocke Frankie Avalon und Annette Funicello spielten die Hauptrollen in diesem hirnlosen Streifen, der einer der größten Kassenmagneten des Jahres wurde. Frankie kannte man von seinen Jahre zurückliegenden Teenage-Love-Schnulzen wie »Venus« und »Bobby Sox«; Annette hatte als süße Göre in der wöchentlichen Disney-TV-Sendung »The Mouseketeers« Kinderherzen gebrochen, bis sich ein zunehmend imponierender Busen bildete, der durch übergroße Disney-T-Shirts oder Weitwinkelaufnahmen einfach nicht wegzuleugnen war. Das Kindershowpech war ihr Filmglück. Der Mordsbusen kam durch Sand und Wasser erst richtig zur Geltung, und daß Disneys Annette ein All-American-girl war, die vermutlich gar nicht wußte, welche Wirkung ihr Gebirgsmassiv auf jugendliche Fans hatte, durfte man voraussetzen. Die Mausefrau und der abgetakelte Teeny-Schwarm räkelten sich also in Malibu zu flotter Surfmusik, und als das Studio merkte, welche Goldader sich damit auftat, begann die Serie. »Muscle Beach Party« füllte 1964 die Kinos, gefolgt von »Ride the Wild Surf«, wo Barbara Eden den Busenpart übernahm, aber Annette war in »Pajama Party« wieder dabei, für den Uraltkomiker Buster Keaton abgestaubt und hingestellt wurde. Mit »How to Stuff a Wild Bikini« feierte die Wahrheitstreue in der Kinowerbung einen seltenen Triumph – Annettchen und die spätere »Dallas«-Katze Linda Evans beäugten neidvoll ihr gegenseitiges Brustbild – und die Konkurrenz bot solche Perlen wie »Beach Ball« (mit Kookie Edd Byrnes, den *Supremes* und mit White-Boy-Soul vom Kaliber der *Righteous Brothers* und der *Four Seasons*), »Surf Party« mit Farbenfreund Bobby Vinton (»Roses Are Red, My Love« und »Blue Velvet«) und Komponistin/Sängerin Jackie De Shannon (»Put A Little Love In Your Heart«, »What The World Needs Now Is Love«). Mit »Ghost in the Invisible Bikini« ging den Drehbuchautoren endlich die Puste aus – und keinen Moment zu früh, denn der Liebessommer nahte. Die Blumenkinder nahmen der Beach-Movie-Spannershow den Wind aus den Segeln. Was Annette und Kolleginnen nur prickelnd ahnen ließen, zeigten die Flower Children unaufgefordert her. Überall fielen die Klamotten, Love is in, Beach, Surf und kaltes Bier out.

Neben tiefen Einblicken in Balzgewohnheiten und Sozialverhalten südkalifornischer Strandbenutzer boten die bunten Sonne-, Sand- und Surfstreifen Musik. Surfgruppen wetteiferten darum, eines ihrer Lieder im Film unterzubringen, denn die spielten mit größtem Erfolg vor Publikum, das Strand nur vom Hörensagen kannte. Die gewaltige flache Kornkammer des Mittleren Westens, die vereisten Wälder des hohen Nordens, die Sümpfe Mississippis; überall gab's Drive-In-Kinos, und dort liefen die Schinken wie geschmiert. Kalifornische Freizeitbekleidungshersteller, die vor der Surfmanie bestenfalls eine Randexistenz lebten, wuchsen zu Großbetrieben heran. Jeder legte sich bunte, knielange Surfershorts zu, mexikanische Bauernpullis und Huaraches, Sandalen aus geflochtenen Lederstreifen, die vorher nur in der Grenzstadt Tijuana als kuriose Mitbringsel gekauft wurden.

Auch wenn die Sonne im nördlichen Minnesota seit Monaten nicht mehr durch die Schneewolken geblinzelt hatte, lief auf dem Plattenspieler irgendein Song, der ungezähmte Brecher zum Inhalt hatte. Jan and Dean hatten mit ihrem Brian-Wilson-Song »Surf City« einen massiven Hit, der erste Surfsong, der auf der nationalen Nummer Eins stand, »Pipeline« von den *Chantays* und der »Surfer's Stomp« der *Mar-Keys* waren riesig, und die Teeny-Gruppe *The Surfaris* aus dem kalifornischen Glendora hatte im Juli 1963 mit dem geklauten »Wipe Out« die nationale Nummer Zwei.

Doch zurück zum Anfang des Jahrzehnts und zu den *Beach Boys*. Die melken ihren kulturellen Zufallsfund. Sie schreiben »409«, das Hohelied an einen Achtzylindermotor mit einem Kubikinhalt von 409 Inches, »Little Deuce Coupe« und »Shut Down«, deren Autothemen südkalifornischen Kids fast noch mehr am Herzen liegen als Liebeslieder, die aber auch fließbandartig die *Beach Boys*-Nachfrage decken helfen. Alben kommen hinzu, Brian, der bislang nur komponierte und sang, beginnt zu produzieren und vernachlässigt zunehmend seine Pflichten als einer der fünf *Beach Boys*. Immer öfter treten bei ausverkauften Konzerten nur vier auf. Deshalb kommt Al Jardine wieder in die Gruppe, Dr. Jardine, denn er hat's ausgehalten, hat promoviert, und kann nun seinen Kollegen bei gesungenen Vokalen fachmännisch in die Tonkammer gucken.

Im Februar 1964 haben die *Beatles* schon vier Songs in den Top Ten – aber Amerika singt »Fun, Fun, Fun« von den *Beach Boys*. Am 4. Juli, am amerikanischen Unabhängigkeitstag, haben die *Boys* mit »I Get Around« ihren ersten Top Hit. Trotz der Übermacht der Briten, die mit den *Beatles* begann und volle acht Jahre anhielt, blieben die *Beach Boys* in den Top Forty. Allerdings waren sie im Oktober 1966 mit »Good Vibrations« zum vorletzten Mal die Nummer Eins – 22 Jahre dauerte es, bis sie mit »Kokomo« wieder ganz oben waren.

Mit »Good Vibrations« ist ihnen die wahrscheinlich beste Aufnahme gelungen. Brian hatte sechs Monate mit der Produktion des Song verbracht, akribisch gefeilt und gebastelt, und als »Good Vibrations« erscheint, ernennt der britische *New Musical Express* die Jungs zur besten Band der Welt – vor den *Beatles*. Die Band ist überglücklich, ihre Fans total aus dem Häuschen. Denen ging Surf sowieso immer über englische Pilzköpfe, sie zogen lockerleichte Texte und luftige Harmonien den Belehrungen der inzwischen als Drogenband geltenden *Beatles* oder den nachgemachten Negersounds der rabaukenhaften *Rolling Stones* vor. Daß die *Beach Boys* schon wieder im Studio sind und an einem neuen Album mit dem Arbeitstitel »Dumb Angel« werkeln, ist ihnen bekannt; daß sie aber, und besonders Brian, tief in der Drogenhölle stecken, wissen die Kids nicht.

Der Drogenmißbrauch wird auch streng geheimgehalten, aber die Musik verrät sie. »Dumb Angel« hat mit ihrem erfolgreichen Konzept nicht mehr das Geringste zu tun. Das Album ist ihr »Sgt. Pepper«, aber einer, der nur scheibenweise das Licht der Welt erblickt. Das wenige Material aus den Sessions überzeugt Kritiker, daß »Dumb Angel«

ein bahnbrechendes *Beach Boys*-Album wird, aber es versackt immer tiefer in der Unschlüssigkeit und Lethargie seiner Schöpfer – es wird zu Tode produziert, bis die Gruppe endlich im August 1967 einige noch brauchbare Tracks mit kommerziell Bewährtem wie »Good Vibrations« und »Heroes And Villains« mischt und auf ihrem neugegründeten Label Brother Records als »Smiley Smile« herausbringt. Aber das Pack kauft nicht. Zu sehr enttäuschen die *Boys* mit ihrem selbstverliebten Getue, mit ihrem drogeninduzierten Rockgehabe, mit Tracks, die vom traditionell etwas weniger aufgeschlossenen *Beach Boys*-Publikum nicht verstanden werden.

Das Problem vertieft sich im Dezember, als die *Boys* in Paris sind – auf ihrem dortigen Konzert lernen sie den Maharishi Mahesh Yogi kennen, der die erfolgreichen Knaben aus der Mittelschicht-Hochburg Hawthorne in die Geheimnisse seiner selbstentwickelten Heilslehre Transcendental Meditation einweiht. Der Maharishi ist Heiliger von Beruf, nicht Menschenkenner. Seine Versuche, im Schnellverfahren aus englischen Arbeiterkindern fernöstliche Durchblicker zu machen, scheitern daran, daß die Arbeiterkids ihm einiges an Cleverness voraushaben – aber bis hierher hat er's gebracht, der Inder, in Paris ist er schon mal, und jetzt geht's auf nach Kalifornien. Für die *Beach Boys* ist das folgende Jahr katastrophal – Konzerte werden abgesagt, das vom Maharishi stark beeinflußte Album »Friends« wird nur von wenigen gekauft.

1969 ist das Jahr Jimi Hendrix' und Janis Joplins – nicht der *Beach Boys*. Sie halten Pressekonferenzen, bei denen sie ihre desolate finanzielle Situation beklagen. Vater Murry verscheuert hinter dem Rücken seines Sohnes Brian dessen »Sea of Tunes«-Katalog für lächerliche 700 000 Dollar an Irving/Almo Music. 20 Jahre später verklagt Brian die Käufer wegen Betruges und fordert eine Nachzahlung von 100 Millionen Dollar.

Die Beach-Ära scheint endglültig vorbei. Wer jetzt noch am Strand liegt oder surft, ist hoffnungslos »out«. Kalifornien wird vom erzkonservativen Gouverneur Reagan mit harter Hand regiert, der ein Jahrzehnt später seinen Segen dem ganzen Land zugute kommen läßt. Kids werfen die enge elterliche Bindung ab und entdecken, daß ihre heile Welt in Wahrheit eine verkommene, eine kranke, eine hilfsbedürftige Welt ist. In Südostasien werden junge Amerikaner verheizt, und zu Hause nehmen Hundertausende am March Against Death auf Washington teil. Selbst der Maharishi, vergrätzt über den krassen Materialismus dieses verdorbenen Kalifornien, hat von hochherzigen Spenden eine abgelegene Ranch im feudalen Ojai gekauft und sich mit seinen Jüngern dorthin, zwischen Meer und Berge, verzogen. Da hat sich's ausgesurft, da ist Ernst eingekehrt, da gelten die *Beach Boys* als Relikte einer fernen, matschbirnigen Vergangenheit. Doch als sie im Oktober 1970 am Big Sur Folk Festival teilnehmen, hat sich die Radikalisierung der hippen Jugend schon wieder gelegt. Selbst die Todesschüsse von Kent State, die »Kriegserklärung« der Nationalgarde an die Jugend Amerikas, scheinen vergessen. Kids sitzen im bukolischen Monterey, lauschen dem kriegsdienstverweigernden Generalssohn Kris Kristoffersen, der rehäugigen Linda Ronstadt, dem scharfzüngigen Country Joe McDonald und der bärbeißigen Joan Baez – und feiern die leicht verschämt auftretenden *Beach Boys* wie verlorene Söhne.

Carnegie Hall und ein Doppelkonzert mit den *Grateful Dead* zementieren den überraschend wiederhergestellten Ruf der Gruppe, die sich wie ihre neuen Fans jahrelang das Hirn vollgeballert haben, es aber im Gegensatz zu denen nie zugaben. Als sie vor einer halben Million Antikriegsdemonstranten spielen, gelten sie wieder als superhippe Meinungsmacher. Niemand fragt nach den Zerwürfnissen in der Gruppe, keiner will wissen, wo Brian ist und was er macht. Die *Beach Boys* werden als amerikanische Institution gefeiert, die nice boys von nebenan, die sauberen Vertreter der Jugend. Auf dem Podest bleiben sie, durch gute Zeiten und schlechte, durch dick und dünn – und oft ist es in dieser erweiterten Familie dünn.

Als die *Boys* im November 1988 mit »Kokomo« erstmals seit »Good Vibrations« wieder einen Number One Hit haben, ist Brian nicht dabei – der hat gerade eine Solo-LP auf die Menschheit losgelassen, die in den Niederungen der *Billboard*-Charts herumgeistert. Brians Weltferne hat sich zur Paranoia entwickelt, aber er hat einen guten Freund gefunden. Psychiater und Guru Eugene Landy, der mit Brian in Malibu wohnt und ihn keine Minute aus den Augen läßt, will einige der Songs mitkomponiert haben, womit er natürlich auf langjährige Tantiemeneinnahmen hofft. Die *Beach Boys* haben gerade gegen Mike Loves Bruder Stephen wegen Unterschlagung ausgesagt. Stephen bekommt fünf Jahre Bewährung aufgebrummt. In Malibu stellt sich Dr. Landy der untersuchenden Ärztekammer und gibt freiwillig seine Approbation zurück – gegen den Vorwurf, er habe sich Brian über Jahre hinweg hörig gemacht, kommt er nicht an. Einige Zeit später verlangt Stephen-Bruder und Brian-Cousin Stan Love, zum Vormund über Brian und dessen Vermögen gemacht zu werden. Brian wehrt sich mit einer Klage in Millionen-

Beach Boy Brian Wilson 1995. Die Boys sind in die Jahre gekommen und mit ihnen ihre Strandhits, aber echte Beach Boys-*Fans wollen noch immer »Fun, Fun, Fun«.*

höhe. Auch den dritten Love, Beach Boy Mike, verklagt er, denn Mike behauptet, Mitkomponist der Brian-Wilson-Songs zu sein, und will Millionen. Erst 1995 einigen sich die zwei und beginnen wieder eine Zusammenarbeit, die wegen des Streites jahrelang ruhte.

Und doch machen die über fünfzigjährigen Boys auch in Zukunft weiter. Die ganze Familie ist auf kalifornische Musik geeicht. Brians Töchter Carnie und Wendy hatten 1990 einen Top Hit mit »Hold On«, der Mike-Love-Sohn Christian will Musik machen, und die Stars selbst sind sich nicht zu gut, Artverwandtes zu beliefern. Sie schrieben einen Song für die Malibu-Strandoper »Baywatch«, sie spielen ihre alten Strandhits dort, wo sie schon immer am besten ankamen – im Mittleren Westen, auf Jahrmärkten und Volksfesten, und sie gelten Veranstaltern nach wie vor als eine sichere Tour, als risikolose, unkomplizierte Show. Denn die Kids aus Des Moines und Plainsville, die zu »Fun, Fun, Fun« tanzten und liebten, sind jetzt auch 50 – und die kommen, zahlen, trinken was und gehen ruhig und zufrieden wieder nach Hause.

Little Feat: Lowell, Paul und die Südstaatenhühner

Lowell George war's ganz zufrieden. Er hatte auch allen Grund dazu. Als Gitarrist der Frank-Zappa-Gruppe *Mothers Of Invention* war er einer der angesehensten Musiker Los Angeles'. Und er hatte gerade Zappa seinen neuen Song »Willing« vorgespielt. Für die *Mothers* war das nichts, aber Frank war von der Komposition sehr angetan und meinte zum wiederholten Mal, es sei doch eine Schande, daß Lowell als angestellter Gitarrist herumtingele. Er solle doch eine eigene Band gründen. Das hatte Lowell George auch schon überlegt, schon seit Jahren war er dran, aber er hatte zu gute Gigs in der Zwischenzeit. Mit der *Factory* hatte er gespielt, hatte einen Hit mit den *Standells* und der Psychedelic-Gruppe *Seeds*, ehe er zu Zappa stieß. Frank hatte recht, jetzt war's Zeit.

Lowell verließ Zappa, nahm gleich noch dessen Baßspieler Roy Estrada mit und gründete seine eigene Gruppe. Jimmy Carl Black von den *Mothers* gab ihm noch ein unfreiwilliges Abschiedsgeschenk, als er über Lowell lachte und sagte: »Du mit deinen kleinen Füßen, hau du nur ab.« Little Feat, dachte Lowell, nicht übel. Da die »Leistung« phonetisch dem »Fuß« gleicht, schlug man mit »Little Feat« gleich zwei Fliegen mit einer Klappe. Das Warner Brothers Label in Lowells Heimatstadt Burbank schnappte sich auch gleich den angesehenen Gitarristen und gab ihm einen Vertrag. Die junge *Little Feat* nahm eine Single und ihr Debütalbum auf, das allerdings erst 1971 auf den Markt kam. Ry Cooder spielte als Gastgitarrist, und das Album etablierte die Gruppe als heißen, neuen Los-Angeles-Act.

Lowells Gruppe rockte. Er tendierte zum Southern Rock,

dieser Kombination aus reinem, hartem Gitarrenrock und den Klavier- und Saxophonsounds der Muscle Shoals Soul-Studios. Dazu noch eine Prise Country, ganz wenig nur, aber gut zwischenreingerührt ergab das einen traditionell amerikanischen Rock, der sich neben jedem Import sehen lassen konnte. Die Gruppe mußte erlebt werden, Lowell wollte raus aus L.A., wollte reisen, und *Little Feat* begann die Tradition der Dauertour. 1972 kam »Sailing Shoes«, aber wie »Little Feat« war das ein Album, um das sich Warner Brothers wenig kümmerte. Warum das so war, blieb ein Geheimnis, aber die Alben mußten sich von alleine verkaufen. Zuständig für die Publicity war die Gruppe, die ständig unterwegs war.

Im Februar 1972 bekam der Gitarrist Paul Barrere einen Anruf von Lowell George. Die beiden kannten sich schon seit den frühen Sechzigern, denn Lowell war mit Pauls älterem Bruder zur Schule gegangen. Zehn Jahre lang verfolgte man die gegenseitige Karriere in diversen Los-Angeles-Bands, und schon 1969, als Lowell erstmals eine Gruppe gründen wollte, hatte er Paul eingeladen, als Bassist vorzuspielen. Die Probe, sagt Paul, ging furchtbar in die Hose, denn er hatte noch nie Baß gespielt. Er war Gitarrist und wollte es eigentlich auch bleiben. Der von Zappa geklaute Bassist Estrada hatte jetzt jedoch *Feat* verlassen, um mit Captain Beefheart zu arbeiten, und Lowell wollte bei der Gelegenheit die Band verjüngen und vergrößern. Also trat Paul Barrere der Band seines Freundes bei. Man ging in den wenigen Tourpausen ins Studio und nahm das Album »Dixie Chicken« auf. Ein seltsames Album, sagt Paul heute, und er meint nicht das Album, sondern die Umstände. Denn wie bei den beiden vorherigen, mußte *Little Feat* wieder ständig das Album auf Tournee vorstellen. Kaum ein Musikgeschäft in den Tourstädten hatte »Dixie Chicken« vorrätig, erinnert sich Paul. Ihnen wurde klar, wie wenig sie Warner Brothers bedeuteten. Die Band wäre damals fast auseinandergegangen. Man einigte sich auf eine längere Pause.

Die Gruppenmitglieder gingen also zu Ende des Jahres

1973 ihre eigenen Wege. Bill Payne, der Spitzenkeyboarder, tat sich erst mit den *Doobie Brothers* und dann mit Bonnie Raitt zusammen. Der Rest der Band verdingte sich bei Frank Zappas Discreet Label. Man arbeitete viel im Studio und hatte doch Pläne, wieder einmal zusammenzukommen, falls sich etwas bessern würde. Fast ein Jahr dauerte die Pause. Ein Jahr, währenddessen das »Dixie Chicken«-Album immer besser lief. Bei Warner Brothers merkte man, was man verloren hatte und legte in altbewährter Manier viel Bares auf den Tisch, damit die Gruppe wieder zusammenkomme und ein Nachfolgealbum aufnehme. »Feats Don't Fail Me Now« war das Ergebnis. Genau das richtige Nachfolgealbum, um die »Dixie Chicken«-Fans bei der Stange zu halten. Mit Bonnie Raitt, Emmy Lou Harris und Van Dyke Parks als Gästen hatte Lowell tief in die Freundschaftskiste gegriffen – er wollte endlich das Durchbruchalbum schaffen, die Platte, von der er schon 20 Jahre träumte.

Das Warner Label indessen wußte, warum es der Gruppe soviel Geld geboten hatte, um wieder zusammenzukommen. Denn zwei Monate nach der erneuten Vertragsunterzeichnung begann eine Europatour unter dem Namen »The Warner Brothers Music Show«. In neun Städten wurden 18 Konzerte gespielt, eine reine Warner-Verkaufsveranstaltung, mit den *Doobie Brothers*, *Tower of Power*, *Bonaroo*, *Montreaux*, und *Graham Central Station*. Wie sich zeigte, hätten die alle ruhig zu Hause bleiben können. Denn *Little Feat* wurde begeistert gefeiert. Das war endlich wieder eine Band, mit der Europäer etwas anfangen konnten.

Eine ausgedehnte Frühjahrs- und Sommertour in den Vereinigten Staaten folgte, und als die Gruppe im Dezember 1975 ins Studio ging, um »The Last Record Album« aufzunehmen, stellte sich heraus, daß Lowell George Gelbsucht hatte. Die ersten Anzeichen seines unmäßigen Drogenkonsums hatten sich schon vor Jahren während der »Dixie Chicken«-Sessions bemerkbar gemacht, aber man hatte im Stil der Zeit immer angenommen, daß sich das schon von selbst erledigen würde.

In den nächsten eineinhalb Jahren zieht sich Lowell George immer mehr aus der Gruppe zurück. Die Drogen, die er »nur zum Spaß« eingeworfen hatte, diktieren nun seinen Zeitplan. Er bemüht sich zwar noch, auf Tourneen seinen Mann zu stehen, doch *Little Feat* gerät in den Ruf der Unzuverlässigkeit. Auf dem Album »Time Loves A Hero«, das im Juni 1977 auf den Markt kommt, ist nur noch ein Lowell-George-Song. Trotzdem wird es Nummer 34 auf den US-Charts und verkauft sich, wie inzwischen alle *Little Feat*-Alben, in sehr ordentlicher Stückzahl. Die Gruppe hat eine Gefolgschaft aufgebaut, die nur mit der ihrer nordkalifornischen Konkurrenten, den *Grateful Dead*, zu vergleichen ist.

Die Tourneen bringen das Doppel-Live-Album »Waiting For Columbus« hervor. Aber die Stücke auf dem Album sind nicht aus einem Guß, sondern ausgewählte Songs aus vielen verschiedenen Konzerten, denn allgemein läßt sich eine Lethargie feststellen, an der Lowell George nicht ganz schuldlos ist. Der Bandleader kümmert sich nur noch um sein Vergnügen, die Gruppe wird ihm immer unwichtiger. Bill Payne und Paul Barrere gehen jetzt mit Nicolette Larson auf Tour, denn *Little Feat* steht im April 1979 auf tönernen Füßen. Kurz darauf gibt Payne bekannt, daß sich *Little Feat* auflöst. Man will einfach nicht mehr, es ist zu schwierig geworden, Termine einzuhalten und den Ansprüchen der langjährigen Fans gerecht zu werden.

Lowell spielt ein Soloalbum ein, »Thanks, I'll Eat It Here«, und geht auf Solotournee, aber zwei Monate nachdem Bill Payne die Band für tot erklärt hat, am Tag nach einer ausverkauften Soloshow in Washington, D.C., am 29. Juni, stirbt der vierunddreißigjährige Lowell George. Ein Herzanfall war's, sagt der Leichenbeschauer, und meint dazu, daß nicht einmal ein kerngesunder Mensch so viele Drogen auf einmal vertragen kann.

Für Lowells Witwe muß gesorgt werden. Also kommen am 4. August die Freunde zusammen, die ehemalige Band, dazu Jackson Browne, Emmy Lou Harris, Nicolette Larson, Michael McDonald, Bonnie Raitt und Linda Ronstadt, und spielen ein Benefizkonzert im Los Angeles Forum. 20 000 Zuhörer sind da. Der Reinerlös von 230 000 Dollar geht an Lowell Georges Witwe. Viel mehr als die Rechte zu seinen Songs hinterließ der Rocker nämlich nicht. Der Beruf, die Jugend, das ständige High machen unsterblich. Umso überraschender trifft der Tod die Familie, die Freunde, die Band. Daß sich die Gemeinschaft um Hinterbliebene kümmert, ist eine der großartigen, von Außenseitern kaum anerkannten Selbstverständlichkeiten der Rockszene.

Im Dezember kommt das Album »Down On The Farm«, das ursprünglich »Duck Lips« heißen sollte, auf den Markt und ist, wie alle anderen *Feat*-Alben inzwischen, ein sehr solider Hit. Trotz des Verkaufserfolges lassen Kritiker kein gutes Haar am Album. Gehässig wird behauptet, es sei nur entstanden, um den Warner-Brothers-Vertrag noch zu erfüllen. Einige der Songs auf »Down On The Farm« sind natürlich nach Lowell Georges Tod aufgenommen worden, und da gibt es eine Geschichte, die symptomatisch für viele ist, die man über die Jahre in Hollywooder Studios hören kann.

Lowell war schon einige Wochen tot, man mußte das Album fertigstellen, und einige bekannte Studiomusiker aus Los Angeles wurden angeheuert, um den Rest noch einzuspielen. Einer dieser Studiomusiker also, einer, den ich schon ewig kenne und schätze, der noch nie Drogen brauchte, um seine Musik zu spielen, ein sehr nüchterner Zeitgenosse also, erzählte sie mir. Wir wollen ihn anonym lassen, denn die Story ist manchem doch etwas suspekt, und man will ja nicht seinen Freunden ein Bein stellen. Also. Nach seiner Mitarbeit am Album »Down on the Farm« befragt, wird er nachdenklich und sagt: »Ach ja, ach ja, das *Feat*-Album. Hm, das war doch die Session, wo mich Lowell besuchte.« Wie bitte? – »Ja, ich saß im Studio und spielte gerade, als die Studiotür aufging, aber niemand durch die Tür kam. Es wurde nur sehr kalt im Raum. Und ich schaute rüber ins Nebenstudio, wo Percussionspieler Sam Clayton saß, und fragte durch die Gegensprechanlage: ›Sam, ist hier gerade jemand reingekommen?‹ Der schaute hoch und sagte mit Grabesstimme ›Ja, Mann. Da ist einer.‹ Urplötzlich sah ich aus dem Augenwinkel, wie sich Lowell George über mich beugte. An den Rest der Arbeit für dieses Album kann ich mich, ehrlich gesagt, kaum erinnern. Das war eine derart starke Erfahrung. Sag mal schnell, welche Songs sind da überhaupt drauf?«

Typischer Hollywoodspinner? In jedem Studio der Musikstadt gibt es eine ähnliche Story. Ansonsten völlig phantasielose Leute wollen solche Erlebnisse gehabt haben. Nüchterne Bürger, die Tag für Tag im Studio stehen und automatenhaft Songs runterschrubben, denn das ist ihr Beruf. Erstaunlich, wieviel man in einem solchen, typisch schlecht beleuchteten, mit Technik vollgestellten Studio erleben kann.

»Hoy, Hoy, Hoy«, eine Zusammenstellung alter *Feat*-Hits kommt 1981 raus, 1983 bringt Barrere ein Soloalbum »On My Own Two Feet« auf dem Mirage Label und geht dann auf Tournee mit der Gruppe *Chicken Legs*. Das ist die alte *Feat*, durch den Bluesrocker Catfish Hodge verstärkt. Ihnen gehört der Name *Little Feat* nicht, also dürfen sie ihn nicht benutzen. 1986 tun sich einige Freunde aus der L.A.-Musikszene zusammen – Paul Barrere, Baßspieler Freebo, Gitarrist, Sänger und Songwriter Catfish Hodge, Larry Zack und T. Lavitz – und gehen als *Blues Busters* auf Tournee. Zwei Alben werden eingespielt, was echten *Feat*-Fans zur Freude gereicht, aber im April 1988, Zack hatte gerade die Gruppe verlassen, geht auch Barrere, denn *Little Feat* soll auferstehen. Sie unterschreiben wieder einen Plattenvertrag mit Warner Brothers und nehmen das »Let It Roll«-Album auf. Allerdings verkauft sich das kaum. Die Gruppe geht wieder auf längere Tournee, denn das tat sie schon immer, und es hatte sich ja gezeigt, daß *Feat*-Konzerte *Feat*-Alben verkaufen. Im Mai 1990 stellt Warners noch ein neues Album, »Representing The Mambo«, vor, das auch wieder in den Charts auftaucht, doch Band und Label, noch nie die allerbesten Freunde, trennen sich endgültig. Man will einfach nicht mehr.

Nach einem erfolgreichen Tourneejahr unterschreibt die Gruppe 1991 mit dem kleinen Morgan Creek Label einen neuen Vertrag und bringt das »Shake Me Up«-Album heraus. Kein schlechtes Album, sind sich Band und Kritiker diesmal einig, aber Morgan Creek kümmert sich überhaupt nicht um den Vertrieb. Die Firma ist viel mehr an ihren Filmen und Soundtrack-Kompilationen interessiert. Also geht *Little Feat* im Frühjahr 1995 wieder zu Warner Brothers zurück.

Paul sagt, man habe die Probleme, die es früher mit Warner Brothers gab, wirklich überschätzt, denn es habe sich gezeigt, daß eine kleine Firma noch viel größere Probleme bereiten kann. Um aus einem Album ein Hitalbum zu machen, braucht man sehr viele Leute, die sich sehr darum kümmern, das Album in die Läden zu bringen. Das war ja seit Bestehen der Gruppe ein fast unlösbares Pro-

Little Feat *1995 – vordere Reihe: Paul Barrere (links) und Shaun Murphy; mittlere Reihe: Ken Gradney (links) und Fred Tackett; hintere Reihe (v. l. n. r.): Richie Hayward, Sam Clayton, Bill Payne.*

blem. Man muß sich um die Radiostationen bemühen, denn nicht nur die Hauptstadtmärkte, sondern auch die zweit- und drittwichtigen Märkte müssen beliefert werden. Wenn die Musik dort nicht gehört wird, wird sie nicht gekauft. Von Hauptstädten allein, sagt Paul, überlebt kein Künstler. Die viele Arbeit, die dazu nötig ist, schafft nur ein Team, das sich einige Monate ausschließlich damit beschäftigt. Man ist also wieder zusammen, die *Feat* und Warners.

Paul Barrere ist seit vielen Jahren der Chef der *Feat*, Paul, der schon zu Lowells Zeiten Hits wie »Old Folks' Boogie« und »High Roller« zum Bandrepertoire beitrug und der im Sommer '95 mit »Ain't Had Enough Fun« ein traditionelles Album herausbrachte, auf das Lowell stolz gewesen wäre. Im Herbst und Winter 1995 waren *Little Feat* wieder auf sehr erfolgreicher Europatournee, nachdem sie schon in Amerika eine riesige Sommertournee hinter sich hatten. Die drei Novemberwochen in Deutschland haben der Gruppe wieder gezeigt, wo ihre europäischen Fans sitzen, und sie haben Deutschland *Feat*-Konzerte gebracht, wie sie seit den frühen Siebzigern nicht mehr zu sehen waren: voller Leben, begeisternd, mit erstklassigem Material. Von erstklassigen Musikern gespielt, die sich seit einem Vierteljahrhundert kennen. Und irgendwo hinter dem Bühnenvorhang, in Köln oder München, Stuttgart oder Berlin, stand ganz bestimmt Lowell und freute sich.

David Lindley:
The Prince of Polyester

Endlich wissen's die Neurologen: Nur wer in frühester Jugend fleißig übt, wird Spitzenmusiker. Wer schon 13 ist, ehe sich das Interesse regt, hat Pech gehabt. Aus dem wird nichts. Das wurde im *New England Journal of Medicine* veröffentlicht, und dann muß es ja stimmen.

Diese Experten kennen David Lindley nicht. Der Mann, der als einer der führenden Saiteninstrumentalisten der Welt gilt, hatte noch als Vierzehnjähriger nur Blödsinn im Hirn. Erst, als ihm High-School-Freunde vormachten, wie beliebt so ein Gitarrenspieler doch sein konnte, griff Klein-David zur Klampfe.

David begriff früh, daß die Welt eines Tages dem Mikrokosmos Los Angeles ähneln würde. 40 Prozent der Angelenos wurden im Ausland geboren. Aus allen Ländern der Welt kommen die Menschen in dieses moderne Babel. Zwangsläufig entwickelte sich in den vergangenen 40 Jahren eine spezifisch südkalifornische Mischkultur. Die neueingewanderten Fremden blieben nicht lange in ethnischen Ghettos; sie breiteten sich aus über das gesamte Los Angeles Valley, zogen über die Berge, durch die High Desert, und verbreiteten so ihre Musik und ihre Küche. Das sind die ersten Mitbringsel der Fremden, die ein Gastland annimmt.

Im multi-ethnischen Kalifornien gibt's keinen Mangel an frischen Einflüssen, an neuen Kulturbeiträgen. Die werden eines Tages wahrgenommen, die Burritos und Ćevapčiči, und in die herrschende Kultur integriert. Sie werden zum erkennbaren Markenartikel. Und dann vereinigen sie sich mit ähnlich fremden Kulturbeiträgen, und aus der

Vielfalt wird ein neues Ganzes. Das drückt sich in Restaurantmenüs aus, wo es neben Bratwurst Bulgur, zu Schweinebraten Piroschki gibt, und in den Programmen der vielen »ethnischen« Radiosender der Stadt, die ihren Hörern neben alten Heimatklängen auch Kulturhybride servieren, deren Sinn anfangs nur Bewohner dieser Region begreifen können.

Die vielen »mexikanischen« Gruppen aus dem Barrio von East L.A. verdeutlichen das Dilemma. In Los Angeles sind sie riesengroß, haben einen Bombenerfolg bei der südkalifornischen Latinobevölkerung, und dann gehen sie auf ihre erste Tour durch Mexiko und werden ausgepfiffen. Die Mexikaner verstehen die »spanglischen« Songs nicht, und es dauert, bis sich die Neukultur dort ihren Platz erkämpft. *Los Lobos* können im wahrsten Sinne des Wortes ein Lied davon singen.

Lindley übt sich in den neuen, exotischen Stilrichtungen und Instrumenten, während er sich zum Rockgitarristen par excellence mausert. Der Sideman, der *Crosby, Stills And Nash* oft auf Tour begleitete, der fast ein Jahrzehnt links neben Jackson Browne auf der Bühne stand und Jacksons perfektionistischen Pop mit unerbittlich exakter, unglaublich melodischer Gitarre vorantrieb, Lindley, dessen »Mercury Blues« Gitarristen aus aller Welt zur Nachahmung antreibt, der eine ebenso unerreichte Pedal Steel Guitar spielt wie eine elektrisch verstärkte Country Fiddle streicht – Lindleys heimliche Liebe waren schon seit seiner Kindheit die Oud-Klänge aus dem Hohen Atlas und die klassischen ägyptischen Weisen, die sein Vater so gerne hörte.

Ein echter Angeleno ist er, der Mr. Dave. In Los Angeles geboren, wohnte er im Crenshaw District, bis sich die Lindleys ein neues Haus im feinen Vorort San Marino leisten konnten, nur eine halbe Autostunde von Downtown Los Angeles entfernt. Die Vogelperspektive täuscht eine Homogenität der Stadt nur vor. Erst im Durchfahren wird klar, wie grundverschieden sie von einer Straßenecke zur nächsten ist.

Ganze Welten liegen zwischen der Innenstadt und San Marino, wo in der Privatstiftung des Bürgers Huntington der berühmte »Blue Boy« von Gainsborough über einer der ersten Gutenberg-Bibeln hängt. Daß Mr. Huntington sein Geld damit verdiente, daß er schon vor der Jahrhundertwende Einwanderer auf seine Eisenbahn lockte, sie für einen Spottpreis nach Kalifornien brachte, wo sie in den Huntingtonschen Betrieben Arbeit fanden, eines der von Huntingtonschen Baufirmen schnell hochgezogenen Häuser mieteten oder kauften und Lebensmittel aßen, die durch horrende Huntingtonsche Frachtraten künstlich verteuert in Huntingtonschen Läden angeboten wurden, das alles gilt dem Kalifornier als nachahmenswert, als clevere Art, immer reicher zu werden, und somit legitim. Daß Mr. Huntington, als er sich vom Teufel nicht loskaufen konnte, der von ihm mitgegründeten Gemeinde San Marino seine angehäuften Reichtümer hinterließ, zeigt die freundliche Kehrseite des Monopolisten amerikanischer Prägung. Auch sein guter Freund und Nachbar, Mr. Wrigley, erwies sich am Ende als Philanthrop. Der raffte sein Leben lang, was für den Kaugummikönig nicht weiter schwierig war – gelten doch Amerikaner in einigen Ländern dieser Welt heute noch als wrigleyabhängige Wiederkäuer. Doch als Petrus mit der goldenen Feder winkte, hatte Wrigley alles verschenkt – seine Privatinsel Catalina genauso wie den feudalen Familiensitz.

Inmitten solchen Edelbürgertums wuchs er auf, der David Lindley, in einer der schönsten und ruhigsten Ecken des San-Gabriel-Tales. Zu Hause gab's immer Musik zu hören, Musik, die aus fernen Ländern stammte, denn Vater Lindley schätzte die kulturelle Vielfalt. Besonders die arabischen Sounds Mohammed al-Bakhars hatten es ihm angetan, und afrikanische Trommeln liebte er; leicht zerbrechliche Singles der indischen Volksmusikgruppe *Uhde Shankar* besaß Vater L., und natürlich die frühen Aufnahmen Ravi Shankars, Uhdes jüngerem Bruder; klassische spanische Gitarre der Meister Andres Segovia und Carlos Montoya war dabei. Die Raritäten machten Ein-

druck auf den Knaben – die fremden Melodien, die exotischen Instrumente unterschieden sich so grundsätzlich
vom Rock and Roll, der gerade bei weißen Kids modern
wurde, der an sämtlichen Drugstore-Theken zum nach-
schulischen Colakonsum anregte. David genoß den Rock –
aber tief unten im Geschmacksköcher versteckt bewahrte
er die Musik der Welt auf, die Amerikanern damals noch
seltsam, fremd und daher irgendwie unwichtig erschien.

Mit 15 ging's los. Da besuchte der David die private La-
Salle High School im benachbarten Pasadena, und einer
seiner Schulfreunde schlug vor, als Flamenco-Gitar-
renduo aufzutreten. Mit dem üblichen Mädchenfänger
Football hatten beide nichts im Sinn, und man weiß doch,
wie Frauen auf Musiker fliegen. Hmmm. Die zwei übten
also kräftig, wobei David entdeckte, daß sich die bisher
täglich gehörte Musik festgefressen hatte. Alles, was Saiten hatte, interessierte ihn plötzlich, und er begann ernsthaft mit der Arbeit, die nun einmal unerläßlich ist, um
Musik so zu spielen, wie man sie im Kopf hat.

Der Wohnort erwies sich als gut gewählt; das wohlha-
bende, weltoffene San-Gabriel-Tal bot Musikkneipen und
Musikgeschäften ein ordentliches Kundenpotential. David
verbrachte seine Nachmittage immer öfter im Bernardo's
Guitar Shop, wenn Banjovirtuose Walt Pittman spielte.
Nach Arcadia fuhr er, wo Mike McClellan im Cat's Py-
jamas seine Meisterschaft auf allen möglichen Saiteninstrumenten zeigte. »Das war zu einer Zeit, als jeder möglichst viele Instrumente spielen wollte. Ich muß so um die
17 gewesen sein«, erzählt David. »Mike Seeger trat auf,
und Sandy Bull, aber McClellan war der Größte, bis sich
sein Hirn bei einem Autounfall etwas verquirlte; doch vorher, bei Gott, spielte der Sachen, bei denen jedem himmel-
angst wurde. Wahnsinnig. Ich nahm einige Banjostunden
bei ihm, und dann begann ich, alle möglichen Instrumente
auszuprobieren.«

Mandoline war dabei, Banjo, natürlich, und Gitarre.
Aber auch die Violine, Bouzouki lernte er, die nordafrika-
nische Oud, eine Balalaika mußte angeschafft werden, die
Wunder hörten nicht auf. Verbissen spielte er, übte, bis

die Finger nicht mehr wollten, und verschaffte sich in Künstlerkreisen einen Ruf als ernstzunehmender Jüngling. David war 18, als er erstmals am alljährlich stattfindenden Topanga Canyon Banjo and Fiddle Contest teilnahm. Aus ganz Amerika kamen Saitenspieler, um sich der Konkurrenz zu stellen; der Neuling Lindley gewann seine Kategorie. Fünf Jahre lang ging das so weiter, bis sich die Verantwortlichen um ihre Veranstaltung echte Sorgen machten. Keiner wollte mehr die lange Anreise in Kauf nehmen, wenn der unschlagbare Lindley da war. Also wurde er von der Teilnahme gesperrt, aber auf ihn verzichten wollten die Festival-Bosse nicht – sie machten Lindley zum Preisrichter. »Ich war The Terror of Topanga Canyon«, erzählt er lachend. »Ry Cooder war dabei, Taj Mahal, und einige der besten Spieler von der Ostküste. Zum Glück hatten die eine Menge Kategorien, also gab's auch eine Menge Sieger. Aber ich gewann meine, solange ich konkurrieren durfte.«

David hatte ein nordkalifornisches Spiegelbild; während er im Topanga Canyon abräumte, gewann der junge,

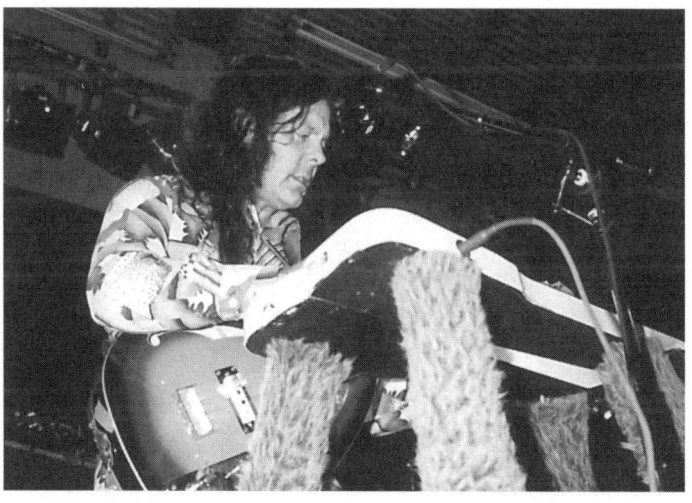

David Lindley – »The Terror of Topanga Canyon« – mit seiner Pedal Steel Guitar

dickliche Jerry Garcia das San-Francisco-Festival. Wie im Wilden Westen forderten Fans jahrelang einen Shoot-out, aber dazu kam es nie. Beide wollten sich nicht in den Corral begeben, und wozu auch? Sie wurden und blieben über die Jahrzehnte gute Freunde, und Lindley war oft als Opener für Garcias Gruppe *Grateful Dead* zu finden.

Nicht nur in Topanga reüssierte der Knabe mit dem Backenbart, sondern auch auf lokalen Bühnen. Lindley wagte, wovor allen Musikern damals graute – auf der gleichen Bühne mit Lightnin' Hopkins zu stehen. Und das kam so: »Ich wollte unbedingt Lightnin' begleiten, aber das war ja Selbstmord, wie man weiß. Denn Lightnin' hielt sich nie an die Regeln – wenn er einen Twelve-bar-Blues spielte, hängte er manchmal zwei Takte dran, weil's ihm gefiel. Er wechselte unvermittelt den Rhythmus, brachte sämtliche Schlagzeuger aus dem Takt, so daß er meist solo auftrat – Lightnin' fand einfach keine Musiker, die das mitmachten. Und als ich ihn begleiten durfte, probierte er alles Mögliche, um mich aus der Ruhe zu bringen. Aber ich ahnte immer, wohin er musikalisch wollte, und die Show klappte einwandfrei. Er lud mich sogar ein, wieder mit ihm zu spielen, und das taten wir über die Jahre auch.«

Der bösartige texanische Supergitarrist mit dem verschlagenen Blick war einer der ersten Großen, die Lindleys Talent erkannten. Doch der Jüngling hatte keinen Bock auf Starrummel. Ihm war wichtig, seine vielen Instrumente meisterhaft spielen zu lernen. Er blieb in San Marino, spielte Mandoline, Fidel und Banjo bei den *Mad Mountain Ramblers* und der *Dry City Scat Band*, arbeitete mit Glen Campbell und den *New Christy Minstrels* im Studio – und heiratete. Die Arbeit mit den Pop- und Jug-Bands brachte ordentlich was ein, man hätte zufrieden sein und genauso weitermachen können, aber Lindley schwirrten noch immer die nahöstlichen Melodien seiner Jugend im Kopf herum – mehr denn je sogar, und er beschloß, was dagegen zu tun.

Der September ist einer der schönsten Monate in Kalifornien. Der Nebel, der im Frühjahr und Sommer oft tagelang über der Küste hängt, verzieht sich im Spätsommer. Die Sonne knallt auf ein staubiges, ausgetrocknetes Land nieder, die Tage wollen nicht enden, die Nächte sind so mild, daß man gut bis Mitternacht draußen bleiben kann. Der September ist der Partymonat, da wird im Garten gegrillt, Bier getrunken und mit den Nachbarn geplauscht. Wer im September einen Swimming Pool im Garten hat, hat auch Freunde. Den ganzen Monat genießt man in Kalifornien, Tag für Tag. Der September ist für Optimisten. Also der ideale Monat, eine Band zu gründen.

Lindley wollte nur die Besten. Die sprach er an, und alle fünf Musiker, die ihm als Idealbesetzung vorschwebten, sagten auf der Stelle zu. Einer wurde in der Türkei, in Izmir, geboren, einer war Professorensohn aus Claremont, Epp stammte aus dem ländlichen Oklahoma, ein echter Hollywooder war dabei, und jeder hatte einen anderen musikalischen Geschmack, der von Bartók und Bach über Django Reinhardt, Yusef Lateef und John Lee Hooker bis hin zu A. C. Jobim und John Lennon reichte. Es lag nahe, daß sich die bunte Gruppe den Namen *Kaleidoscope* gab. Die Eklektiker machten sich daran, ein Weltmusikrepertoire zusammenzustellen. Hätten sie nur 20 Jahre damit gewartet, wären sie genau auf der Höhe der Zeit gewesen.

Die *Rolling Stones* hatten im Mai mit »Paint It, Black« einen Raga-Rock an die Chartspitze gebracht. Es war der erste Song einer Mode, die den Indern die Sitar abspenstig und aus einigermaßen geübten, talentierten Gitarristen miserable Sitarspieler machte. Das wollte *Kaleidoscope* um alles in der Welt vermeiden. Mit Raga, dem Disco-Sound der Sixties, wollten sie nicht das Geringste zu tun haben. Im Gegenteil, bei ihnen handelte es sich um Musiker, die mit der Musik und den Instrumenten fremder Länder schon früh in Berührung gekommen waren. Sie konnten das Echte von der Modeerscheinung trennen, und sie taten es konsequent.

Kaleidoscope wurde im September 1966 gegründet und hatte schon Anfang 1967 einen Vertrag mit Epic. Das erste ihrer vier Alben kam zur gleichen Zeit auf den Markt wie das erste von Jackson Browne; aber dessen Label Elektra brachte »Jackson Browne's First Album« nur als Promo-LP unters Radiovolk, und als die nicht reagierten, ließen die Musikmanager die Finger vom schon sehr erfolgreichen Songwriter. »Side Trips« von *Kaleidoscope* dagegen ging einigermaßen; gut genug, um die richtigen Leute aufmerken zu lassen. Einer war Jackson Browne.

Die beiden saßen erstmals nach einem Auftritt Jacksons zusammen. Auf Drängen eines gemeinsamen Bekannten hatte David das Konzert gesehen, hatte seine Violine mitgebracht, und schlug vor, gemeinsam irgendein Stück zu spielen. Jackson stimmte eine seiner Neukompositionen an, und David begleitete. »Er hatte das Lied noch nie gehört«, sagte Jackson viele Jahre später, »aber er spielte es so, wie ich mir das vorstellte, als ich den Song schrieb. Es war, als hörte ich das Lied zum erstenmal. Er lebt nur für den Moment; er trifft immer das Wesen des Liedes.« David und Jacksons Wege würden sich von nun an kreuzen, vereinigen, wieder trennen, parallel verlaufen. Aus den Augen verlieren würden sie sich nicht mehr.

Die Gruppe hatte ihren festen Gig im Whisky a Go Go, wie jede ordentliche Los-Angeles-Band. Dort meldete sich der Abgesandte einer großen Managementfirma, erinnert sich David Lindley. »Die wollten unheimlich Geld in uns investieren – wirklich riesige Mengen. Und wir waren natürlich sehr interessiert. Dann kam der Typ von der Management Company ins Whisky und gab uns eine Liste von Songs, die wir lernen sollten. Ich hab' die nur kurz angeschaut, und habe ihm ›fuck off‹ gesagt. Nix da – so'n Scheiß spielen wir nicht. Uns hat die Gruppe Spaß gemacht, verstehst du? Wir hätten uns ja mehr ums Geschäft kümmern können, aber dann wär's mit dem Spaß vorbei gewesen.«

Drei Alben später war's aus mit dem Spaß. Umbesetzungen hatten stattgefunden, und mit ihnen änderte sich die musikalische Richtung von *Kaleidoscope*. Lindley war nicht begeistert. Ihm war sowieso nicht wohl in seiner Haut. Der Krieg in Vietnam eskalierte, zu viele Kids kamen im Sarg wieder heim, und David spürte das drängende Verlangen nach gesünderer Auslandsluft. Er zog 1969 kurzerhand nach England. Frau Linda, mit Tochter Roseanne schwanger, blieb zwar vorerst in Kalifornien, kam aber später nach. David richtete sich in London ein, mietete ein Haus und trat der Band Terry Reids bei. Terry, der einige Jahre vorher den Frontman-Job bei der neuformierten *Led Zeppelin* abgelehnt hatte und an seiner Stelle Robert Plant vorschlug, bot ein geregeltes Einkommen, denn er war auf Monate hinaus ausgebucht. Zweieinhalb Jahre blieb Lindley mit seiner Familie auf der Insel und lernte einige seiner späteren Arbeitgeber dort kennen.

Auf Drängen Jackson Brownes kehrte Lindley wieder nach Kalifornien zurück. Die politische Lage hatte sich grundlegend geändert. Daß der Krieg verloren war, gab selbst Washington zu. Es war nur noch eine Frage der Verhandlung, bis ein offizielles Ende eintrat. Und Jackson hatte sich endlich als Musiker durchsetzen können. Erfolgsmanager David Geffen hatte sein eigenes Label, Asylum Records, gegründet, und Jackson hatte ihm das übliche Vorstellungspäckchen geschickt, das wie die meisten unverlangt eingesandten Promos sofort in den Papierkorb flog. Doch Jackson hatte Glück. Als Geffens Sekretärin Jacksons Foto aus dem Papierkorb entgegengrinste, schaute sie sich's näher an. Er war ein wirklich nett aussehender Mann. Dann legte sie ihrem Chef Foto und Demoband auf den Schreibtisch. Geffen hörte sich das Band an, und die Vertragslage war klar, denn Geffen hat die besten Hit-Ohren im Business. Der Singer/Songwriter hatte mit seiner Debüt-LP »Jackson Browne« wie mit der Single »Doctor, My Eyes« zwei Riesenhits.

Die siebenjährige, ständige Zusammenarbeit Lindleys und Brownes begann mit dem Album »For Everyman«.

Jackson, sagt Lindley, war vom ersten bis zum letzten Tag seiner Bandzugehörigkeit ein idealer Gruppenchef. Arbeitsbesessen, hatte er immer etwas auf der Pfanne, schrieb Songs für alle möglichen Leute, war ständig auf Tournee, die Roadpausen waren mit Studioarbeit ausgefüllt, und an den wenigen freien Tagen durfte Lindley sich um Studioprojekte anderer kümmern. Während der Zeit ging er einige Male mit *Crosby, Stills And Nash* auf Tournee, mit James Taylor und Linda Ronstadt, arbeitete mit Rod Stewart, Warren Zevon und Dolly Parton – da machte sich das breite Spektrum seiner Musikinteressen bemerkbar, denn Roddys Pop und Dollys Country unterschieden sich grundlegend von Zevons Rock und der zerebralen Folkstimmung James Taylors.

Der Spätentwickler hatte sich zum meistgefragten Sideman Hollywoods entwickelt. Er siebte kräftig. Wer seine Mitarbeit im Studio oder auf Tour wollte, mußte Besonderes bieten. »Ich habe hauptsächlich Projekte angenommen, die Spaß machten oder eine echte Aufgabe darstellten. Ich war – und bin – kein Studiomusiker, sondern arbeite an Sachen, die mir selbst gefallen, mit Leuten, die ich kenne und mag. Fernseharbeit kam dazu, hauptsächlich mit meinem alten Freund Mike Post. Aber es war harte Arbeit, und nach einer Weile wurde es einfach zuviel. Jackson arbeitete ständig, machte so viele Alben, und das ging natürlich vor.«

Aus dieser Zeit stammt auch Davids ganz besondere Bühnenpräsenz. Der Saubermann aus bester kalifornischer Familie entdeckte für sich die Wunder der neuen Kleidungsfaser Polyester – und die geschmackvolle Mode, die amerikanische Couturiers daraus schneiderten. Vor allem golfspielende Pensionäre machten sich über die riesig karierten Hosen und hawaiibunten Hemden her, die Golfspielen erst zum schweißtreibenden Sport machten. Seither trägt Mr. Dave Polyester; breite weiße Lederslipper mit goldenen Ornamenten gehören dazu, eine möglichst buntkarierte Gummibundhose, ein knalliges Hemd mit ultrabreitem Kragen. David verarscht die Leute für sein Leben gern, und dazu muß auch der Poly-Look herhalten. Echt muß das Zeug sein. Man findet's noch in Second-Hand-Läden, und viele Fans denken an Lindley, wenn sie in einem der entsprechenden Thrift Shops sind. Bei jedem Konzert ist jemand da, mit eingepacktem Superhemd oder einer grauenvollen Original-Golfhose für

Wüstenopas. Lindley freut sich und trägt's, wenn's schlimm genug aussieht.

Anfang der Achtziger meldeten sich die väterlichen Sounds wieder. Hinzu kam ein Reggae-Fanatismus, der sich 1969 in London entwickelte. Damals hatte der Jamaikaner Desmond Dekker einen Riesenhit mit »The Israelites«. Das war nun ein Song und ein Rhythmus, der sich nahtlos in die Weltmusik der Lindleyschen Jugend einfügte. Seit damals spielt David am liebsten Reggae; seit damals spricht er sogar Patois, das melodische verballhornte Englisch der Jamaikaner, wenn er einen Gleichgesinnten vor sich weiß. »Ya mon, Pee-taah« meldet er sich am Telefon, wird von mir mit »Dee-vihd, Rasta« begrüßt, und wenn ein Nichteingeweihter zuhört, hält er uns für total daneben. Womit wieder mal einer ins Schwarze trifft.

Nach sieben Jahren wußte Lindley, daß die Zeit reif war, Jackson Browne zu verlassen. Jackson hatte sich zum Superstar gemausert, kümmerte sich zunehmend um soziale und politische Fragen, engagierte sich bei den Atomkraftgegnern wie für die Bewohner Mittelamerikas, denen eine auf Dominanz ausgerichtete US-Außenpolitik das Leben erschwerte und in vielen Fällen verkürzte. Lindley wollte endlich wieder Reggae spielen und stellte eine Gruppe zusammen. Das waren natürlich Freunde aus der Konzert- und Studioszene, denn wir wissen ja, daß alles Spaß machen muß, sonst lohnt sich die Anstrengung nicht. *El Rayo X* nannte er die Gruppe, der Röntgenstrahl auf Spanisch, und wieder war's eine treffende Namenswahl.

Die Jungs spielten sparsam, aber zielgenau, und trafen die neue Zielgruppe der Weltmusikfans mitten ins Herz. Besonders Kalifornier und Japaner schätzten die Stimmung, die *El Rayo X* verbreitete – mit einem Repertoire, das von alten New-Orleans-Kompositionen wie »Brother John« über den harten Rock von »Mercury Blues« bis zu Originalen des kalifornischen Wüsteneremiten Frizz Fuller reichte. »Frizz ist so'n Typ«, sagt David. »Wohnt in einem Wohnwagen, ganz hinten in der Wüste, und ein-,

zweimal im Jahr steht er vor meiner Haustür und sagt:
›David, ich hab' dir wieder ein Lied geschrieben.‹« Selten
schöne Stücke wie »She Took Off My Romeos« schreibt der
Wüstenmensch, und allein sein Lebensstil qualifiziert ihn
schon, Teil der Lindley-Truppe zu sein. Denn die zeichnet
sich durch völlige Unabhängigkeit aus. Da kümmert sich
keiner darum, was die Leute sagen werden. Die machen
ihre Sache, und basta.

Während *El Rayo X* immer beliebter wurde, kamen Auf-
träge, die Lindley nicht verpassen wollte. Warren Zevon
brauchte ihn, und David spielte. Ry Cooder rief an und
wollte seine Mitarbeit am Wim-Wenders-Film »Paris, Texas«. Die beiden lieferten die Filmmusik und sämtliche
musikalischen Effekte. David weiß gar nicht mehr, wieviele Instrumente er für den Soundtrack spielte, aber es
waren furchtbar viele, sagt er. Die Zusammenarbeit mit
dem deutschen Filmemacher imponiert ihm heute noch,
denn »der Wenders wußte genau, was er wollte. Er ließ
uns zwar völlige Freiheit, aber wir wußten, daß er ein großer Fan des alten Bluesers Blind Willie Johnson war, also
war schon mal klar, welche Richtung er wollte. Es war ein
riesiges Erlebnis – Wim ist von der kalifornischen Wüste
begeistert, von der Weite, von Victorville und Barstow,
Route 66, der Einsamkeit, wie wir auch. Es war ein un-
wahrscheinlich befriedigender Gig – hat wahnsinnig Spaß
gemacht.« Da haben wir's wieder: Spaß muß es machen.
   Die erfolgreiche *El Rayo X* hörte Ende der Achtziger auf,
Spaß zu machen. Also löste Lindley die Gruppe kurzerhand auf. Fünf Alben waren insgesamt erschienen, das
zweite mit dem Tanzhit »Mercury Blues«. Er hatte inzwischen mit dem britischen Superkeyboarder Ian McLagan,
dem Rhythmusgitarristen Ray Woodbury, Bassist Jorge
Calderon und Schlagzeuger Rock Deadrick die besten Studiomusiker der Stadt vereint, hatte noch ein Album, »Very
Greasy«, mit ihnen aufgenommen, aber es war Zeit, einen
Schlußstrich zu ziehen.
   Lindley hatte während der Achtziger seine Session-Pro-
jekte nicht vernachlässigt. Auf Alben von Bob Dylan und

John Hiatt war er zu hören, hatte sich um seine Sound-
trackarbeit gekümmert, war ein außerordentlich beschäf-
tigter Mann, der jetzt nur noch in kleiner Besetzung auf
die Bühne wollte – und möglichst akustisch, Jahre bevor
»Unplugged« zum Modebegriff wurde. Er tat sich also mit
Ry Cooder zusammen, ging auf Welttourneen, holte sich
den libanesischen Ausnahmeperkussionisten Hani Naser
und tourte mit dem, wobei zwei »Bootleg«-Alben entstanden; Lindley bootlegte sich selber. Zwei hervorragende
Live-Alben, teilweise in Japan, zum Teil in den USA aufgenommen, die den Musiker erstmals richtig zu Wort
kommen lassen. Er tat sich mit dem Avantgarde-Gitarri-
sten Henry Kaiser aus San Francisco zusammen, als sein
deutscher Produzent Birger Geesthuisen einen entsprechenden Vorschlag machte, und flog für einige Wochen
nach Madagaskar, wo mit einheimischen Musikern die
fabelhafte Albenserie »A World Out Of Time« entstand.
Die deutsch-amerikanische Crew war so begeistert von
den afrikanischen Inselmusikern, daß sie ihnen nach Beendigung die gesamte, hochmoderne Technik schenkte.
Damit hatte Madagaskar erstmals ein Aufnahmestudio,
und das hat sich für die Malagassi bezahlt gemacht. Sie
nehmen jetzt ihre eigenen Alben auf und bekommen seit-
dem Gigs in der ganzen Welt – die Großzügigkeit Geest-
huisens, Lindleys und Kaisers hat's ermöglicht.

Lindley und Naser unterbrachen die Heimreise von einer
ihrer vielen japanischen Tourneen, um auf Hawaii die
Pahinui Brothers bei ihrem Albumprojekt zu begleiten.
Aus der vorgesehenen Woche wurden Monate, denn Mr.
Dave fand das Leben dort einfach zu süß, um unter Zeit-
druck zu arbeiten. Die Pahinuis sind die Söhne des berühmtesten hawaiianischen Slack-Key-Gitarristen Gabby
Pahinui, mit dem Ry Cooder schon 20 Jahre zuvor einige
Alben eingespielt hatte. Bei denen zu Hause war alles versammelt: Cooder, Lindley, Produzent Lee Hirschberg, die
Pahinuis und jede Menge Freunde und Fans. Die Arbeit
wurde ständig durch irgendwelche Vergnügen unterbro-
chen. Lindley, der zeitlebens ohne Drogen auskam, sich

sogar lautstark gegen Drogen aussprach, schwärmt heute noch von der einheimischen Familiendroge: »Die Chocolate-Chip-Macadamianußkekse – Mann, mit einem Glas kalter Milch dazu; vier Stück, und du fliegst!«

Das Album wurde doch irgendwie fertiggestellt. Es dokumentiert, wie hawaiianische Musik klingen kann, wenn einige Rockgrößen mit dabei sind, denen die traditionellen Inselsounds vertraut sind und die ihren kalifornischen Stilintegrationsprozeß einbringen. Besonders die Cover-Version von John Lennons »Jealous Guy« hat es meinen Hörern seit Jahren angetan, denn der staubige Song bekommt durch die exotische Instrumentierung und Spielweise einen frischen, aufregenden Glanz. Das hochmodern eingespielte Album zeigt, daß hawaiianische Musik nicht das tränenfeuchte Touristengedudel ist, als das sie der Welt seit Jahrzehnten verkauft wird, sondern ihre Südseewurzeln nie vergessen hat. Es ist ein eigenstän-

»Spaß muß es machen.« Das sieht Lindley auch heute nicht anders – und ist immer noch auf der Suche nach verborgenen Musik-Schätzen.

diger, hypnotischer Sound, der sich hervorragend rocken läßt.

Henry Kaiser und David Lindley waren mit ihrem deutschen Team, Geesthuisen und Ramroth, in Norwegen und spielten, wieder mit der Creme einheimischer Musiker, »The Sweet Sunny North« ein. Schon seit Jahren wollen sie einige der neuen Republiken der ehemaligen Sowjetunion besuchen und haben noch etliche weitere Pläne, die Musik der Welt entsprechend anzubieten – eine gegenseitige Befruchtung findet da statt, Talente aus Ländern ohne oder mit gerade beginnender Musikindustrie haben die Gelegenheit, allermodernste Aufnahmetechnik kennenzulernen, werden auf den Lindley-Kaiser-Alben einem großen Kreis Interessierter bekannt und leisten somit ihren Beitrag zur Globalisierung.

Das Verdienst David Lindleys ist es, sich nicht auf dem Ruf des Spitzenmusikers auszuruhen, nicht die gelegentlichen Supergigs zu spielen und ansonsten das Starleben zu genießen, sondern in unwegsame Winkel der Welt vorzudringen und unter teilweise widrigen Umständen – es soll Länder ohne Chocolate-Chip-Macadamianußkekse geben – verborgene Schätze ans Licht zu bringen. Daß das nicht selbstlos geschieht, versteht sich. Soll es auch nicht. Er lebt ordentlich davon. Würde er alle Angebote annehmen und täglich in Hollywooder Studios Rockern und Poppern Melodien liefern, wäre er steinreich. Daß Lindley die Globalkultur dem Bankkonto vorzieht und sie kräftig vorantreibt, davor muß man den Hut ziehen.

John McEuen & Nitty Gritty –
der Kreis schließt sich

»Weißt du«, sagt John, »der Schmelztiegel schmolz nicht so, wie man sich das gerne vormacht. Im alten Westen der 1870er gab's eine Germantown in Kansas, Vegetarian Towns entstanden, die aus der Sklaverei entlassenen Afro-Amerikaner gründeten Black Towns; in Oklahoma, Texas und Kansas gibt's die heute noch, und von dort aus nahmen sie ihren Weg durch die Staaten. Polnische Gemeinden gab's und skandinavische, hoch oben in Wisconsin, das damals ja noch zum Westen gehörte. Das einzig Verbindende war die Musik – wenn jemand die Fiedel auspackte und sich Leute auf Gitarre, Mandoline oder Banjo dazugesellten. Irgend jemand hatte meist eine Mundharmonika dabei – 1823 in Deutschland erfunden –, eine Concertina, ein Akkordeon; die Musik brachte Leute zusammen, die sich nicht durch Sprache verständigen konnten. Es war ein hartes Leben im Westen; vor Sonnenaufgang gingen die Leute aufs Feld, bis nach Sonnenuntergang mußten sie schuften, nur um dem kargen Prärieboden eine Minimalexistenz abzuringen. Man schoß auf sie, die Sonne dörrte den Boden aus, und wenn vom Samen doch etwas aufging, konnte man es vielleicht durch den nächsten grausamen Winter schaffen. Wenn dann die Musik kam, am Sonnabend, tanzte man oft bis zum frühen Morgen, einfach, weil das Leben sonst so furchtbar hart und einsam war. Musik war sogar derart wichtig, daß texanische Zeitungen regelmäßig meldeten, welche Notenblätter Rückkehrer aus den Städten des Ostens mitbrachten. Das Banjo wurde aus afrikanischen Instrumenten entwickelt und von Schwarzen gespielt, bis es die eingewanderte irische Bauernschaft entdeckte; die wiederum hatten ihre Fiedel, die Schwarzen so gut gefiel, daß sie in der heutigen Musik als schwarzes Instrument gilt. Die Blasmusik John Phillipp Souzas wurde zum Schlager – und höre dir mal Souzas Melodien und Takt an, und du stellst fest, daß seine Musik unverändert von heutigen Countrymusikern gespielt wird. Scott Joplin schrieb 1896 den ersten Ragtime. Die Leute wurden reinweg verrückt danach; noch nie hatte es solch ausgesprochen synkopische Musik gegeben. Das war der echte Schmelztiegel. Die Musik verband, wo Sprache und Herkunft trennten.«

John McEuen muß es wissen. Er gilt als bester Kenner der Materie, der Musik des Wilden Westens von 1860 bis 1890, als Neuankömminge aus den Ostküstenstaaten, aus den besiegten Südstaaten und Europa den Westen überfluteten. Der Rockgitarrist hat sich zum Musikgeschichtler gemausert. Zum Musikhistoriker, der die Klänge der damaligen Zeit perfekt wieder aufleben läßt. John hat sich vom Leben des Hitmachers getrennt und sich auf einen anderen Weg begeben, der den heutigen Rock auf ungeahnte Weise beeinflußt.

Im Herbst des Jahres 1966 bekam der zwanzigjährige Multi-Intrumentalist John McEuen den Tip von seinem Bruder Bill: Einige junge Musiker aus der L.A.-Hafenvorstadt Long Beach und aus dem heimatlichen Orange County hatten eine Band gegründet. Er, Bill, sollte die Jungs managen, und da wär's doch nett, wenn sein kleiner Bruder auch mitmachen würde. Jeff Hanna sei einer der Gründer, mit seinem Duettpartner Bruce Kunkel – man kannte sich aus den wenigen Kneipen, die Live-Auftritte zuließen –, und der gerade aus New York zurückgekehrte Komponist Jackson Browne sei auch dabei. Daß die unbedingt noch einen Gitarristen brauchten, bezweifelte John, denn jedes der fünf Bandmitglieder spielte Gitarre – manche gut, manche weniger –, aber er ging trotzdem zum nächsten Gruppentreffen. Die Jungs hatten bisher zwar in den sechs Monaten ihres Bandlebens nur zwei bezahlte Gigs gespielt, aber sie waren sich über ihre künftige musikalische Richtung einig, und John trat bei.

McEuen hatte sich bereits als Musiker im heimatlichen Garden Grove profiliert. Er trat mit Bill als Duett auf, hatte sieben Monate lang mit Michael Martin Murphy gegiggt, war mit dem blinden José Feliciano unterwegs, was seiner akademischen Karriere auf die Sprünge half. John erzählt:

»Es war mein letztes Collegesemester, und der Abschluß war durch meine miese Note im Fach Musikgeschichte gefährdet. Irgendwie überredete ich den Musikprofessor, mich ein Konzert spielen zu lassen. Ich brachte José mit auf die Aulabühne, wir spielten unsere 90 Minuten, und ich schloß Musikgeschichte mit einer Eins ab.« Feliciano hatte gerade den Song »Light My Fire« aufgenommen, und als die beiden wenige Wochen nach Johns Collegeabschluß nochmal ein Konzert in der Alma Mater gaben, »waren über tausend Leute da. ›Light My Fire‹ war im Nu ein Riesenhit, und das war das Ende unserer gemeinsamen Karriere. Da gab's nur noch ein ›Adios, José‹, und weg war er.«

Ein idealer Anschlußgig also, die neue Gruppe. Jackson Browne, der andere Karrierepläne hatte, zog sich zurück. Die *Nitty Gritty Dirt Band* entstand, mit einem Lineup, das 21 Jahre halten sollte. Sie mochten alle Instrumentalmusik, die ländlichen, traditionellen Folksongs, und die übten sie ein. Bruder Bill, der sich mächtig ins Zeug legte, besorgte ihnen auch prompt einen Plattenvertrag beim feinen Liberty Label. Sie waren gerade ein Jahr zusammen, als ihr erstes Album herauskam. »Nitty Gritty Dirt Band« hieß das, wie die Gruppe, brachte 1967 einen ganz frischen Countryrock-Sound und etablierte die Jungs aus Orange County als grundsolide California-Rocker. Sie befanden sich im Fahrwasser der *Byrds*. Leichte Countryanklänge waren schon bei deren zwei Jahre alten Version des Dylan-Liedes »Mr Tambourine Man« zu hören, bei dem Folksong, den die Gruppe um Folkies Roger McGuinn und David Crosby aufgenommen hatte. Crosby war ja von der Big Band *Les Baxters*, wo er unter seinem Geburtsnamen David van Cortland gepielt hatte, zum Folk gestoßen. Doch die *Byrds* wandten sich mit ihren Folgehits

»Turn Turn Turn« und »Eight Miles High« dem psychedelischen Sound zu, und es war wieder an der *Nitty Gritty
Dirt Band*, die Country-Rock-Fahne hochzuhalten. Sie tat
es mit Hingabe.

Die junge Band aus dem Orange County spielte nicht
nur einen neuen Sound, sondern sah dazu noch gut aus.
Der Liebessommer fand statt, Haar war Mode und Schlab-
berkleidung. Für den Normalverbraucher sahen die Langhaarigen alle gleich aus, und das machte sich sogar bezahlt. Der Popsender KRLA war auf Publicitysendung,
wo es darum ging, welche Band es am längsten aushielt,
vom Sendestudio aus mit Hörern live zu telefonieren.
Nitty Gritty hatte Jeff Hanna entsandt. Gleichzeitig fand
jedoch beim Fernsehsender Channel Nine am anderen
Ende Hollywoods ein *Nitty Gritty*-Liveauftritt als Mittelpunkt der Musikshow »Boss City« statt. Jeff, dessen
Stimme bekannt war, blieb beim Radiosender und telefo-
nierte, während sich ein schnell angeheuerter Jackson
Browne vor den Fernsehkameras als Jeff Hanna ausgab.
Gemerkt, sagt John, hat's bis heute keiner.

Die Band kam an – und schon klopfte Hollywood. Die
Produzenten des Teeny-Strandfilmes »For Singles Only«
ließen sie für 100 Dollar Gage pro Mann und Tag am
Strand von Malibu herumturnen. Nach Johns Meinung
war der Streifen so schlimm, daß er seine Mutter bat, ihn
nicht anzuschauen.

Besser war die Mitarbeit beim Lee-Marvin-/ Clint-East-
wood-Western-Musical »Paint your Wagon«. Goldsucher
wollte der Regisseur, kräftige, etwas zerzauste Langhaa-
rige, die zudem noch als Band funktionieren mußten. Die
Nitty Gritties stellten sich vor und bekamen sofort den
Job, fuhren nach Baker, Oregon, und spielten wochenlang
musikalische Golddigger. Lee Marvin steckte mitten in
einer schwierigen Scheidung, erzählt McEuen, und der
Italowesternheld Clint Eastwood versuchte, seine amerikanische Karriere auf Trab zu bringen. Die Stimmung
war gemischt; der Drehort, tief in den Bergen, war ver-
schlammt, die Schauspieler mußten singen – was Eastwood eher lustlos erledigte. Der brummige Lee Marvin da-

gegen legte sich derart ins Zeug, daß er mit seinem Sprechgesang »Wand'rin' Star« sogar einen Hit hatte. Die haarige Meute der Statisten stritt ewig. Bis auf einen Vorfall. Da kam nämlich der Sheriff angefahren und suchte einen der Mitspieler. Der, mit riesigem Cowboyhut und wehendem, knöchellangem Staubmantel schon auf die Tagesarbeit ausgerichtet, sah den Sheriff, raste aus seiner Goldsucher-Zeltattrappe, sprang auf ein vor dem Zelt angebundenes Pferd und galoppierte unterm Johlen der Statistenkollegen den matschigen Hohlweg hinauf Richtung Wildnis. Der Sheriff versuchte eine Verfolgung, blieb aber nach wenigen Metern im Schlamm stecken. So was verbindet – und als Beteiligter vergißt man's nicht.

Im Jahr darauf spielte *Nitty Gritty* mit »Uncle Charlie And His Dog Teddy« ein Album ein, dessen Titellied »Mr. Bojangles« sofort in die Top Ten schoß. Das Jerry-Jeff-Walker-Lied war alles andere als Hitmaterial – akustisch gespielt, erzählte es die Story eines fahrenden schwarzen Tänzers, dessen einziger Freund sein Hund war – und der stirbt dem armen Kerl noch weg. Anfang 1971 war so ein Song ungewöhnlich, obwohl das überzuckerte, von Wiedererweckungswahn triefende »My Sweet Lord« einige Wochen zuvor die Charts anführte. Doch das war ein George-Harrison-Song – und *Beatles* konnten sich im Dezember 1970 alles erlauben. Ohrwürmer des Jahres wurden Rocktitel wie »Me And Bobby McGee« von Janis Joplin, das als rassistisch-sexistisch abgestempelte »Brown Sugar« der *Stones* und der Rod-Stewart-Breakthrough »Maggie Mae«. Der *Nitty Gritty*-Hundehit kam also völlig unerwartet im Kielwasser der George-Harrison-Schnulze.

Der Erfolg der Single und des Albums machte den McEuen-Boys Mut, einen alten Traum wieder aufzugreifen. John und Bill waren mit der traditionellen Musik der amerikanischen Bergleute und Pächter aufgewachsen, dem Bluegrass Kentuckys und der Volksmusik aus den Appalachen. John spielte Banjo, Mandoline und Fidel, eiferte seinen großen Vorbildern wie Earl Scruggs, Bill Monroe und Vassar Clements nach und wünschte sich nichts sehnlicher, als mit denen irgendwann ein Album machen zu dürfen. Das war natürlich völlig ausgeschlossen, wußten beide, weil sich Bluegrass-Musiker und Rocker niemals auf einer Ebene treffen konnten. Die Langhaarigen galten den traditionsbewußten Bauernmusikern als suspekte, drogenschießende Linke, ihr elektronisch verstärkter Krach war nicht der Instrumente wert, die ihn ermöglichten. Zudem konnten Bluegrass- und Country-Musiker seit dem Siegeszug des Rock kaum noch Arbeit finden – ihre Musik war hoffnungslos out.

Die McEuen-Boys sprachen über ihren schwierigen Wunsch mit United-Artists-Chef Mike Stewart. Das Label konnte seinen Hitmachern schlecht etwas abschlagen; so ganz aus der Welt schien die Idee nicht, und Stewart versprach, wenn sich John mit einem oder mehreren seiner Bluegrass-Vorbilder tatsächlich einigen könnte, das Vorhaben zu finanzieren. Ihm gefiel die Idee. Mal was Neues.

John hielt Augen und Ohren offen und bekam spitz, daß Banjo-Gott Earl Scruggs an einem Bluegrass-Festival in Colorado teilnehmen würde. John flog hin – und wie sich die Sachen so ergeben, wenn sie fein eingefädelt werden, fuhr er Scruggs vom Hotel zur Festwiese. Unterwegs lenkte John die Unterhaltung auf seine Band und ihren derzeitigen Pophit, dessen Hauptinstrument das von ihm gespielte Banjo war. Scruggs staunte – und als John ihn ängstlich fragte, ob er eventuell an einem Album der *Nitty Gritty Dirt Band* mitarbeiten würde, sagte Scruggs zu. Ihm gefiel der junge Mann – und John fand viel später heraus, daß Banjospezialist Scruggs seinem Sohn gesagt hatte, er traue dem Banjospieler von »Mr. Bojangles« zu, eines seiner Lieblingslieder so zu spielen wie er, Earl, das leider noch nie geschafft habe.

Die Zusage des schwierigen Scruggs öffnete dem Projekt urplötzlich die Tore. Innerhalb weniger Wochen hatte John die Mitarbeit eines weiteren Unnahbaren erreicht; er hatte Doc Watson einfach erzählt, daß Earl Scruggs beim nächsten Album auf alle Fälle mitspielen würde, und da wolle er doch den Doc auch einladen. Der meinte, wenn Earl dabei sei, käme er auch – das habe dann Hand und Fuß. Zwei Wochen ging's, und alle Großen des Bluegrass und des akustischen Country hatten zugesagt. Man traf sich in Nashville, denn die meisten Gäste kannten die Studios der Countrymusik-Hauptstadt.

Ganz einfach war die Zusammenarbeit nicht. Das Vertrauen der Älteren in die jungen »Hippies« schwankte noch. Roy Acuff, als King of Country Music verehrt, sagte einem Reporter, er wisse nicht genau, ob das Jungs oder alte Männer seien. Man könne gar nicht sehen, mit wem man spräche, denn die seien alle so furchtbar behaart. Doch als der King die bis dahin aufgenommenen Stücke hörte, war er begeistert. »Wie nennt ihr denn eure Musik?« wollte Acuff von Produzent Bill McEuen wissen. Der stotterte: »Ähhh, na, so 'ne Mischung von Appalachian Folk und Bluegrass mit … ääahhh … mit Rock und …« – »Quatsch«, fuhr ihn der Alte an, »das ist Country, ganz einfach Country, und das spiele ich. Also, let's go!«

22 500 Dollar kostete das Album. Sechs LP-Seiten wurden es, an sechs Tagen aufgenommen – »und am siebenten Tage ruhten wir«, grinst John, »was den tiefreligiösen Country-Musikern ganz besonders gut gefiel.« Man einigte sich auf den Titel »Will The Circle Be Unbroken«, und das Album schlug in beiden verfeindeten Lagern wie eine Bombe ein. Die Country-Fans liebten es; hier waren ihre Heroen in voller Pracht, mit großartigen Liedern und in allererster Gesellschaft. Sie haben bis heute nicht aufgehört, es zu kaufen. Die *Nitty Gritty*-Rockkundschaft war begeistert, denn das Riesenalbum vertiefte, was die Band bisher gemacht hatte. Auch sie kaufen immer noch.

»Circle« ist das erste Album, auf dem Rock und Country einträchtig beieinander sind. Hier vermischen sich die Stile zu einem harmonischen Ganzen. »Circle« wies die Richtung, in die Country sich entwickeln mußte, wenn das Genre überleben wollte. Wichtiger, vielleicht, ist das zwischen den ungleichen Partnern entstandene Vertrauen, eine gegenseitige Anerkennung, die Vorurteile wegwischte. Selbst Acuff tat sein Spruch leid, denn im Studio hatte sich gezeigt, daß außergewöhnliche Musiker jeden Genres, wenn sie offen waren, Außergewöhnliches leisten konnten. Der Erfolg des »Circle«-Albums ermutigte andere zu einer generationsübergreifenden Zusammenarbeit. Das trennende »Traue keinem über Dreißig« hatte sich als falsch erwiesen.

Die Poplandschaft hatte sich verändert, als das neue Dreifachalbum auf den Markt kam. 1972 begann mit Don McLeans introspektivem »American Pie« an der Chartspitze, im März folgten Neil Young mit dem Country-Titel »Heart Of Gold« und das Wüstenepos »Horse With No Name« von *America*. Bewußtsein war in – seit *Canned Heat* in ihrem »Goin' Up The Country« Hippies empfahl, sich aufs Land zurückzuziehen und ihren Briefkasten blau anzumalen, hatte sich die Stimmung in Richtung Eremitendasein entwickelt, wozu die Elegien mit gedämpfter Instrumentalbegleitung bestens paßten. Sechs Monate nach »Brown Sugar« und »Maggie Mae« war Ruhe eingekehrt.

Die *Dirt*-Band hatte erheblichen Erfolg mit ihren Alben, ihren Liveauftritten und Tourneen. Linda Ronstadt gesellte sich zu ihnen, spielte einige Alben mit ein, denn ihre eigene Gruppe die sich die *Dirt*-Band zum Vorbild genommen hatte, war ihr abgehauen. Lindas Boys hatten sich unter Leitung des Labelbesitzers David Geffen erstmal einen Monat in Aspen, Colorado, als Bar-Band verdingt – Geffen war der Meinung, sie sollten sich richtig aufeinander einspielen. Sie hatten dann als die *Eagles* einen Vertrag mit Geffens Asylum Records geschlossen, waren nach England gefahren und nahmen mit Superingenieur Glyn Johns ein Album auf. Die *Eagles* hatten es Mitte der Siebziger geschafft, ihre alte Chefin Linda packte es auch ohne sie, und die *Nitty Gritty Dirt Band* stand bei den ersten Hitalben der kalifornischen Supergroup Pate.

Festivals wie das Stompin '76 in Virginia, mit 120 000 Zuschauern, waren John McEuen am liebsten. Sie spielten die großen Rockshows, mit Kollegen wie Sammy Hagar, *REO* und *Aerosmith*, sie spielten viele kleinere Shows, denn der Musiker muß essen, und sie hatten einige Jahre lang einen Schulfreund der McEuens als Opener. Steve

Martin hieß der, spielte Banjo wie ein Weltmeister, war hochbezahlter Gagschreiber in Hollywood und verließ seinen sicheren Job, weil er nicht für andere Comedy schreiben wollte. Er wollte selbst Komiker sein, also nahmen ihn die McEuens mit. Lustig war er, der Bursche, aber leider noch ein unbekannter Lustiger. Das harte Leben des Komikers, der vom Publikum laufend angepöbelt wird, stand Steve Martin durch. Er schaffte es ins Fernsehen, von dort aus in den Spielfilm und ist heute einer der höchstbezahlten Komiker Amerikas und damit der Welt. Seine Karriere wird übrigens immer noch von Bill McEuen gemanagt; da ist Steve cool, da ist er loyal, denn man kennt sich schon seit der Kindheit und hat voneinander nur Gutes zu erwarten.

1977 kam der Ruf aus Moskau – völlig überraschend wurde die *Nitty Gritty Dirt Band* eingeladen, einen Monat in der Sowjetunion zu verbringen. Noch nie war einer amerikanischen Gruppe die Gelegenheit gegeben worden, dort zu spielen. Die Sowjets waren vertraglich verpflichtet, im Rahmen des beiderseitigen Kulturaustausches eine US-Band einzuladen, aber sie hatten ihre eigene Vorstellung von Vorzeigebands. Hitmacher sollten sie sein, bekannt, aber vor allem sollte die Band demokratisch geführt sein. Das war wichtig, weshalb die *Beach Boys* schon in der Vorrunde ausschieden. Die *Eagles* fielen weg, weil »deren Konzerte voller Marihuanaraucher« waren. Die Sowjetkundschafter fanden die Konzerte der Gruppe *Chicago* ausgesprochen langweilig. Manager Bill McEuen wurde gesteckt, daß die Kulturfunktionäre ein *Nitty Gritty*-Konzert besucht hatten, die Gruppe stark fanden, ein zweites, ein drittes Konzert beehrten und sich für die Kalifornier entschieden hatten.

Die Gruppe stand im Ruf, keinen starken Mann zu haben – Entscheidungen wurden gemeinsam gefällt. Die außergewöhnliche Qualität jedes Musikers ermöglichte ein gewaltiges Repertoire. Die Jungs waren in der Lage, fast jeden Song auf Anhieb gut zu spielen. Jeder beherrschte mehrere Instrumente, und die vielfältigen musikalischen

Interessen der Bandmitglieder umspannten das gesamte amerikanische Spektrum. Die Sowjets hatten sorgfältig gesiebt und gut gewählt.

Einen Monat verbrachte *Nitty Gritty* in der Sowjetunion. 28 Konzerte gaben sie, achtundzwanzigmal ein volles Haus, mit einem Publikum, das von Offiziellen und wichtigen Parteifunktionären nur so wimmelte. Trotz der bevorzugten Behandlung und Kundschaft hatte die Band gewaltige Schwierigkeiten mit der Beschaffung einigermaßen zuverlässiger Stromquellen – 94 Volt in Moskau, sagt John, das war's; trotz zwischengeschalteter Ausgleichsgeräte wurde die Elektronik viel zu heiß, Instrumente und Verstärker waren stets infarktgefährdet, die Musiker wußten nie, wann ihre Geräte den Geist aufgeben würden.

Auf der armenischen Radrennbahn spielten sie, in georgischen Konzerthallen, hatten einige Shows in Moskau, mehrere Tage waren sie in Leningrad, und in Lettland, wo die historische Tour begonnen hatte, endete sie auch. Viele einheimische Musiker kamen zu den Shows, die Amerikaner spielten vor und nach den Shows mit ihnen und staunten über die Instrumente, mit denen sich die sowjetischen Musiker herumschlugen. Die, wiederum, staunten über die Freiheit, mit der *Nitty Gritty* spielte – die Improvisation während des Auftrittes, die ungezwungene Art, mit ihrem Material umzugehen und es je nach Stimmung oder Bedarf zu ändern, anders zu spielen.

Sie lernten viele Sowjetbürger kennen, erzählt John, und merkten erst sehr spät, daß die spontane Völkerfreundschaft meist einen KGB-Besuch nach sich zog. Ein lettischer Rundfunkjournalist verabredete sich mit ihm zu einem Interview im Hotelzimmer und tauchte nie auf. Eine Woche später erschien der Radiomann beim Konzert in Moskau und erzählte, er habe kurz vor dem geplanten Interviewtermin Besuch von der Staatssicherheit bekommen und sei für eine fünftägige Untersuchung in der Nervenheilanstalt untergebracht worden. Eine junge Dame aus dem Intourist-Büro habe am Tag nach einem spontanen Ausflug nicht mehr mit ihm sprechen wollen; ihr sei gesagt worden, solche Eigenmächtigkeit könne sehr schnell eine Entlassung zur Folge haben.

Dennoch war die Tour ein voller Erfolg – nicht nur für die beiderseitigen kulturellen Beziehungen, sondern auch für die einzelnen Bandmitglieder. Viele amerikanische Tourveranstalter fragten nach ihren Erfahrungen – allen voran die Bill Graham Organization, die eine längere Tour durch die Sowjetunion plante. Die notwendigen Verträge konnten sie nach der *Nitty Gritty*-Tour mit den Sowjets schließen, und sie setzten sich einige Tage mit McEuen zusammen, um dessen Erlebnisse in ihrer Planung zu berücksichtigen. John hörte sich das Vorhaben an, stellte fest, daß Graham unbedingt in Stadien spielen wollte, und warnte, daß sich die Regierung dagegen sperren würde. Die Grahams lachten; nein, nein, es sei alles vertraglich vereinbart worden, in Deutschland stünden schon LKWs bereit, ihre Crew in England sei abflugbereit, die Graham-Tour mit den *Beach Boys* und einigen anderen amerikanischen Gruppen würde ein Riesending werden. Wenige Tage vor Tourbeginn sagten die Russen ab. Verträge, stellte sich heraus, galten dort noch weniger als daheim. Die Graham-Leute waren stocksauer; aber wer im komfortablen San Francisco sitzt, sollte sich mehr um die Gepflogenheiten im Rest der Welt kümmern, wenn er schon internationale Geschäfte machen will.

Die *Nity Gritty Dirt Band* spielte ihren Bluegrass-beeinflußten Rock bis in die frühen Achtziger hinein. Seit ihrem »Circle«-Album hatte sich Country immer mehr dem Rock angenähert. Viele ältergewordene Fans konnten mit neuem Rock nichts anfangen, wandten sich Country-Rock zu, und *Nitty Gritty* bediente gern den wachsenden Markt. Sie verschwanden aus den Rockcharts und tauchten in den oberen Rängen der Countrycharts auf – mit der gleichen Musik, die sie nun seit 15 Jahren spielten. Nicht die Musik änderte sich, sondern ihre Bezeichnung.

Gegen Ende der Dekade hatte John genug von der Band, der er seit 21 Jahren angehörte. Er hatte sich in seiner Freizeit zunehmend dem Studiogeschäft Nashvilles ge-

widmet, bekam immer öfter Gelegenheit, Country-Video-
sendungen des Nashville Fernseh-Network zu moderie-
ren, und hatte begonnen, Musik für Film und Fernsehen
zu komponieren und einzuspielen. Bruder Bill war zu einem der mächtigsten Manager Hollywoods aufgestiegen,
produzierte mit dem von ihm betreuten Steve Martin
Spielfilme, und die Familienbande halfen beiden Brüdern,
vorwärtszukommen. John McEuen verließ 1987 die Band,
und für ihn stieg der ehemalige »Eagle« Bernie Leadon
ein, dem *Nitty Gritty* und McEuen schon immer musikalische Vorbilder waren. John, inzwischen sechsfacher Fa-

*Multi-Talent John McEuen: Mittler zwischen den Kultu-
ren, zwischen Tradition und Moderne*

milienvater, widmete sich ganz dem Film-und Fernseh-geschäft.

Die Verkabelung Amerikas, schon in den Sechzigern begon-nen, ersetzte Ende der Achtziger fast die Fernsehantenne. Über 50 Millionen Haushalte waren verkabelt, einige hun-dert bundesweite Kabelkanäle lieferten sich eine halsab-schneiderische Konkurrenz. Die Sparte des Fernsehfilms und der Miniserie, früher eher selten ausgestrahlt, nahm nun einen ganz besonderen Platz ein. Durch die Kurz-serien konnten Kanäle Zuschauer binden, konnten wäh-rend der wichtigen Zuschauerzählung ordentliche Ergeb-nisse produzieren und sich somit im Kampf um den Wer-bedollar behaupten.

Eine der Serien, die fürs Kabelfernsehen produziert wurde, war »The Wild West«, ein Zehnteiler, der die Ge-schichte des alten Westens frisch servierte. John, für seine Kenntnis historischer Musik bekannt, bekam den Auf-trag, authentische Musik für die Serie ausfindig zu ma-chen, neue »alte« Musik zu schreiben und aufzunehmen. Ein Leckerbissen für jeden, der sich mit der Materie be-faßt hatte, ein ganz besonderer Glücksfall für den, der seit zwei Jahrzehnten versuchte, die Musik der Pioniere einem Rockpublikum nahezubringen. McEuen legte sich mäch-tig ins Zeug, reiste an die berühmten Stätten, die den Westen wild machten, hörte sich die Erzählungen der Al-ten an, forschte und schrieb. Heraus kam eine Score vom Feinsten, die auf CD gepreßt wurde und amerikanische Herzen höher schlagen ließ.

Hier war Musik entstanden, die seit hundert Jahren nicht mehr gehört wurde, Musik, die so echt klang, daß sich Historiker mit dem Soundtrack befaßten, Musik, für die John McEuen mit dem Western Heritage Wrangler Award des Jahres 1993 ausgezeichnet wurde. Die Medaille kam von der National Cowboy Hall of Fame, die sich sonst nicht um Musik kümmert, sondern Historiker und Schrift-steller ehrt, deren Erforschung oder Auslegung dieser Amerikanern so überaus wichtigen Zeit ihrer kurzen Ge-schichte. Die 45 kurzen Albumtracks sind ein vollstän-diger Überblick über diese Periode – und sie machen auch dem Laien klar, wie viele verschiedene Einflüsse nötig waren, um eine amerikanische Kultur entstehen zu lassen. Hier hört man osteuropäische Klänge neben indianischen Sprechgesängen, schwarzen Trommelrhythmen und südeuropäischen Volksliedern. Irische Reels und romantische englische Weisen sind ebenso dabei wie der stampfende Gesang halbwilder Büffeljäger, die sich nachts am Lagerfeuer die Zeit vertrieben.

Die Serie räumte, optisch und akustisch, mit vielen liebgewonnenen Klischees auf. Die Besiedlung des Westens war nicht das Verdienst furchtloser Trapper und gerechtigkeitssuchender Marshals, nicht den Viehtreibern zu verdanken, die Monate auf dem Trail verbrachten, immer bereit, ihre Herde gegen Unwetter, wilde Tiere und verschlagen-diebische Hollywood-Indianer zu schützen. Sie war nicht der Treck freiheitsuchender Ostküsten-Amerikaner, die auf gut markierten Pfaden mit Ochsengespann und Bibel nach Oregon zogen. Über 40 Prozent der Siedler waren Iren, die in den Industriegebieten des Ostens keine Arbeit fanden, weil Iren nicht eingestellt wurden; sie galten als faul, trunksüchtig und streitbar, weshalb sie in ihrer Verzweiflung gezwungen wurden, nach Westen auszuweichen. Bauern waren sie, nicht Viehbarone, nicht den Colt trugen sie an der Hüfte, sondern den Spaten über der Schulter. Sie wohnten in der baumlosen Prärie nicht in Blockhütten, sondern in ausgehobenen Erdlöchern, eine grasbewachsene Erdschicht als Dach.

»The Wild West« war ein voller Erfolg, und die Musik John McEuens trug entscheidend dazu bei. Sie machte klar, wie sehr die Siedler an der verlassenen Heimat hingen, unter welch furchtbarem Zwang sie in die menschenlose Wildnis gezogen waren, welche Strapazen damit verbunden waren, ein wenig ihrer zurückgelassenen Kultur mit in die neue Welt hinüberzuretten.

Die Musik des preisgekrönten Albums macht auch deutlich, wie sich die Kulturen zusammenfanden. Der vierzigjährige Krieg der Siedler untereinander, das Zweckbündnis der Weißen gegen die Indianer, der Kampf der Weidebarone gegen zaunziehende Bauern, der Streit ging immer nur um Land, kostenloses Land, das in Besitz genommen wurde und mit allen Mitteln verteidigt werden mußte – gegen später Hinzuziehende, gegen die Regierung, die sich plötzlich nicht mehr bereit fand, riesige Landstriche umsonst zu verteilen, gegen die Indianer, die nur ihre Bisonherden wiederhaben wollten, gegen Kriminelle, die sich im spärlich besiedelten Neuland Ruhe und eine neue Operationsbasis versprachen. Gruppenbildung war Voraussetzung zum Überleben, und Dörfer, Kleinstädte wurden gegründet, Herkunft oder Glauben bestimmte, wo man sich niederlassen durfte. Die melodische Melange entstand zwangsläufig – jeder trug etwas aus seiner Vergangenheit, seiner Kultur dazu bei. Eine neue, romantische Literatur entstand, von skrupellosen Landverkäufern in Auftrag gegebene Propagandaromane, die Umzugswilligen die vermeintlichen Vorzüge dieses neuen Landes bildhaft darstellten. Dazu bediente man sich auch der Musik. Fahrende Sänger erzählten den Oststaaten-Bewohnern Moritaten aus dem Westen, sangen Loblieder auf das Schlaraffenland hinter der Prärie, und die Armen der Industriegebiete glaubten's.

McEuen hat mit viel Kenntnis und Einfühlungsvermögen die hundert Jahre zurückliegende Besiedlung musikalisch erzählt. Er ging noch einen Schritt weiter; als klar wurde, wie sehr ein solcher historischer Bezug zur heutigen Folk- und Rockmusik angenommen wurde, begann er, in der Westernstadt Deadwood Festivals zu veranstalten. Seit wenigen Jahren tut er das, und das Deadwood Music Festival hat schon sein treues Stammpublikum gefunden, Leute, die jedes Jahr wieder nach South Dakota kommen, um hier einige Tage die Großen des amerikanischen Rock, Country und Pop bei der Arbeit zu sehen. So schließt sich der Kreis; aus einem jungen Mann, dem die Musik seiner Vorfahren so gut gefiel, daß er lernte, sie auf den Originalinstrumenten zu spielen und daraus eine hervorragende Rockkarriere machte, aus dem jungen Mann wurde ein Bewahrer der neuen Kultur, einer, der jungen Künstlern hilft, ihre eigene Stimme zu finden, indem er ihnen zeigt, wo ihre Musik eigentlich herkommt.

Daß McEuen einige Monate im Jahr auf Konzerttournee ist, daß er immer einige seiner begabten Kinder mit sich auf der Bühne hat, das versteht sich von selbst. Das Repertoire John McEuens ist lebendig, entwickelt sich ständig weiter, aber es hat seine Wurzeln tief in der amerikanischen Geschichte. Und so, meint er, muß es sein.

Mike Stewart ist heute einer der obersten Firmenlenker des Entertainmentriesen MCA. Er hat ein schönes, großes Büro mit Blick auf Los Angeles, ist ein in der Unterhaltungsindustrie hochverehrter Mann und ist auf drei Höhepunkte seiner langen Karriere besonders stolz: auf die Entdeckung und Förderung der Country-Sängerin Crystal Gayle, darauf, daß er den Übertritt Tina Turners aus der Bluesnische zum Popstar von Weltrang ermöglicht habe, und auf das »Will The Circle Be Unbroken«-Album der *Nitty Gritty Dirt Band*. Wenn das kein Wort ist.

John Trudell: Graffiti Man

Das winzige Häuschen liegt zwischen verwahrlosten, graffitibesprühten Wohnblocks, unmittelbar unter der Einflugschneise des Flughafens von Burbank. Autoruinen stehen in der kurzen Straße, dunkelgekleidete junge Männer blicken Fremden feindselig nach, so daß der kurze Weg vom Auto zum Haus einem Spießrutenlauf ähnelt. Doch der Besucher sieht John in der Haustür stehen, und an den trauen sich die Nichtstuer nicht ran. Vor dem haben sie Angst, denn er paßt nicht in ihre Gegend. John hat etwas lauernd Bedrohliches an sich, das ihm einen Freiraum schafft. Den braucht er zum Überleben, denn John ist von Feinden umgeben. Er ist Siouxhäuptling. Einer von der unbequemen Sorte. Einer, der sich täglich seiner Haut wehren muß, weil er sich ausdrücken kann – und sich nicht scheut, das auch zu tun. John ist ein Wortkünstler, ein Poet, ein Sozialkritiker, ein politischer Dichter. Ein berühmter, ein vielbeschäftigter, einer, der die Massen elektrisiert. Vor so einem zittert jeder Staat. John heißt mit vollem Namen John Trudell, und es gibt einen guten Grund für ihn, in diesem unwirtlichen innerstädtischen Slum zu wohnen. Als er nämlich in Washington die Forderungen seiner Stammesgenossen vertrat, brannte jemand das Haus seiner Familie in Nevada nieder. Die Familie starb. Seither lebt John auf Abruf. Aber davon später.

John Trudell spricht seit vielen Jahren seine Lyrik zu Rock. Die Alben gelten Fans als ganz besondere Leckerbissen, sowohl musikalisch als auch sprachlich. Die indianische Herkunft wird nicht besonders hervorgehoben – John schreibt, was ihm am Herzen liegt, schreibt so, wie er ist: geradlinig, wortkarg, wohlüberlegt. Aber auch spontan, übersprudelnd, ein Mann, der Kompliziertes mit einem überlieferten Beispiel aus der langen Geschichte seines Volkes verdeutlicht. Ein wandelnder Widerspruch ist er, dieser echte Stadtindianer, der einst der Schrecken der Washingtoner Bundesregierung war. Bis er einsah, daß sich Politik und Wahrheit auschließen. Ein enigmatischer Bürger, dessen Kunst selbst Bob Dylan rührt.

John Trudell war nicht ganz ein Jahr alt, als er in die Reservation gebracht wurde. 1946 in eine weiße Welt hineingeboren, hält er es heute noch für eine glückliche Fügung, daß er im Stamm der Lakota Sioux aufwachsen durfte. Denn sein Stamm gab ihm seinen gebührenden Platz in der Ordnung der Dinge, ließ das Kind so aufwachsen, wie es Lakotakinder seit zehntausend Jahren tun. Frei und ungebunden, ungehindert, in der grenzenlosen Einsamkeit Nebraskas, in der baumlosen Prärie, deren Hitze ein ewig wehender Nordwind mildert, wo sich unvermittelt Gewitter entladen, wo Tornados aus dem Nichts entstehen und sich sensenartig über die Steppe wälzen, wo die einzige Sicherheit im Schoß der Familie und des Stammes liegt.

Die Lakota, einst gefürchtete nomadische Krieger auf struppigen, halbwilden Pferden, wurden zu Bauern, zu Seßhaften, sie wurden von einer Regierung um- und angesiedelt, die sich keinen Deut um die Verträge kümmerte, die sie mit den Lakota abschloß. Verträge, die den Wilden Westen für weiße Massenbesiedlung vorbereiteten, indem sie den ursprünglichen Bewohnern des Landes ein Ende der Hatz durch die Truppen Washingtons versprachen, ihnen Lebensraum und Freiheit zusicherten. Daß die Nomaden in eine Halbwüste verbannt wurden, daß ihnen mit der Ausrottung der Büffel die Lebensgrundlage entzogen wurde, daß sie von unwillig gewährten Wohlfahrtszahlungen einer politisch besetzten und geführten »Indianerbehörde« leben würden, stand nicht in den Verträgen. Doch die Stämme fügten sich – und sie wuchsen in widrigsten Umständen zu Gemeinschaften zusammen, zu Überlebensgemeinschaften, die innerhalb weniger Jahre lernen mußten, daß aus freien Menschen sehr schnell geduldete Relikte einer aussterbenden Kultur werden können. Sie paßten sich an, die Lakota, auf die noch wenige Jahre zuvor Kopfgelder ausgesetzt waren. Mann, Frau, Kind, sie galten während der »Indian Wars« als Freiwild, und eine ganze Industrie der Indianerjäger etablierte sich, denn ein toter Indianer war leicht verdientes Geld. Indianer und Coyoten – das war die neue Cash-Beute der Trapper und Jäger, die alles andere jagdbare Wild schon weggeschossen hatten.

Die Alten erinnerten sich noch – die Weißhaarigen, die dürren Männer mit der Lederhaut, die abends am Lagerfeuer tranken und erzählten. Sie sprachen vom Treck der Lakota Sioux nach Mexiko, von der Flucht vor den »Long Knives«, der Kavallerie, die sich nicht um Landesgrenzen scherte, die den Stamm durch die Wüste bis in die Berge Nordmexikos verfolgte und aufrieb. Die wenigen, die am Leben geblieben waren, die kümmerlichen Überreste der gefürchteten Lakota Sioux, schleppten sich nach Nebraska zurück, krank, halbverhungert, hoffnungslos. Die Uralten und die ganz Jungen, denn die Krieger waren tot, die Frauen waren mit ihnen gestorben. Die Alten erinnerten sich der Schmach und tranken, um die Erinnerung zu dämpfen, ihr die Schärfe zu nehmen. Sie erzählten, langsam, in Halbsätzen, den Blick in die Ferne der Zeit gerichtet – und John hörte zu.

Er hörte von der Santee-Massenhinrichtung, der größten öffentlichen Massenhinrichtung Amerikas, wo an einem Sommermorgen des Jahres 1862 achtunddreißig Stammesangehörige aufgehängt wurden, bis, wie das Urteil eines weißen Richters vorschrieb, »der Tod eintritt«. Er hörte von der Zwangschristianisierung der Stämme, von den Indianerinternaten, Schulen, die den Zweck verfolgten, die Kinder von ihrer indianischen Herkunft zu trennen, indem ihnen ihre Sprache und ihre Kultur verboten wurden. Er saugte die Geschichten der Alten auf, die mit ihren Erzählern aussterben würden. Seine Mutter starb, und als er sieben wurde, nahm ihn sein Vater wieder in die Welt der Weißen mit. John, der Reservationsindianer, wurde John, der geduldete Schüler in einer fremden Umgebung. Der Zwiespalt kam ihm erst viel später zu Bewußtsein; Siebenjährige leben bekanntlich in ihrer eigenen Welt, einer erheblich unkomplizierteren Welt als die ihrer Eltern. Die Kulturen vermischten sich. Der Knabe wuchs als dunkelhäutiger Weißer heran, dessen Erinnerung an die Lagerfeuergeschichten der Alten langsam, wunschgemäß, verblaßte. Und dann kam Vietnam.

Computer haben eine clevere Vorrichtung, die unnötige, festplattenverstopfende Programme auf Knopfdruck beseitigt. Der Krieg in Südostasien erfüllte eine ähnliche Funktion. Studenten wurden vom Wehrdienst befreit, solange sie eingeschrieben waren. Verheiratete konnten sich zurückstellen lassen. Wer einen kriegswichtigen Job hatte, der brauchte nicht in den Urwald ziehen. Kids jedoch, die nicht so recht wußten, was sie mit ihrem Leben anfangen sollten, denen die High School nichts sagte, die irgendwo jobben gingen oder gar gammelten, die wurden bevorzugt eingeladen, die Freiheit zu verteidigen. Die arbeitslose Unterschicht bekam so eine Bewährungschance. Daß damit auch viele Probleme einer zunehmend unterbeschäftigten Gesellschaft bereinigt wurden, mußten Politiker für höchst wünschenswert halten. John Trudell, der mit 17 die High School verließ, wußte, daß er bald dran war. Also ging er freiwillig. Aus dem Kind der Prärie wurde ein Matrose.

Der Krieg veränderte Trudell. War er bis dahin eher unbekümmert gewesen, leichtfüßig, ließ ihn das Erlebte nachdenklich werden. Erstmals sah der junge Mann ferne Länder. Der Zerstörer, auf dem er diente, legte auf den Philippinen, in Taiwan und Japan an. Dort sah Trudell mit Erstaunen, daß es überall Stämme gab. »Überall waren Indianer«, sagt er, denn er stellte fest, daß sich Armut und Rassismus auch auf der anderen Seite der Welt breitmachten; laut John, »die erste politische Erfahrung. Alle Indianer, die ich kannte, waren arm. Und die hier, die waren's auch. Sie machten dieselben kulturellen Erfahrungen wie wir. Ich wußte also instinktiv, daß das die hiesigen Indianer waren.«

Der Zerstörer kreuzte im Seenot-Rettungseinsatz vor der vietnamesischen Küste. Von den Piloten, die aus dem Gelben Meer gefischt wurden, hörte John die Berichte über Einsätze und Kampf, und der Widerwille gegen das Militär wuchs. Zu vier Jahren hatte er sich verpflichtet, und als sie endlich vorüber waren, tauschte er das Kriegsschiff gegen ein College. Rundfunkjournalismus belegte er und studierte fleißig, bis ihm aufging, daß sich Militär und Lehrbetrieb in nichts unterschieden. Beide lebten von rigider Struktur, und nur Rang zählte, Rang, der nicht unbedingt durch Können erworben wurde. Nach vier Marine- und zwei Collegejahren brauchte Trudell Freiheit – dringend. Er konnte nicht mehr in dieser weißen Welt leben, mit weißen Ambitionen und weißen Träumen. Er sehnte sich nach seinem Volk.

Einige hundert Indianer hatten sich bei Nacht und Nebel auf der Zuchthausinsel Alcatraz in der San-Francisco-Bucht getroffen und den berüchtigten Bau mitsamt winziger Insel für sich reklamiert. Einer der alten Indianerverträge sah nämlich vor, daß bundeseigenes Land, wenn es nicht mehr vom Bund benutzt wurde, an die Stämme zurückfällt. Das Jahr war 1969, überall loderte Widerstand, das Land war im Aufruhr, und die Gelegenheit schien den Indianern günstig, auf bestehende, bisher unerfüllte Vertragsverpflichtungen hinzuweisen. Die Besetzung machte weltweit Schlagzeilen – und John schloß sich den Besetzern an.

Die Bundesregierung stand vor einem drückenden Public-Relations-Problem. Einerseits ging es nicht, daß sich jeder einfach bediente – andererseits standen Indianer gerade sehr hoch in der Volksgunst. Der leider etwas linksgewirkte Marlon Brando hatte sich für die Ureinwohner stark gemacht, Kids jeden Alters äfften in Kleidung, Benehmen und Sozialverhalten Indianer nach – manche wohnten gar in Tipis, die sie auf öffentlichem Parkgelände aufschlugen, auf Feldern und in Naturschutzgebieten – Juweliere verkauften Indianerschmuck, und kalifornische Sekten übernahmen Pow-wow und Sweat Lodge, die indianische Sauna, von den ersten Amerikanern, um sie in ihren die Mutter Erde anbetenden Riten zu nutzen. Als FBI mußte man da schon mit Fingerspitzengefühl vorgehen. Also verlegte man sich auf die Strategie des Aushungerns. Das Meer rund um die Zuchthausinsel wurde gesperrt, die Insel selbst Off Limits erklärt.

Die Sympathisanten der Besetzer hatten nur auf so eine Reaktion der Staatsmacht gewartet. Per Motorboot, niedrigfliegendem Privatflugzeug und – stilvoll – Kanu versorgte man die indianischen Rebellen, brachte ihnen Verpflegung und ließ sich gern mit den Metallen bezahlen, die aus dem riesigen, leerstehenden Zuchthaus stammten. Abflußrohre aus Blei, Kupferleitungen, alles, was sich gut verscherbeln ließ, rissen die Besetzer aus Wänden und Fußböden. Zwei Jahre dauerte der Aufstand; zwei Jahre, und jeden Tag standen Tausende Neugierige aus aller Welt auf den Touristenstegen San Franciscos und sahen sich die Sache aus einer Entfernung von knapp einem Ki-

San Francisco – im Hintergrund die Zuchthausinsel Alcatraz

lometer an. Trudell hatte sich als ungewöhnlich wortgewandt herausgestellt und wurde zum Gruppensprecher. Sein Zeitungsfoto wurde zum Erkennungszeichen der Rebellen. Man nahm Notiz.

Als die Aktion 1972 vorbei war, die Rädelsführer endlich verhaftet – sehr lange hielt die Indianerbegeisterung nicht –, hatte John Trudell seine Berufung gefunden. Ihn, den Allzubekannten, ließ man laufen; Märtyrer wollte die Bundespolizei nicht schaffen. Der Alcatraz-Sprecher wurde zum Sprecher der American Indian Movement, der bundesweiten Indianerbewegung. John diente dem politischen Zusammenschluß der Stämme sechs Jahre lang, führte die Aktivisten nach Washington, verhandelte wiederholt mit niederen Chargen, deren Bedeutungslosigkeit den Indianern klarmachen sollte, wie wenig sie galten; und als sich die Regierung traditionsgemäß weigerte, weiterhin zu verhandeln, besetzte der harte Kern des AIM kurzerhand das Hauptbüro der Indianerbehörde. Drei Tage reichten aus, um die Regierungsvertreter wieder an den Verhandlungstisch zu bekommen.

Daß sich Trudell außerhalb der Stämme keine Freunde machte, störte ihn wenig. Er hatte aus erster Hand erlebt, wie geringschätzig die Regierung mit den Eingeborenen umging. Er wußte, wie recht er mit seiner asiatischen Beobachtung gehabt hatte, es gebe überall Indianer. Er kümmerte sich um die Belange der Stämme, aber er sorgte sich auch um die vielen Minderheiten-Angehörigen, denen es dreckig ging, die weder eine Chance auf Bildung noch auf einträgliche Beschäftigung hatten. Die Schwarzen, die Mexikaner, arme Frauen und illegale Einwanderer – sie alle hatten mit Trudell einen Fürsprecher, einen landesweit bekannten Mann, der kein Blatt vor den Mund nahm.

Trudell bewohnte mit Frau und Kindern ein nettes Häuschen in einem Indianerreservat in Nevada. Dort konnte er ausruhen, wenn er wieder einmal zu Hause war, dort war der Mittelpunkt des Lebens für den Mann, der zu seiner Indianerkultur zurückgefunden hatte. Die Lagerfeuergeschichten wirkten nach – John lernte bewußt die alten Sitten, die althergebrachten Zeremonien der Lakota Sioux, die halbvergessenen Umgangsformen der Nomadenkultur. Wenn die Zusammenarbeit mit der Regierung in Washington erst klappte – und John zweifelte nicht, daß sie eines Tages klappen würde –, konnte er sich auf ein friedliches Leben im Stamm freuen.

Am 11. Februar 1979 war Trudell in Washington. AIM war wieder abgewimmelt worden, der Vertretung der Stämme wurde angeraten, sich friedlich in die Reservation zurückzuziehen, und Trudell hatte eine Mordswut im Bauch. Es war wieder einmal nötig, ein werbewirksames Zeichen zu setzen, denn ohne Presse, ohne Öffentlichkeit, hatten die Forderungen der Indianer überhaupt kein Gewicht. Also stellte sich der Vietnam-Veteran und AIM-Vorsitzende John Trudell auf die Stufen des J. Edgar Hoover Building, die Vertreter der herbeigetrommelten Medien vor sich, baute seine amerikanische Flagge vor sich auf, nahm das Feuerzeug aus der Hosentasche und zündete seelenruhig die Stars and Stripes an.

Einen halben Tag später, in der Nacht vom 11. auf den 12. Februar 1979, steckte ein unerkannt gebliebener Patriot das Trudellsche Haus in Brand. Frau Tina und die Kinder kamen um.

»Ich wechselte in den folgenden Monaten zwischen Wahn und Klarheit«, erzählt John. Die Einbindung in den Stamm hatte seine Familie nicht schützen können; die Erkenntnis, daß ein solcher Mord überhaupt geschehen konnte, daß er ungesühnt blieb, daß er sich jederzeit wiederholen konnte, daß John durch seine Präsenz eine Gefahr für die ganze Gemeinschaft darstellte, trieb ihn aus dem Reservat. Er wanderte in seinem Wahn, er strich ziellos durch den Westen, und in lichten Augenblicken schrieb er »Zeilen«. Einzelne Zeilen, die sich zur Lyrik fügten.

In der Dunkelheit seines Daseins wanderte er nach Los Angeles, und dort traf er Jackson Browne. Jackson nahm ihn auf, gab ihm geistiges Obdach. In der Glitzerstadt, zwischen engagierten Künstlern wie Bonnie Raitt, Graham Nash und Jesse Colin Young, wuchs die Lyrik zur Besessenheit. Trudell schrieb – und mit der Zugehörigkeit zum Kreis der berühmten Unbequemen kam wieder die Öffentlichkeit, die er während der vergangenen Monate wie die Pest gemieden hatte.

Seine AIM-Ämter war er los; das Feuer, die Morde hatten ihn gelehrt, daß es nirgends Schutz gab, daß es keine Sicherheit geben würde, nie gegeben hatte. Er begriff, daß Machtlose keine Politik machen können. Daß Politik Unwahrheit bedeutet; die Verlogenheit offenbarte sich für John schon darin, daß sich niemand ernsthaft bemühte, den Anschlag auf seine Familie aufzuklären. »Jeder schaute weg«, sagt er, »tat, als sei nichts geschehen«, und er zog die Lehre daraus. Trudell wußte, daß ihm künftig nur unbedingte Wahrheit genügen würde, daß die Nettigkeiten des menschlichen Miteinander nicht mehr für ihn sein würden, daß die europäisch geprägte amerikanische Gesellschaft nie mehr die seine sein konnte. Trudell wurde endlich wieder Indianer.

Natürlich verließ er die Politik nicht. Er ließ nur den Wunsch fallen, mit politischen Mitteln innerhalb des Mehrheitenystems Veränderungen herbeizuführen. Schon 1980 sprach er wieder vor der Versammlung der Stämme im Black Hills Gathering. Die Kernaussage seines damaligen Vortrages verdeutlicht den Wandel. Hatte er noch knapp zwei Jahre zuvor Regierungsämter besetzt, hatte er noch an endlosen Verhandlungen mit gelangweilten Regierungsvertretern teilgenommen, sich in den Abendnachrichten über die Bevormundung der Indianer wortgewaltig ausgelassen, so empfahl er jetzt den Vertretern seiner Rasse, »... was immer sie uns auch antun mögen; wir dürfen nur aus der Liebe zu unserem Volk und der Erde handeln. Wir dürfen nicht haßerfüllt auf jene reagieren, die keinen Verstand haben.«

Trudell brachte 1983 ein erstes Album, »Tribal Voice«, heraus – die Stimme des Indianers, nur von der traditionellen Trommel untermalt. Er trat auf, brachte seine Gedanken, seine schonungslose Offenheit denen, die hören wollten. Während der Jahre des Schreibens und der sporadischen Aufführungen war ihm klargeworden, daß der

Lyrik Musik fehlte – er wußte, daß er damit den Kreis seiner Zuhörer erweitern könnte, aber er hatte keine Ahnung, wie er vorgehen sollte.

Nach einem Vortrag im heimatlichen Long Beach stellte sich Jesse Edwin Davis mit den Worten vor, er könne zu den Gedichten Trudells Musik machen. »Es war fast mystisch«, sagt John. »Da überlege ich drei Jahre lang, wie man das machen könne, und unvermittelt steht der berühmteste indianische Rockgitarrist vor mir und bietet sich an.«

Jesse Edwin hatte mit vielen Großen des amerikanischen Rock gearbeitet – aber seine Heroinabhängigkeit führte zum steten Arbeitsplatzwechsel. Er hielt es nie lange aus, wurde Studiomusiker und hatte gerade eine Entziehungskur hinter sich, als er John kennenlernte. Die zwei spielten sofort ein Album ein, »a.k.a. Grafitti Man«, das Bob Dylan in die Hände fiel. Der erzählte einem *Rolling Stone*-Redakteur, »Grafitti Man« sei sein Lieblingsalbum des Jahres 1986. Damit hatte Trudell den Durchbruch geschafft, denn Amerikaner lieben das »Endorsement« eines Prominenten; und wenn Gott selbst von seiner teuren Malibuwolke herab solche Empfehlungen ausspricht, kauft man unbesehen.

Weder europäische noch amerikanische Indianerklischees passen auf John Trudell. Er ist nicht der edle Naturmensch, nicht der versoffene Tagedieb. Jegliche Schablone versagt hier. Trudell agitiert nicht – er beobachtet. Er sieht das Leben durch die Augen eines Indianers, für den sich der Kreis geschlossen hat. Ein interessanter Blickwinkel, denn die Kultur aller Stämme setzt eine intakte Welt voraus, deren Bewohner nur nutzen dürfen, was die Erde freiwillig abgibt.

Damit muß Trudell die Industriegesellschaft als Verirrung sehen. Nicht den Fortschitt geißelt er, sondern die Vergewaltigung der Erde und ihrer Bewohner, die der Poet als Eckpfeiler einer materiell geprägten Industriekultur zu erkennen glaubt. Daß eine Rückkehr zur indianischen Philosophie sein Volk freisetzt, davon ist er über-

zeugt. Denn der Nichtmaterialismus erlaubte den Stäm-
men Jahrtausende ein Zusammenleben, wie es heute
nicht mehr möglich ist. Rassismus, Sexismus, Habgier,
Unmoral sind für ihn die Krankheiten der Weißen – wie
die Masern, durch Kolumbus eingeschleppt. »Ein Virus«
sei, was die Europäer brachten, »eine einprogrammierte
Krankheit, die damit begann, daß sich der Mensch die
Erde untertan machte. Deren Religion liefert nur das Fei-
genblatt, um die Krankheit zu verdecken, ihr eine morali-
sche Berechtigung zu geben. Die Stämme der Welt, die
Stämme Europas, man nahm ihnen die Stammesidenti-
tät, sie wurden durch organisierte Religion terrorisiert,
ihr Denken umgedreht. Durch fünfhundertjährigen Terror, der mit der Inquisition seinen Höhepunkt fand, wurde
ihnen die genetisch vererbte ethnische Erinnerung, ihre
kulturelle DNS, genommen, ihnen dieser destruktive Virus
eingeimpft. Und als die Eroberer hierherkamen, hatten
wir keine Abwehr gegen den Virus.«

Wie alle Dichter hofft Trudell auf eine bessere Welt –
aber im Gegensatz zu seinen Kollegen aus anderen Kulturen will er keine Abkehr von gewachsener Tradition,
sondern eine Rückbesinnung. Er weiß, daß er mit seinem
Verlangen keine Utopie herbeisehnt, sondern den bis vor
einem Jahrhundert geltenden Verhaltensnormen seines
Volkes wieder Geltung schaffen will. Das gibt seiner Sprache die Autorität desjenigen, der sein Ziel fest im Auge
hat.

Seit das »Grafitti Man«-Album einschlug, ist Trudell ständig auf Tournee. Für Jesse Edwin Davis, den Ausnahme-
musiker mit dem quälenden Drogenproblem, kam die
Ausnüchterung viel zu spät: die Folgen seiner jahrzehntelangen Heroinabhängigkeit holten ihn knapp ein Jahr
nach Beginn der Zusammenarbeit mit Trudell ein.

Seit acht Jahren arbeitet John Trudell mit der Band, die
Jesse Ed Davis für ihn zusammenstellte. Sie haben eine
Reihe sich nahtlos aneinanderfügender Alben aufgenommen, die das kleine, feine US-Label Ryko verlegt. Die Ita-
lienerin Paola Igliori gab 1994 einen Sammelband seiner

JohnTrudell ist dort zu Hause, wo das Überleben täglich geübt wird.

Lyrik heraus; »Stickman« ist eines jener Bücher, die man immer wieder durchschmökert, denn Trudells Beobachtungen und Deutungen öffnen neue Perspektiven, regen an, daß über Selbstverständliches frisch nachgedacht wird. Er läßt uns, wie alle großen Spoken-Word-Künstler, an seiner Suche aktiv teilhaben. Und mag sein Ziel nicht für jeden gelten, so führt er uns doch in Richtungen, die wir ohne seine Anregung nicht eingeschlagen hätten. Er gibt uns Einblicke in das Ghetto seiner indianischen Seele. Für die meisten Amerikaner, die nicht einmal das schwarze oder braune Ghetto ihrer Geburtsstadt besucht haben, wahrhaft ein erschreckendes Erlebnis.

Trudell ist ein einsamer Mann. Trudell verläßt sich auf Trudell, Punkt. Deshalb ist der Dichter uns nur über sein Werk zugänglich. Er will nicht, daß man über sein Leben spricht, seine Biographie schreibt. Er lebt gern dort, wo man ihn nicht beachtet, wo sich Fremde kaum hintrauen. Nur wo das Überleben täglich bewußt geübt wird, wo die Street Vibe herrscht, wo ein Leben wenig gilt, findet er ein Quentchen Sicherheit.

»Mein Name und mein Alter genügen als Biographie«, sagt Trudell, und der Leser weiß nun warum, »denn der Name hat so lange überlebt. Das ist die ganze Geschichte.«

Malibu oder Burbank?

Wenn Fernsehkomiker Johnnie Carson seine allabendlich ausgestrahlte Late Night Show mit brüllendem Gelächter des Studiopublikums beginnen wollte, erzählte er der Kamera, man sende aus der »beautiful downtown Burbank«. Das reichte jahrzehntelang für einen lustigen Showstart. Denn das Innenstadtgebiet der Studiogemeinde Burbank ist ein übler Slum, und ganz Amerika weiß das. Zum Glück liegen die Studios strategisch an Freeway-Auffahrten. Das erspart den gutverdienenden Künstlern und Angestellten den traurigen Anblick. Studios, Flughafen und Autobahnen sind denn auch die Stärke dieser industriell geprägten Ecke des San Fernando Valley.

Nur wenige Minuten von der Late-Night-Witzvorlage entfernt verläuft der junge Highway 101. In der Innenstadt von Los Angeles, am Alvarado Boulevard, beginnt er sein Landkartenleben. Als Hollywood Freeway kennt man ihn auf seinen ersten 20 Kilometern, um dann irgendwo zwischen Burbank und Tarzana zum Ventura Freeway zu werden. Durch die pilzartig aus dem Boden geschossenen besseren, weil nordwestlichen, Vororte von Los Angeles führt er, durch die Santa Monica Mountains nach Westlake Village und Thousand Oaks, Newbury Park und Camarillo. Immer nach Westen, denn bei Malibu schlägt Kalifornien einen Haken, die Westküstenstrände zeigen hier nach Süden, was manch einen Neuling aus dem Konzept bringt. Breit ist der Highway hier, weil die »Losangelesization« des Küstenstreifens das Verkehrsaufkommen vervielfachte. Sechs- und teilweise achtspurig saust man dahin, und weil das unsinnige Tempolimit sowieso aufgehoben wird, probiert man schon die beste Reisegeschwindigkeit für sich aus. Die scheint bei etwa 75 Meilen die Stunde zu liegen, ein lockeres Drittel über dem angeschlagenen speed limit. Entweder braust man im Strom mit, oder man wird zum Verkehrshindernis, was die Motorradpolizisten allerdings noch immer nicht einsehen wollen. Wie Haie kreuzen sie mit der Meute, hinter viel zu schnell fahrenden Lastwagen versteckt, um sich völlig unvermittelt auf irgendein Opfer zu stürzen. Dann nützt alles Jammern und Schöntun nichts, der »Speeder« wird aufgeschrieben, damit Gemeinde und Staat ihre Hoheitsaufgaben auch finanzieren können. Die 100 oder 200 Dollar Strafe teilen die sich nämlich, was dem Beruf des dunkeluniformierten, sonnenbebrillten Polizisten auf seiner Gangster-Harley die Aura eines humorlosen Geldeintreibers gibt. »It's all a game«. Manchmal muß man eben zahlen.

Mir persönlich ist der Highway 1 lieber, der von Santa Monica am Meer entlang durch Malibu führt. Von Waldbrand und Erdbeben kennt die Welt das langgestreckte Straßendorf, und wer aus Selbsterhaltung keine Fernsehnachrichten anschaut, der kennt die Strandkolonie von »Baywatch«. An David Hasselhoff kommt in den Neunzigern keiner vorbei.

Bob Dylan ist einer der Bekannten, die sich hier niederließen. Schön haben sie's, der Plebs wohnt – wie überall – auf dem Präsentierteller, aber die Stars leisten sich ihren »compound«, ihr umzäuntes Lager. Selbst Mick Fleetwood wohnte bis in die frühen Achtziger in Malibu, bis die Nase zu teuer wurde und der *Fleetwood Mac*-Mick den Schwurfinger strecken mußte.

Er ist nur zweispurig, der Highway 1, weshalb er bei Einheimischen nicht allzu hoch im Kurs steht, aber er führt unmittelbar am Meer entlang. Eine Sommerabendfahrt von Malibu nach Oxnard ist unvergeßlich. Die Wolken verfärben sich von reinweiß bis dunkelviolett, die untergehende Sonne reflektiert im Pazifik, und jagende Pelikane segeln mit sparsamem Flügelschlag wie fliegende

Perlenschnüre über die Brecher. An solchen einsamen Highway-Abenden zeigt sich Kalifornien von seiner liebenswertesten Seite. Dann geht das Herz auf und – bums, ist man Patriot. Was meist nicht allzulange vorhält. Höchstens bis Oxnard.

Dort treffen die Highways 1 und 101 wieder aufeinander. Da macht man am besten die Augen zu und gibt Vollgas. Ab Ventura geht's ja wieder, aber da haben wir schon was vor.

In Ventura biegen wir nämlich rechts ab, vom Meer weg, in ein langes Gebirgstal hinein. Am Ende des Zubringer-Freeway liegt Ojai, und das dürfen wir nicht verpassen. Kann man's schon nicht aussprechen, muß man es wenigstens gesehen haben.

Spirit: Nature's Way

Am frühen Sonntagmorgen, wenn die Sonne gerade über den Topa Topa Mountains aufgeht, wird Ojai vom hellen Klingen unzähliger glücksbringender, windbewegter Mobiles behutsam geweckt. Kristalltalismane brechen regenbogenartig das sanfte Licht, und betende safrangelbe Sanyassin, Jünger des indischen Gurus, murmeln das große Om. Orangen- und Avocadohaine werden von einer jasminduftenden Meeresbrise durchweht, die im 8 000-Seelen-Dorf für ewigen Frühling sorgt. Nur 60 Kilometer vom rastlosen Hollywood entfernt, ist das versteckte kalifornische Poona eines der Kraftzentren der Welt – das jedenfalls, glauben die Ojaianer. Daran glauben sie ebenso fest wie an die magischen Kräfte des Bruders Wal und der Schwester Delphin.

Hier ist der Glaube an das Gute zu Hause, Karma und Nirwana werden umgangssprachlich verwendet wie anderswo Big Mac und bottom line. Bärtig ist man und schlabberbekleidet, ganz und gar »with it« und doch noch mitten in den Sixties. Zumindest im Geiste, denn ein teures Pflaster wie das winzige, wunderschöne Ojai setzt schon einiges Bottom-line-Denken voraus, wenn man sich hier niederlassen will.

Die rauhe Wirklichkeit fordert auch im New-Age-Paradies ihren Tribut. Das weiß Randy California seit Jahrzehnten. Wie Stokowski und Krishnamurti vor ihm, empfängt der Naturrocker hier die göttlichen Eingebungen, die zu Songs wie »Nature's Way« und »I've Got A Line On You« umgesetzt wurden. *Spirit*, Geist, heißt seine Grup-pe – aber eigentlich hieß sie ja *Red Roosters*. Und Randy California war früher mal Randy Woolfe. Aber *Spirit* hatte die Hits, und Randy California den Ruhm. Also bleibt man beim gut eingeführten Etikettenschwindel.

Randy kam früh zur Musik. Seine Mutter Bernice arbeitete für ihren Bruder Edward, und dem gehörte die legendäre Los-Angeles-Musikkneipe Ash Grove. Da traf sich, wer auf Folk abfuhr. Das war in den frühen Sechzigern eine winzige elitäre Vorhut. Als Bob Dylan in ausverkauften New Yorker Sälen Selbstgedichtetes näselte, durfte im Ash Grove der junge David Lindley den legendären texanischen Bluesmann Lightnin' Hopkins begleiten, hin und wieder kam David Crosby vorbei und lernte neue Leute kennen – der spielte bekanntlich damals noch im *Les Baxters*-Tanzorchester Tango und Samba und lauerte auf die Gelegenheit, ins moderne Folkgeschäft einzusteigen.

Die wohlhabenden jungen Weißen sahen devot zu den »authentischen« Schwarzen auf, die im Ash Grove auftraten. Sie repräsentierten eine unbekannte Welt, diese geduldeten Amerikaner, mit ihrem eigenartigen Dialekt und ihrer exotischen Musik. Selbst im liberalen Los Angeles war es damals schwierig, Unterkünfte für gastierende Nichteuropäer zu finden, sogar für Markennamen wie Muddy Waters, Albert King und Sonny Terry. Also nahm Mutter Bernice Woolfe die Künstler bei sich zu Hause auf, zwackte ein paar Dollar von der ohnehin dürren Gage ab und gab Klein-Randy Gelegenheit, mit den Bluesgrößen etwas Musik nach Tisch zu machen. Der Knabe speicherte aufmerksam die Gitarrenlicks aus der fremden Kultur des Mississippi-Deltas, die Rhythmen und Harmonien – wer weiß, wozu's später mal gut sein wird?

Bernice Woolfe lernte so um 1964 Ed Cassidy kennen und lieben. Ed war 42 und blond, konnte Haare aber auf den Tod nicht leiden und rasierte sich deshalb zweimal die Woche den Schädel. Das war gut fürs Show-Business-Image, denn Glatzkopf Ed galt damals wie heute als einer der weltbesten Rock- und Jazz-Schlagzeuger. Randy hatte also plötzlich einen Stiefvater, und mit dem gründete er die Blues-Rockgruppe *Red Roosters*. Das war im damaligen Los Angeles eine feine Sache, denn die wenigen Bluesrocker, die auf sich aufmerksam machten, gingen weg wie warme Semmeln. The family that plays together stays together, besonders wenn der Plattenvertrag winkt. Dazu war jedoch die Zeit zu kurz, denn Ernährer Ed tat in New York einen längeren, gutbezahlten Studiogig auf. Die Familie siedelte Hals über Kopf um, und Randy leckte im New Yorker Greenwich Village Blut. Die Folk-Kneipen und Musikgeschäfte des Künstlerviertels boten, woran die junge Los-Angeles-Szene kaum zu denken wagte. Hier war Folk zu Hause, hier war man von Kopf bis Fuß akustisch.

Als der schulschwänzende Knabe wieder einmal Gitarre zupfend in der hintersten Ecke des Folkie-Musikladens saß, schlenderte ein dürrer, bunt gekleideter Schwarzer herüber, schnappte sich eine Gitarre und ging auf Randys Improvisation ein. »Pure Magic«, sagt der wehmütige Randy heute. Beide waren durch den Blues zur Musik gekommen, beide hatten ihren Stil schon in allerfrühester Jugend entwickelt, der Schwarze und der Weiße waren Zwillinge. Alter und Hautfarbe waren vergessen. Sie beschlossen auf der Stelle, zusammenzuarbeiten.

Der Schwarze war gerade seinen kaum lohnenden Gitarrenjob in der Band Little Richards losgeworden und hatte sich vorgenommen, in New York etwas Eigenes aufzuziehen. Jimmy James nannte er sich damals, und in der hinteren Musikladenecke wurde *Jimmy James and The Blue Flames* geboren. Hausband wurden sie im Schikkeria-Cafe Wha?, der schulpflichtige Randy, Jimmy und ein Bassist, der auch Randy hieß. Um sie auseinanderzuhalten, rief Boß Jimmy die Jungs nach ihren Herkunftstaaten – Randy Texas und Randy California.

Die *Blue Flames* wurden Könige des immer brummvollen Coffee-house, und sie würden vermutlich heute noch dort spielen, hätte nicht Keith Richards' Freundin Linda Keith vorbeigeschaut. Die war von Jimmy und der Band derart begeistert, daß sie ihren Bekannten Chas Chandler von den *Animals* anrief und ihm nahelegte, unbedingt nach New York zu kommen. Chas, der neben seiner Arbeit in der Eric-Burdon-Gruppe Schallplatten pro-

In New York gründeten Jimi Hendrix (alis Jimmy James)
und Randy Woolfe The Blue Flames.

duzierte, jettete auch prompt ein und war geplättet. So
was hatte er noch nicht gehört, und er drängte Jimmy, mit
ihm nach England zurückzukehren. Nicht ohne meine
Boys, meinte der Chef, aber da war bei Mutter Woolfe
Schluß. 15 ist der Bengel, und allein nach England? Over
my dead body, basta, und Stiefvater Ed mußte wohl oder
übel traurig nicken. Jimmy James, der sich fortan wieder
Jimi Hendrix nannte, flog mit Chas nach England, Familie Woolfe kehrte nach Los Angeles zurück.

Da war inzwischen der Teufel los. Die Folk-Revival-Welle
hatte die Westküste erreicht, die neue David-Crosby-
Gruppe *The Byrds* hatte ihren Folk-Rock geschmackssicher an die Chartspitze gehievt, und das Ash Grove
platzte jeden Abend aus den Nähten. Randy und Ed gründeten eilig *Spirits Rebellious*. Folk-Jazz-Rock spielten sie,
vorerst jeden Montag im Ash Grove, und die zerebrale
Müslimusik traf eine spezifisch kalifornische Ader – was
die *Grateful Dead* im nebligen San Francisco zu Kultgrün-
dern machte, wurde 1966 im Hollywooder Nachtklub geboren.

Die lebendige Musikszene des Ash Grove, Troubadour,
Whisky a Go-Go und Pandora's Box brachte ihre eigenen
Stars hervor. *Spirits Rebellious* waren das, die *Buffalo
Springfield* und Ryland P. Cooder, dessen Ruf im Ostkü-
sten-Underground so gewaltig war, daß Taj Mahal nach
beendetem Agrarstudium den Kontinent durchquerte, um
den white boy zu sehen, der so schweißtreibend Slidegi-
tarre spielte, daß Schwarze dagegen verblaßten. Es war
Liebe auf den ersten Lick bei den beiden, und sie keilten
Ed Cassidy, um zusammen Blues-Rock zu spielen. *The Ri-
sing Sons* tauften sie sich, Taj, Ry und Ed, und waren die
erste amerikanische Supergroup. Mit entsprechendem Su-
pergruppen-Ego, weshalb die ganze schöne Band auch nur
ein knappes Jahr bestand.

Inzwischen jedoch hatte *Spirits Rebellious* einen Manager
auf sich aufmerksam gemacht. Lou Adler gehörte ein Schall-
plattenladen im jüdischen Fairfax District. Lou hatte das
Plattenauflegen satt – für Kids, die eh nichts kauften. Er

hatte ein gutes Ohr für die von hippen Schülern bevorzugte Musik, konnte sich selbst prima an den Mann bringen und fand, daß es Zeit war, richtiges Geld zu verdienen. Er schrieb Songs, managte hier und da einen Künstler, und machte sich einen Namen als go-getter, als einer,
der was losmacht. Sein eigenes Label gründete er, Dunhill,
wo er seine Talente selbst produzieren und verlegen
konnte. Mit der Gesangsgruppe *The Mamas and the Papas*
fand er endlich den Zugang zur Hochfinanz. Die konnte er
mit 1 500 Dollar Vorschuß zu einer Management- und
Plattenvertragsunterzeichnung locken, und mit deren Su-
perpop wurde Lou zum erstenmal ein reicher Mann.

Der, nun, zeigte Interesse und stieß bei *Spirits Rebellious* auf Gegenliebe. Erst mal machte er aus der elitären
Spirits Rebellious die flotte *Spirit*, was sich die zunehmend verkiffte Kundschaft besser merken konnte, und
aus dem eklektischen Repertoire schuf Randy ein straffes
Rockprogramm – das selbstverfaßte »Nature's Way« packte
die Zurück-zur-Natur-Hippies, »I Got A Line On You«
nahm sich der Liebe an und »Fresh Garbage« recycelte

*Randy California, der »weiße Jimi Hendrix« (mitte), mit
Stiefvater und* Spirit-*Mitbegründer Ed Cassidy (rechts)*

rockend die Jazzansätze der frühen Jahre. Welttourneen folgten, nach Indien ging man, wo Randy einen Schnell-kurs in alternativer Religion bekam; man ist ja Kalifor-nier, da ist nur das Ausgefallenste gut genug. Europäer liebten die grün angehauchten Texte, mehrmals gastierte *Spirit* in Deutschland – wo Cassidy das gefällige »Stutt-gart Says Goodbye« schrieb, als der Zug zum Münchener Gig ohne ihn davonfuhr.

Viele Alben, viele Hits und viel Managementärger gab's, ausgerechnet zu einer Zeit, da jungen kalifornischen Ro-mantikern Geld als freiheitskastrierendes Teufelszeug galt, von dem man sich schleunigst trennen mußte. Ma-nager Lou Adler war zum Supermanager geworden, hatte nicht nur sein Label, sondern eröffnete den Nachtklub Roxy auf dem Sunset Strip – und fand kurz darauf in Lon-don ein amateurhaftes Musical, die »Rocky Horror Picture Show«, die er kaufte, aufpolierte und zum Film machte. Mit dem bekannten Erfolg.

Als sich im Sommer 1971 zwei der fünf *Spirit*-isten ab-seilten, um aus urkapitalistischem Trieb die Gruppe *Jo-Jo-Gunne* zu gründen, verzweifelte Randy. Dem war's ein-fach zu viel geworden, der Erfolg schmeckte schon lange sauer. Fürs Flugticket nach Hawaii reichte es gerade noch, und dort ließ er sich nieder. Kirchendiener war er und Schreiner, sammelte Muscheln und verkaufte auf Flohmärkten Selbstgebasteltes. Bis sich Yin und Yang wieder eingependelt hatten. Der erfolgreiche Komponist und Gitarrist der Extraklasse, der drei Jahre lang weder geschrieben noch gespielt hatte, packte den Bastkoffer und zog zurück nach Ojai.

Dort, 20 Kilometer vom Pazifik, am Fuß der 2 000 Meter hohen Transverse Range, in ein solch ansprechendes Tal eingebettet, daß es als Himalaja-Jungbrunnen »Shangri-La« des Hollywood-Klassikers »Lost Horizon« herhalten mußte – dort lassen sich die seltenen Tourpausen der wie-dergegründeten *Spirit* aushalten. Die kleinen weißge-tünchten Wohnhäuser mit den roten Ziegeldächern haben etwas Südspanisches, die Kakteen und uralten kalifornischen Goldeichen, rund ums Jahr blühende Rhododendren und Bougainvillea lassen die Nähe des smogstinkenden Molochs Los Angeles vergessen. Eine Stunde fährt der gestreßte Film- oder Musikmanager, um hier auszuspannen. Das macht weder Randy noch Mutter Bernice noch Schwiegervater Ed was aus. Alle drei wohnen in Ojai – voneinander getrennt, wohlgemerkt, aber doch nahe genug, um sich gegenseitig zu besuchen.

Randy und Ed betreiben ihre eigene kleine Plattenfirma. Da verlegen sie die Alben, deren Rechte sie sich übers Gericht wieder zurückerkämpft haben. Neue und alte Sachen, denn *Spirit* war zwar in den Achtzigern auch noch mal außer Gefecht, aber sie sind schon lange wieder eine Einheit. Ed ist über 70; der älteste aktive Rockdrummer. Und was für einer. Vor ein paar Jahren hat ihn die Leserschaft einer englischen Musikzeitschrift zum »Zweitbesten Drummer aller Zeiten« gewählt, worauf Ed Cassidy noch heute mit aller Berechtigung stolz ist. Er macht »how to«-Videos, bringt jungen Kollegen die kaufmännischen Feinheiten des Musikerdaseins bei und lehrt sie die richtige Handhabung eines dreißigteiligen Drumkits. Ed schlägt noch immer ein feudales Dreiminutensolo.

Randy California hat sich zum liebenswerten, ultracoolen Erwachsenen entwickelt. Die hawaiianische Anonymität hat ihm gutgetan. Zwischen Hibiscusblüten und Kirchenbänken hat ihn die verlorene Zeit eingeholt. In Hawaii wurde Randy California wieder zu Randy Woolfe. Er schreibt jetzt die Songs, die er vor 30 Jahren noch nicht schreiben konnte, weil er damals wie Hendrix spielen mußte. Noch vor 20 Jahren erwartete jeder für seine fünf Dollar Eintritt einen weißen Jimi – und bekam ihn. Heute, endlich, hat sich Randy California von den Geistern der Jugend freigemacht. Heute kommen sein »Nature's Way« und »I Got A Line On You« von Herzen. Und wenn ihn die Lust dazu packt und das Publikum brüllend danach verlangt, dann erklingt auf der Bühne ein langgezogenes, heulendes Feedback, Auftakt zu Eds scharf geschlagenem »Hey Joe«. Jetzt spielt Randy den Song nicht mehr nach. Jetzt gehört er ihm.

Santa Barbara –
die amerikanische Riviera

Unsere Vorfahren mußten Pferd und Kutsche auf die Fähre bugsieren, wenn sie von Ventura nach Santa Barbara reisen wollten. Zwischen beiden Städten stand eine Bergkette, die schroff ins Meer abfiel. Der Tagestrip wurde erst durch eine kilometerlange Holzbrücke, dann durch Aufschüttung verkürzt, die Fähre außer Dienst gestellt, als sich zeigte, daß Automobile nicht nur eine vorübergehende Modeerscheinung waren. Die Bergkette steht immer noch, hält sich aber nur mit knapper Not. Der aufgeschüttete Freeway klebt nämlich am äußersten Rand des Kontinents, zwischen Meer und dem winzigen Flecken La Conchita. Dessen Berg geriet vor einigen Jahren durch sintflutartige Regenfälle ins Rutschen und fiel auf das Dorf. Seither schauen die Conchitaner nach oben, wenn Wolken heranziehen, und wenn's regnet, fahren sie in Urlaub.

Amerikas nördlichste Bananenplantage steht in dem kleinen Dorf am Meer. Die Berge schützen die Bananenbäume vor der kalten Meeresbrise, und wenn die mickrigen Früchte geerntet werden, steht immer ein Ü-Wagen von irgendeinem Fernsehsender da, denn La Conchitas Ernte ist Beweis dafür, daß Kalifornien eben doch eine Bananenrepublik ist.

Am Rincon vorbei, der kilometerbreiten Surfbucht, die schon von den *Beach Boys* im Song »Surfin' USA« besungen wurde, durch die Großgärtnereien Carpinterias in das Stranddörfchen Summerland, in dem die Zeit ebenso steht wie die Schwulen an seinem szenebekannten Nacktstrand, bringt uns der Highway. Ein Hügel noch – und schon sind wir in Santa Barbara.

Schon vom 101 aus eröffnet sich ein Panorama, das mit Worten kaum zu beschreiben ist. Die schönsten Aussichten auf die »amerkanische Riviera«, auf die baumbestandenen Hügel, die den Strand mit der Bergkette hinter der Stadt verbinden, hat man schon von der Straße. Die traditionelle Architektur Südostspaniens, ganzjährig blühende Gärten, hohe Königspalmen und Eukalyptuswälder, alles hat sich in dieser Landschaft zu einem wahren Traum vereinigt. Santa Barbara, nur eineinhalb Stunden von Hollywood entfernt, ist deshalb auch zum bevorzugten Aufenthaltsort der Kreativen geworden. Von Kevin Costner bis Joe Cocker hat man sich hier niedergelassen. Die Nobelstadt hat einen Nobelvorort namens Montecito, und dort wohnte schon Charlie Chaplin in den Zwanzigern. Seither ist das idyllische Santa Barbara der begehrte Wohnort Hollywooder Großverdiener, die ihre Tage wie der geile Stummfilmkomiker möglichst anonym verbringen wollen. Man trifft in den Musikkneipen der Stadt den verblüffend handlichen Michael Douglas ebenso wie den am Flaschenhals nuckelnden Joe Cocker, und die coolness Santa Barbaras verbietet das aufgeregte Starerkennen. Ganz locker steht man da und tut, als wäre der pummelige Safttrinker auf dem Nebenhocker nicht John Travolta. Nur bei Leuten, mit denen man schon zur Schule ging, ist ein Erkennen und Auf-die-Schulter-klopfen erlaubt. Deswegen läßt sich David Crosby nur noch selten in der Stadt blicken. Der hat in seiner Kindheit fast alle Schulen Santa Barbaras und Montecitos besucht, private wie öffentliche. Den kennen noch viele Gleichaltrige. Noch heute bekommen längst pensionierte Lehrer ein ängstliches Flackern in den Blick, wenn die Unterhaltung auf den jungen David van Cortland Crosby kommt.

In der Nähe der Stadt, zwischen Carpinteria und dem East Beach, haben sich einige Studios angesiedelt. Das Aufnahmestudio des Musik- und Filmsupermanagers Bill McEuen ist hier ebenso wie das Recording Studio des ehemaligen Duos Kenny Loggins und Jim Messina. Musikalisch sind sie zwar ihre eigenen Wege gegangen, aber das

Studio bringt immer noch frische Brötchen auf den Tisch beider Familien. Joe Walsh von den *Eagles* hatte hier sein Hauptquartier, und das Hotel California am Strandende der Hauptstraße State Street war für ihn und viele andere Mittelpunkt der Musikszene in den Sechzigern und Siebzigern. Labelgründer Geffen und der wieder populäre John Travolta lassen wohnen, für Mick Jagger ist ständig ein Bungalow im feinen Hotel San Ysidro Ranch reserviert. Auf einer Klippe, die das Meer überblickt, hat Mike Love noch eine Kommune. Zehn kleine Häuschen beherbergen Freunde, ein großes den Guru. Als er im unwirtlichen texanischen Knast saß, wußte Drogenfan David Crosby, daß ihn sein Haus im friedlichen Santa Ynez erwartete. Jackson Browne lebt zurückgezogen auf einer Bergspitze in unmittelbarer Nähe seines ideologischen Todfeindes Ronald Reagan.

Michael McDonald und Christopher Cross wohnen in Missionsnähe, Joe Cocker im Winchester Canyon. Als sich im Juni 1990 eine Feuerwalze durch den bewaldeten Berghang hinter Joes Haus nach Santa Barbara hineinfraß, entging der Sänger knapp der temporären Obdachlosigkeit. Flugs organisierte er ein Benefizkonzert im Freilufttheater Santa Barbara County Bowl, um den 524 Hausbesitzern zu helfen, die kein Glück hatten. Wie seine Kollegen wohnt Joe Cocker gern hier, und er weiß, daß es an ihm und seinesgleichen liegt, zu helfen, wo staatliche Hilfe versagt.

Daß bei soviel Talent in der Kleinstadt am Meer Pop vom Feinsten entsteht, dürfte klar sein. Die Tradition der Santa-Barbara-Musik begann lange vor den *Eagles* und reicht bis zum heutigen Tag. Allein aus dem Vorort Isla Vista stammen *Toad, the Wet Sprocket*, *Ugly Kid Joe* und die vielversprechenden *Dishwalla*. Musikalische Kids können sich hier bei den Meistern des Fachs Rat holen, sich beruflich weiterbilden. Denn nicht nur trifft man sie immer wieder in den Musikkneipen, sondern sie probieren laufend neues Material an kleinem Zufallspublikum aus. Ein tausendsitziges Theater, ein Zweitausendsitzer, 5 000 passen in Bob Marleys Lieblingsfreilufttheater, Uni und

Die Nobelstadt Santa Barbara ist zum bevorzugten Domizil vieler Künstler geworden.

137

Stadt stellen eine Vielzahl Bühnen bereit – kein schlechtes Kulturangebot für ein Städtchen, das mit Vorort Goleta und der Universitätsschlafstadt knapp 150 000 Einwohner zählt.

Auf »Europareise« im Big Sur

Nach Nordwesten schlängelt sich der Highway 101, wenn er Santa Barbara verläßt. Immer am Meer entlang führt er, es wird zunehmend einsamer. Nur wenige kleine Ranches stehen zwischen Meer und dem Gebirge. Kühe grasen die Berghänge ab, und wenn Kühe einen Schönheitssinn haben, sind die hiesigen ganz besonders gut dran. Am Horizont liegt nämlich die Kette der Channel Islands, unbewohnte, weil unter Naturschutz stehende Vorposten des kalifornischen Festlandes. Sie sind ein ideales Segelziel, denn man ist bei steifer Brise drei Stunden unterwegs zu ihnen, kann in einer der vielen Buchten Anker setzen und darf die Inselstrände ruhig betreten. Nur ins Gebirge kann man nicht, denn die einmalige Flora und Fauna dieser breiten Kette soll sich in alle Ewigkeit weiterentwickeln. Santa Barbarener sehen das ein und freuen sich über den Anblick.

Wenige Kilometer außerhalb der Stadt durchfährt der Reisende »Neapel«. Naples ist eine dieser kalifornischen Landrauschgeschichten, die schiefgingen. Spekulanten kamen Ende des Jahrhunderts an die Küste, kauften sich einen ordentlichen Batzen Land, parzellierten es und nannten es frech Naples. Ein Mittelmeerparadies wollten die Landhaie schaffen. Ein Mittelmeerparadies am Pazifik. Und sie verkauften ihre Parzellen an alle möglichen Träumer im Osten, von denen jedoch kaum einer mal den weiten Weg wagte, um sich sein Land anzuschauen, und hätte er es getan, hätte er blühende Wüste vorgefunden.

Das Land ist wunderschön und liegt direkt am Meer. Aber da liegt der Hund begraben, denn der Pazifik ist das einzige Wasser weit und breit. Bauen kann man hier nicht.

Naples sitzt auf einem riesigen Erdölvorkommen. Aber Erdöl kann man weder trinken, noch seinen Garten damit bewässern. Beim Katasteramt des Landkreises Santa Barbara ist Naples immer noch in schöne Parzellen aufgeteilt, selbst die gedachten Straßen haben schon Namen.

Aber das wär's dann auch schon. Der Reisende durchquert diese Wüste, links Ozean, rechts 1 000 Meter hohes Vorgebirge, und biegt bei Gaviota ins Landesinnere. Der Highway führt am Ort Las Cruces vorbei, durch Buellton, an der dänischen Siedlung Solvang entlang und dem Indianerdorf Santa Ynez. Das nach dem Ort benannte Tal ist eine weite Fläche tiefgrüner Weiden, die schon vor Jahrzehnten von Hollywood entdeckt wurden. Hier oben ist die Herrenranch Trumpf. Pferde züchtet man oder baut Wein an. Wie der Sproß der Reifenherstellerdynastie Firestone, dem das Leben des Weingutbesitzers wichtiger war als das des Gummiindustriellen. 10 000 reinblütige Araberpferde und drei Giraffen stehen im Santa Ynez Valley. Die Pferde züchtet man, die Giraffen gehören Michael Jackson, dessen Neverland Ranch an der Figuera Mountain Road steht.

Hier beginnt Mittelkalifornien, hier beginnt auch eine Landschaft, die Hollywood immer wieder zu Außenaufnahmen herbringt. Film ist ein wichtiger Industriezweig, der viel Geld in die Kassen der kleinen Städte entlang der Küste bringt. Die Pferdeweiden des Santa Ynez Valley geben ein wunderschönes ländliches England oder die gepflegten Gestüte Kentuckys ab. Figueroa Mountain Road wurde im Film schon als Marokko und China, die Schweiz und der Kaukasus verkauft.

Gegenüber, westlich des Highway 101, liegt das riesige Gelände der Vandenberg Air Force Base. Hier sollte das westliche Cape Kennedy entstehen. Die Raketeninfrastruktur stand schon, als am 28. Januar 1986 die Raumfähre Challenger explodierte. Mit dem Raumfahrtunglück starben vorerst die Pläne für eine Ausweitung des amerikanischen Raumfahrtprogrammes. Die neuen Startrampen Vandenbergs wurden eingemottet, und erst jetzt wird wieder auf ihnen gearbeitet. Hier wird die zivile Raumfahrt Amerikas ihren Hauptstützpunkt haben. Die lange Ruhe war dem englischen Superschlagzeuger Ginger Baker ganz recht. Der begeisterte Polospieler besitzt eine Pferderanch in Buellton und genießt die Ruhe vor der Raumfahrt.

Durch das Westernstädtchen Los Alamos führt der Highway, an den Rebenhängen und ausgedehnten Ölfeldern Santa Marias vorbei. Hier lohnt es sich, links abzubiegen und dem Highway 1 der Küste entlang zu folgen. Durch Guadalupe führt er, ein Straßendorf, das mit dem Highway 101 lebte und starb. Als die schmale Küstenstraße die einzige Nord-Süd-Verbindung des Staates war, bot Guadalupe dem müden Reisenden alles, was das Herz begehrte. Truckstops, All-Night-Cafés und Bordells, die rund um die Uhr die Automobilisten bedienten, machten Goldgräberstimmung.

Was wenige Durchreisende sahen, kannte der Hollywoodproduzent Cecil B. DeMille genau: den kilometerbreiten Sandstrand Guadalupes mit seinen hundert Meter hohen Dünen. Der Filmmogul ernannte den Strand kurzerhand zur Sinai und drehte dort 1923 die »Zehn Gebote«. 5 000 Statisten brachte er in Guadalupe unter, baute riesige Kulissen an den Strand und drehte, den Kamerarücken immer zum Meer, dort sein Epos ab. Römer und Ägypter tummelten sich im weichen Sand, die biblische Geschichte wurde zur Zelluloid-Historie, und nachdem die Filmarbeiten beendet waren, ließ der listige DeMille die Kulissen einfach umwerfen und im Sand begraben. Später, sprach er, wird irgend jemand mächtig staunen, wenn er das Zeug findet. Das war tatsächlich der Fall. Lange nach dem Niedergang des Highway 1, als der Highway 101 schon seit 30 Jahren Guadalupe weiträumig umfuhr und dem sündigen Dorf das Lebensblut längst abgesaugt hatte, fanden mexikanische Feldarbeiter seltsame Dinge am Strand. Sphinxohren schauten dort aus den Dünen heraus, Pyramidenecken lugten zwischen niedrigem Strandgebüsch hervor. Als der hinzugerufene Archäologe Parker vom nahen Cuesta College die Reliquien ausgrub, staunte er über die guterhaltenen Relikte kalifornischer Kulturgeschichte. Pierce Brosnan, die neueste James-Bond-Inkarnation, finanzierte die Ausgrabungen, und eines Tages wird der DeMillesche Filmschrott hübsch aufpoliert und restauriert einen Ehrenplatz im Hollywooder Museum bekommen.

Doch nicht nur DeMille filmte hier. Von Humphrey Bogart bis Steve Martin drehten über die Jahrzehnte berühmte Menschen am Strand von Guadalupe. Dieser einmalige kalifornische Strand ist kaum bekannt, und eine Naturschutzgruppe will jetzt sicherstellen, daß das weiterhin der Fall ist. Sie haben die Verwaltung des Strandes übernommen und lassen täglich nur wenige Menschen in dieses weite, fast menschenleere Gebiet hinein.

Der Strand von Guadalupe zieht sich weiter nach Norden und wird nach wenigen Kilometern zur weltberühmten Pismo Beach. Das ist der einzige Strand Kaliforniens, der noch mit Autos befahren werden darf, und viele nutzen die Gelegenheit. Zu Ostern, zum nationalen Feiertag am 4. Juli und besonders am amerikanischen Tag der Arbeit im September sind sämtliche Campingplätze belegt, und der Strand sieht aus wie ein Los-Angeles-Freeway nach Feierabend. Wie wir schon wissen, stammen aus dieser Gegend viele der Surfbands der frühen Sechziger: aus Pismo Beach, aus San Luis Obispo, aus Morro Bay.

Bei San Luis Obispo verläßt der Highway 101 die Küste und zieht sich östlich der Santa Lucia Mountains nach Norden. Durch ein 100 Kilometer langes, breites, staubiges Tal zieht er sich, durch Kleinstädte wie Bradley und King City, Greenfield und den Zuchthausort Soledad, von Gonzales nach Salinas. Durch gewaltige Felder, die dreimal im Jahr abgeerntet werden. Flach, gerade und langweilig ist die Straße. Deshalb verlassen wir den 101 in San Luis Obispo und nehmen den Highway 1 nach Monterey. Die schmale, alte Straße folgt der Küste. Durch das Stranddorf Cayucos führt sie und durch Kaliforniens kleinstes Dorf Harmony, dessen 18 Einwohner eine Künstler-Enklave geschaffen haben. Das europäisch anmutende Cambria durchquert sie, verläuft unterhalb der Egozentrikerburg Hearst Castle, die einst dem mächtigen Medienmogul William Randolph Hearst gehörte, und wird unvermittelt zur Bergstraße. Denn bei San Simeon beginnt die Einsamkeit des Big Sur.

Die meisten Kalifornier wohnen in Sichtweite der Küste. Weiter östlich gibt es viele einsame Landstriche, wo man stundenlang fahren kann, ohne anderen Autos zu begegnen. Die eisbekrönte Bergkette der Sierra Nevada mit ihren jahrtausendalten Urwäldern, verlassenen Goldsucherdörfern in unwegsamen Bergtälern, die glutflimmernde Unendlichkeit des Central Valley sind kalifornische Eremitenziele. Unter dieser vielfältigen Landschaft nimmt Big Sur einen ganz besonderen Platz ein. Auf hundert Kilometer mittelkalifornischer Küste erhebt sich urplötzlich die gewaltige, abweisende, zur Küste schroff abfallende Berglandschaft, an deren Westkante sich der

Big Sur – Zivilisationsüberdrüssige finden hier ihr Nirwana.

143

Highway 1 auf hundert Meter hohen Klippen entlang-
tastet. Hier stehen die südlichsten Ausläufer der ausgedehnten Rotholzwälder, der Kalifornien eigenen Riesen-
Sequoien. Zwischen den gewaltigen Bäumen hebt und
senkt sich der Highway wie eine Achterbahn. Von Meeres-
höhe steigt er in Serpentinen an, fällt beunruhigend, gefährlich wieder ab.

Nur wenige Dörfer haben in dieser Wildnis Fuß fassen
können. Das kleine Gorda, beliebter Sammelplatz der
Hippies, die seit 30 Jahren am Strand gesammelte Jade
bearbeiten und den Touristen verkaufen. Das Dorf Big
Sur, ehemalige Heimat des Romanciers Henry Miller, lebt
vom Tourismus und der berühmten Bibliothek des Schrift-
stellers. Östlich des Ortes, nur über gefährliche, unbe-
festigte Pfade zu erreichen, steht das Kloster der Tassa-
jara-Mönche, deren Anleitung zum Brotbacken vor Jahrzehnten ein Weltbestseller wurde. Inzwischen haben die
cleveren Gottesmänner die Segnungen der meditativen
Ruhe entdeckt. Sie nehmen Gäste auf, die zu horrenden
Tagessätzen mucksmäuschenstill sein dürfen, auf Holz-
pritschen schlafen und sich mit grobgemahlenem Müsli
vollstopfen.

In den Bergen zwischen Kloster und Dorf haben sich einige bekannte kalifornische Musiker ihre Studios gebaut.
Das bekannteste gehört den *Beach Boys*. Sie ziehen sich in
die absolute Einsamkeit zurück, um mit ihrem patentierten Sound zu experimentieren. Beat-Poet Jack Kerouac
pausierte vom Existentialistenleben in Big Sur. Eine seiner schönsten Geschichten entstand hier, das Buch »Big
Sur«. Henry Miller konnte nicht anders, er mußte auch
über seinen langjährigen Wohnort schreiben. »Big Sur or
the Oranges of Hironymus Bosch« heißt das Millersche
Legat.

Seit 100 Jahren kommen Zivilisationsüberdrüssige zu
diesem einsamen Küstenstreifen, zimmern sich ihre Hütten irgendwo in der Wildnis, weit weg vom Highway. Seit
30 Jahren sind es die Hippies, denen San Francisco und
Los Angeles zu laut wurden, deren freies Leben dort nur
einen Sommer lang möglich war. Sie werden hier alt in-

mitten der gewaltigen Berge und uralten Riesenbäume. Sie alle haben ihr Nirwana gefunden.

Im Sommer und Herbst ist der schmale Highway von Touristenautos und Wohnwagen verstopft. Im Winter ist man wieder unter sich, und wenn im Januar und Februar die Stürme von Alaska herunterfegen, sich über dem Big Sur entladen, rutscht fast jedes Jahr der Berg. Dann ist der Highway für einige Wochen gesperrt oder, mit Glück, sogar einige Monate, dann haben die Bewohner wieder die Einsamkeit, die sie suchten, als sie hierherkamen. Natürlich ist die Schönheit dieser Gegend zu verlockend, um nicht Geld damit verdienen zu wollen. Im Laufe der Jahre haben sich einige Nobelherbergen in Big Sur niedergelassen. Die befriedigen entweder das Bedürfnis, entre nous zu meditieren, nackt im Whirlpool sitzend den Sonnenuntergang zu genießen, oder sie bieten Instantphilosophie wie das Esalen Institute des EST-Propheten Werner Ehrhardt. Aber die feinen Hotels und Herbergen des Big Sur wurden schon vor Jahrzehnten umweltbewußt geplant und angelegt. Wenn man nicht weiß, wo sie sind, findet man sie nicht. Also stören sie nicht weiter.

Die Rotholzwälder, die Gebirgspfade und versteckten Hütten dieses naturbelassenen Landstrichs geben dem Großstädter Gelegenheit, völlig auszuspannen. Der Kulturträger sitzt unter Tannen und hört nur einen sanften Flügelschlag. Entweder ist's ein Habicht, einer der noch verbliebenen kalifornischen Kondore, oder die verdammte Muse ist wieder unpünktlich. Auf jeden Fall wird man im Big Sur kreativ, weil die Schönheit und epische Ausdehnung der Landschaft mitgeteilt werden müssen. Das ist ein menschliches, künstlerisches Bedürfnis. Deswegen trifft man so oft Prominente hier oben, die laut Pressemitteilung »auf einer ausgedehnten Europareise« sind. Im Big Sur fällt selbst Rockern das Arbeiten leicht.

Monterey –
Jahrmarkt der Eitelkeiten

Monterey wird auf immer mit John Steinbeck verwoben sein. Der Schriftsteller siedelte in der Kleinstadt, die vom Fischfang und der Landwirtschaft lebte, seinen Meeresbiologen Doc an; und dessen Abenteuer lieferten den Stoff zu seinem großartigen Roman »Straße der Ölsardinen«. Das Städtchen nährte sich jahrelang vom literarischen Ruf redlich – es motzte seine vernachlässigte Cannery Row touristenfreundlich auf, baute ein Vorzeige-Marineinstitut, wie es Doc angeblich hatte, und richtete ein Steinbeck-Museum darin ein. Monterey würde vermutlich heute nur in der Welt des amerikanischen Heimatschinkens einen gewissen Ruf genießen, wenn die Festivals nicht gewesen wären.

Im März 1967 kam ein junger Impresario namens Ben Shapiro auf die naheliegende Idee, eine Art Human-Be-In-Festival zu veranstalten, allerdings nicht umsonst, wie das Hippie-Festival in San Francisco, sondern durchaus der Kohle wegen. Shapiro und sein Partner Alan Pariser borgten sich 50 000 Dollar, buchten die Festwiese in Monterey für das 16. Juni-Wochenende und begannen Musiker anzuheuern. Allerdings konnte man schon damals für die relativ kleine Summe nicht allzuviel Talent kaufen, und die Haie lauerten, wie heute, auf jede Gelegenheit, einen Teil des zu erwartenden Profits an sich zu reißen.

Shapiros Hai hieß Lou Adler, den wir schon von der *Spirit*-Story her kennen. Lou hörte vom Festival, gesellte sich als Talente-Manager hinzu und bootete kurzerhand Shapiro und Pariser aus. Die hatten, weil sie merkten, daß ihr Kapital nicht ausreichen würde, dem Festival noch kurz zuvor einen Gemeinschaftsanstrich gegeben. Um ihren Einsatz zu retten, verzichteten sie auf jeden Gewinn und erklärten, das Festival solle durch die gerade modischen Verhaltensnormen peace, love and understanding die Jugend vereinen. Das interessierte die großen Namen, die zuvor unerreichbar teuren Performer. Auf einmal waren alle bereit, nur für den Reisekosteneratz aufzutreten.

Adler nutzte die Gunst der Stunde, fand die beiden Initiatoren mit 40 000 Dollar ab, ließ alles schön anlaufen, verhökerte die Festivalübertragungs- und Filmrechte an den Fernsehriesen ABC für 400 000 Dollar, und hatte aus seinem Not-for-profit-Festival einen feinen Batzen gezogen. Manch einem Künstler war das zwar suspekt, aber was sollten sie machen? ABC warb, die Millionen zu erwartender TV-Zuschauer würden einige Platten kaufen, also drängten Manager ihre Klienten, aufzutreten. Jeder hatte das ungute Gefühl, über den Tisch gezogen worden zu sein, aber die Sache war schon zu weit vorangeschritten, um noch etwas dagegen unternehmen zu können. Nur die *Beach Boys* sagten ab; die kannten ihren Lou. Und ausgerechnet die hätten spielen sollen. Weil sie's nicht taten, verpaßten sie die einmalige Chance, vor diesem hippen Publikum ihren uncoolen Ruf als Teeny-Gruppe loszuwerden.

Drei Tage im Juni – ältere kalifornische Fans erinnern sich noch heute. Die unbekannte Janis Joplin schockte die Anwesenden mit ihrer whiskeysatten Big-Mama-Thornton-Röhre; sie hatte ein Mordsglück, daß Talente-Manager Albert Grossman mit seinem Freund Clive Davis, dem Chef der Plattenfirma CBS, zufällig im Publikum saß. Grossman nahm sie sofort unter Managementvertrag, drehte sich um und verscherbelte Janis und ihre *Big Brother and The Holding Company* an Davis. Die San-Francisco-Gruppen *Quicksilver Messenger Service* und *Steve Miller Blues Band* spielten und wurden auf der Stelle von Capitol Records aufgeschnappt. Ein Selbstbedienungsmarkt war das Festival, eine Megatalentshow mit anschließender Auktion. Die Drogengruppe *Grateful Dead* kam

angeschlurft, eine der vielen San-Francisco-Underground-
gruppen, deren Auftritte sich bisher auf die Acid Test
Shows des LSD-Gurus und »Einer flog über das Kuckucks-
nest«-Autors Ken Kesey beschränkt hatten. Die *Dead* luden erst mal alle ins Festivalgelände ein, die keine Karten
bekommen hatten und nun draußen saßen und zuhör-
ten. Dann spielten sie ihre drogeninduzierten, nicht enden-
wollenden Boogies. Ihren Vertrag hatten sie schon in der
Tasche. Der war ihnen im Januar von Warner Brothers
angeboten worden, und die Boys hatten im Mai ihr erstes
Album, »Grateful Dead« aufgenommen. Drei Studiotage
bekamen sie vom Label dafür, und so hörte sich die Platte
auch an.

Country Joe McDonald und die *Fish* waren von Berkeley
heruntergekommen. Sie traten mit ihrem neuen Sound
auf, dem Psychedelic Rock, den sie gerade im Studio auf
ihrem ersten Major-Label-Album eingespielt hatten. Zusammen mit den *Dead* und *Quicksilver* zeigten sie dem
Publikum, wie far out man in der San-Francisco-Bucht
schon war. Zufällig anwesende Soziologen hätten den
Schock ihrer akademischen Karriere bekommen. Was sich
hier bot, hatte mit dem angepaßten, prüde-sittsamen amerikanischen Volk nur noch den Reisepaß gemeinsam.

Aus England waren die *Who* gekommen – fast unbekannt an der Westküste, nur auf Empfehlung Paul
McCartneys wurden sie mit ins Lineup genommen, doch
als Townshend »My Generation« anstimmte und mit dem
Gitarrenhals dem Verstärker Maß nahm, drehte die Hip-
pie-Meute durch. Adler schützte mit seinem wohlgenähr-
ten Körper die teure, gemietete Soundanlage vor briti-
scher Penetration, die Kids staunten über soviel Krach
aus einer Band mit vier dürren Engländern, und die *Who*
bekamen die Chance, ihre erste US-Tour zu spielen – als
Opener der *Herman's Hermits*. Die Los-Angeles-Folkies
The Byrds waren da, mit zwei gewaltigen Top-Ten-Hits,
immerhin, und verpaßten die verkaufsfördernde Gelegenheit, im Film und Fernsehen gezeigt zu werden, weil sich
David Crosby lange Loblieder auf LSD von der Bühne
herab nicht verkneifen konnte. Als er dann noch spontan

Country Joe McDonald beim Festival in Monterey 1967

mit der Konkurrenzgruppe *Buffalo Springfield* auftrat, war der Bruch mit den *Byrds* perfekt. Kurz nach dem Festival flog Crosby aus der Gruppe.

Und Jimi Hendrix erschien. Der hatte vor Monterey zwar schon für Aufsehen gesorgt, aber erst sein Festivalauftritt machte ihn berühmt. Die Kritiker ignorierten ihn zwar – Rockpapst Ralph Gleason schrieb, er habe während der Hendrix-Show gegähnt, Robert Christgau nannte Hendrix gar einen »psychedelischen Onkel Tom« – aber das Publikum war vom Gitarrenfeuerwerk so begeistert, daß sein vom Rundfunk ignoriertes Erstlingsalbum »Are You Experienced« Anfang September auf Platz fünf der *Billboard*-Charts kam. Hendrix war entfesselt; er rannte, stampfte, wälzte sich, leckte die Saiten, zündete die Gitarre an, spielte unanständig laut und schnell, bezog wie immer die Rückkoppelung mit in die Melodie ein und erschreckte die anwesenden Gitarrenkollegen bis auf den Tod. Paul Butterfield, der vollmundig als einer der drei weltbesten Gitarristen angekündigt wurde, sagte später, er habe nach Monterey seine Gitarre gar nicht anfassen wollen; man müsse wie Hendrix spielen, und das schaffe er nicht.

Monterey war der Dreh- und Angelpunkt des kalifornischen Rock. Galt bis dahin die Musik der Jugend als ordentlicher Zuverdienst einer auf Pop spezialisierten Plattenindustrie, erkannten deren Macher nun das ungeheure Potential der bislang belächelten Subkultur. Die Majors schlafen lange, aber wehe, wenn sie merken, was ihnen entgangen ist. Nach Monterey war Geld für Produktion und Ausstattung, für Werbung und Touren da. Mit der Monterey-Nachlese begann das Rockgeschäft sich auch für die Künstler zu lohnen. Plötzlich wurde über Summen verhandelt, die man vorher nur aus der Filmbranche kannte. Mit einemmal schauten selbst Lokalgrößen wie Janis Joplin, Steve Miller und *Quicksilver Messenger Service* erschreckt einer Million Dollar ins Auge.

Neil Young: »Heart Of Gold«

Wenige Kilometer nördlich von Monterey auf dem Highway 1 am Meer entlang Richtung San Francisco kommt man zur Abzweigung des schmalen State Highway Nummer 84. Rechts oben liegt La Honda, ein nettes, kleines Nestchen zwischen dem High-Tech-Silicon Valley und dem Meer. La Honda kam erstmals in die Schlagzeilen, als die Gruppe um Ken Kesey dort ihre ersten Acid Tests veranstaltete. Inzwischen kennt man das Dorf als Wohnort Neil Youngs. Seit 1969 lebt Neil auf einer Ranch in den Bergen hinter La Honda versteckt, so einsam wie die Lieder auf seinem »Harvest«-Album. Neil ist trotz seines Ruhmes ein sehr privater Mann, einen »Giganten« nennt ihn neidlos David Lindley und gönnt ihm die Abgeschiedenheit. In den sanften Santa Cruz Mountains wuchsen seine Kinder auf, hier kann er sich von der ständigen Tourarbeit erholen, hier kommen ihm immer wieder neue Ideen.

Neil Young ist Eklektiker. Er läßt sich nicht auf einen Stil festnageln. Er schreibt und spielt, was ihm gerade gefällt, was ihm gerade wichtig erscheint. Schon immer tat er das, schon als Knabe, der in Kanada aufwuchs. 15 war er, lebte mit seiner Mutter in Winnipeg, Manitoba, und spielte Ukulele. Der blecherne Sound des kleinen Saiteninstrumentes ist nicht lange zu ertragen, also nahm er die Gitarre und war bald einer der gesuchtesten jungen Gitarristen der Präriestadt. Fünf Jahre spielte er in einer Reihe stets wechselnder Gruppen, bis er das Demo »Sugar Mountain« für Elektra Records in New York aufnahm. Aber die Session führte zu nichts, Elektra gab ihm keinen Vertrag.

Neil kehrte zurück nach Kanada und tat sich mit Rickie James Mathews zusammen, der später als Rick James zum Discokönig avancierte. Die Young/James-Gruppe *Mynah Birds* spielte einige Demos für Motown in Detroit, die aber auch nicht zum Vertrag führten. James hätte allerdings lieber in Kanada bleiben sollen, denn bei der letzten Motown-Session in Detroit wurde er wegen Fahnenflucht verhaftet. Anstatt ins Gefängnis zu gehen, zog es der verteidigungsunwillige Schwarze vor, seine unterbrochene Landesschützerkarriere weiter fortzusetzen, was natürlich das Ende der *Mynah Birds* bedeutete. Daraufhin warfen Neil und Bassist Bruce Palmer ihre Habe in Neils 14 Jahre alten schwarzen Leichenwagen, sagten dem kalten Kanada Lebewohl und fuhren nach Los Angeles. Wenn schon verhungern, dann wenigstens nicht auch noch erfrieren.

In L.A. angekommen, lenkte Neil das Pontiac-Leichenmobil erst mal ins Musikerviertel West Hollywood. Auf dem Sunset Boulevard, vor einer roten Ampel, hielt er neben Steven Stills, den Neil Jahre zuvor in Kanada kennengelernt hatte. Richie Furay war mit Stills im Auto, und die vier trafen sich auf einem Supermarkt-Parkplatz. Neil berichtete, was sich seit ihrem Kennenlernen so ereignet hatte, spielte einige seiner neuen Sachen vor, und die vier beschlossen auf der Stelle, eine Band zu gründen.

Stills und Furay kannten sich aus der New Yorker Folkgruppe *The Au Go Go Singers*. Sie waren nach L.A. gekommen, um einen etwas rockigeren Sound zu finden, aber die Suche war bisher erfolglos. Was Neil vorspielte, war genau das, was die beiden suchten. Drummer Dewie Martin kam hinzu, und die *Buffalo Springfield* waren geboren. Die erfolgreichen *Byrds* luden die neue Gruppe ein, vor ihrem Auftritt im Whisky a Go Go auf dem Sunset Strip ein Set zu spielen. Das Volk tobte, der Zufallsgig führte zu regelmäßiger Arbeit. *Buffalo Springfield* kam mit ihrem westernbeeinflußten Nostalgie-Rock richtig bombig an. L.A. hatte eine hippe Gruppe mehr.

Drei wunderschöne, gutverkäufliche Alben nahmen sie zusammen auf, aber der rastlose Neil verließ die *Buffalo*

Springfield im Mai 1967, ehe die Gruppe beim Monterey Pop Festival auftrat. Neil strebte eine Solokarriere an, aber noch war die Zeit nicht reif. Innerhalb der Gruppe gab es Reibereien, besonders zwischen den sehr eigenwilligen Young und Stills. Im September war Neil Young wieder da. Bis Mai 1968 hielt die Konstellation, aber nach ihrem Konzert in Long Beach war der Bruch komplett.

Die Gruppe löste sich auf, Neil stürzte sich auf die Solokarriere. Er lebte in Los Angeles, im Topanga Canyon, bekam aufgrund seiner Mitarbeit bei *Buffalo Springfield* einen Plattenvertrag bei Reprise und brachte im Januar 1969 das Soloalbum »Neil Young« auf den Markt. Ein Album, dessen Overdubbing, dessen Bearbeitung im Studio ihm von Anbeginn nicht gefiel, aber es war ein Anfang.

Das Soloalbum brachte Young mit einer Los-Angeles-Gruppe namens *The Rockets* zusammen, die er schleunigst in *Neil Young and Crazy Horse* umtaufte und mit ihnen »Cinnamon Girl« und »Cowgirl In The Sand« für das Album »Everybody Knows This Is Nowhere« aufnahm. Das war's schon eher. Neil wurde Rockstar.

Steven Stills hatte inzwischen mit David Crosby und Graham Nash eine Gruppe gegründet, deren erstes Album »CSN« klarstellte, daß sich hier ein Gesangstrio von seltener Güte zusammengefunden hatte. Allerdings fand Atlantic-Label-Chef Ahmet Ertegun, daß die Jungs ruhig noch eine Stimme und vor allem eine gute Gitarre dazunehmen sollten, und schlug Neil Young vor. Der nahm die Einladung von Crosby, Stills und Nash an, mit ihnen live zu arbeiten.

Der erste Gig der Vierergruppe wurde im Juli 1969 im New Yorker Fillmore East gespielt, auf einer Bühne mit Country Joe McDonald, wo sich zeigte, daß die Harmonien der vier unschlagbar waren. Einige Wochen später standen sie alle wieder in Woodstock auf der Bühne, und dort wurde *Crosby, Stills, Nash & Young* gefeiert. Die anschließende Carry-on-Tour, die auch nach Altamont führte, wo die Gruppe als einer der Opener für die *Rolling Stones* auftrat, zeigte *Crosby, Stills, Nash & Young* als eine der wichtigsten Gruppen des letzten Jahres dieser Dekade. Man mochte sich nicht, kam nicht miteinander aus, aber der Rubel rollte wie nie zuvor. 1970 kam mit »Deja Vu« ein Album der vier, das einige Kritiker zu der Bemerkung hinriß, hier habe man es mit den amerikanischen *Beatles* zu tun.

Doch die Rechnung sollte nicht aufgehen; trotz massivem Gruppenerfolg wollte Neil solo arbeiten. Sein »After The Goldrush« wurde in diesem denkwürdigen Jahr 1970 aufgenommen, ein Jahr, in dem Soldaten der Nationalgarde des Staates Ohio unter zustimmendem Gebrüll der moralischen Mehrheit auf demonstrierende Studenten schossen und einige töteten, was Young zum Song »Ohio« inspirierte. Im Juli, *CSN&Y* hatte gerade das Album »Four-Way Street Live« aufgenommen, verließ Young die Gruppe wieder; präkognitiv, wie sich herausstellte, denn auch die drei Verbliebenen hatten sich gegenseitig satt. *CSN&Y* löste sich am letzten Abend der US-Tournee zum erstenmal auf.

Young hatte sich ein schönes Stück Land in La Honda zugelegt und zog sich nun zurück in die Einsamkeit der Santa Cruz Mountains. Er ließ sich von der Stille inspirieren. Neil schrieb den ganzen Winter über, und als er seine sporadische 70/71er Akustiktour fortsetzte, hatte er einige neue, countrybeeinflußte Lieder. »Heart Of Gold« war eines, und es löste unerwartete Publikumsreaktionen aus. Neil, der sich an einigen Filmprojekten versucht hatte, schrieb jetzt Kurzdramen, und die trafen.

Er gastierte bei Soloprojekten seiner bisherigen Kollegen und hatte auch einige Tracks mit Crosby, Stills und Nash für sein geplantes Album aufgenommen. Im Februar 1972 kam »Harvest« auf den Markt. Das Album ist eine der akustischen Momentaufnahmen, die nur ganz selten gelingen. Neil Young lieferte das für die Zeit perfekte Album. Er sprach mit »Needle And The Damage Done« das Drogenproblem so vieler Freunde offen an, verewigte mit »Old Man« die Vater-Sohn-Beziehung und traf mit »Heart Of Gold« die Tränendrüse Amerikas. »Harvest« und die Single »Heart Of Gold« schießen die Charts hinauf, landen weltweit auf Platz eins, und Neil ist mit einem Akustikalbum der King of Pop. »Harvest« bleibt sein bestverkauftes Album, die Single sein einziger Tophit.

Der Neil-Young-Film »Journey through the Past« kommt 1973 in die Kinos. Einen autobiografischen Dokumentarfilm hat Neil gemacht, und die Reaktion ist zurückhaltend. Trotzdem arbeitet er künftig an allerlei Filmen, eigene Produktionen, Soundtracks; er mag das Medium, kann seine Ideen umsetzen, und auch wenn sich der erhoffte Erfolg nicht gleich einstellt, macht die Arbeit wenigstens Spaß.

1974 sah mit einer *Crosby, Stills, Nash & Young*-Stadientour ein kurzes, finanziell lohnendes Wiederaufleben der Gruppe, aber Young steckte inzwischen so tief in seinen Soloprojekten, daß er 1975 drei Alben hätte herausbringen können. »Tonight's The Night« lief gut, »Zuma« lief prima, »Stars And Bars« mit »Like A Hurricane« hielt er bis 1977 zurück. Man will sich ja nicht den Marktwert

Neil Young beim Konzert in der Berliner Waldbühne 1995, das Jahr, in dem er in die Rock 'n' Roll Hall of Fame aufgenommen wurde.

versauen. Die großen Überseetouren zeigen seine Beliebt-
heit – Japan 1976 war überall ausverkauft.

Neil ist laufend in den USA unterwegs, kommt kaum
noch zur Ruhe. Alben müssen geschrieben und aufgenommen werden, er arbeitet an eigenen und fremden Pro-
jekten, spielt im Film »The Last Waltz«, der der Bob-Dy-
lan-Gruppe *The Band* gewidmet ist. Fast das ganze Jahr
1978 ist er unterwegs, spielt punkige, hart rockende Neukompositionen und läßt die Auftritte verfilmen. »Rust Never Sleeps« heißen Film und Album, die im Juli 1979
gleichzeitig auf den Markt kommen. Neil ist ein cleverer
Geschäftsmann: Tour, Film und Doppelalbum, alles aus
dem gleichen Material. Darauf ist noch keiner gekommen.

Neil Young fühlte sich zunehmend von der übermäch-
tigen Musikindustrie gegängelt. Der Film machte klar,
wie sehr er den Betrieb verachtete. Die Bühne war mit gi-
gantischen Verstärkern und riesenhaften Mikrophonen
aufgebläht. Der Künstler Young erschien hier als Zwerg.
Ein Gefühl, das ihm sehr deutlich wurde zu Ende der
Siebziger, als »Corporate Rock« die Musikszene schon eingefangen hatte. Die Alben »Rust Never Sleeps« und das
Doppelalbum »Live Rust« bringen seinen Frust deutlich
rüber. Young zeigte erstmals, daß er sich nicht bevor-
munden lassen würde. Zum Verdruß der Industrie über-
zeugte die Breite seiner Arbeit den *Rolling Stone* und die
einflußreiche New Yorker Zeitschrift *Village Voice*, daß Neil
Young der Künstler des Jahrzehnts war. Aufmupf war in;
die Manager sahen Herzanfallzeiten auf sich zukommen.

Anfang der Achtziger wurde Neil zum Cowboy. »Hawks
And Doves« hieß das erste Album seiner neuen Richtung,
und auf dem folgenden »Old Ways« liehen sogar Willie
Nelson und Waylon Jennings echte Country Vibe. Die
Liebe zur Scholle war so übermächtig, daß Young seine
Band nach der berühmtesten Traktorenmarke Amerikas
The International Harvesters nannte. Mitten im Country-
gehabe ließ sich Young von der deutschen Gruppe *Kraft-
werk* inspirieren und brachte 1982 zur Verblüffung der
Fans sein »Trans« auf den Markt. Danach kam »Every-

body's Rockin'«, ein Fifties-Retroalbum, und jedes neue Album, jeder neue Stil bekam seine ausgedehnte Tour.

Im Spätherbst 1986 begann Neil die Tradition, die sich inzwischen zu einem der Höhepunkte des kalifornischen Konzertjahres gemausert hat, das Bridge School Benefit. Neil und seine Frau Peggy hatten die Bridge School für Kinder gegründet, die, wie Neils jüngster Sohn, an Gehirnlähmung leiden. Die Schule kauft mit den Einnahmen dieser jährlichen Konzerte High-Tech-Ausrüstung, um den kranken Kindern die Kommunikation per Computer und anderer Technologie beizubringen.

Die tragische Krankheit seines jüngsten Sohnes hat Young noch zurückhaltender, noch introspektiver gemacht. Er setzt sein Talent oft für Bedürftige ein. Neil Young ist ein mitfühlender Künstler, einer, der sich seiner gesellschaftlichen Verantwortung bewußt ist und auch alles tut, um ihr gerecht zu werden.

Young hatte vor langen Jahren David Crosby versprochen, daß er mit *Crosby, Stills And Nash* wieder arbeiten würde, falls sein dicker Freund aus Santa Barbara jemals von den Drogen loskäme. 1988 war der Zeitpunkt gekommen. Die wiedervereinte *CSN&Y* nahm »American Dream« auf. Im gleichen Jahr spielte Neil Blues. »This Note's For You« hieß die Platte, mit der er seine eklektische Auswahl fortsetzte. Ein Album, das ihm den Zugang zu MTV verscherzte, weil er mit dem Video zur Single Konzertsponsoren hart angriff. Der Kommerzsender strich ihn kurzerhand aus dem Anstaltsgedächtnis, aber die Kids fanden Neils Haltung cool. Die Ironie will es, daß die MTV-Zuschauer, die das Video nie auf ihrem Lieblingskanal gesehen haben, es bei den MTV Music Video Awards zum Video des Jahres wählten.

Mit dem Album »Freedom« schloß Young die Achtziger ab. Seine Version von »Rockin' In The Free World« etablierte ihn wieder – auch bei Zweiflern – als einen der härtesten Rocker seiner Zeit. »Ragged Glory« und die Doppel-CD »Weld« nahm er Anfang der Neunziger auf, und das seltsame »Arc«, ein Album von Soundskulpturen. Young begann die Dekade, indem er Alternativgruppen wie *Soundgarden*, *Dinosaur Junior* und *Sonic Youth* die Gelegenheit gab, auf seinen Tourneen als Opener zu arbeiten. Das blieb nicht ohne Folgen für die unberechenbare Karriere, denn immer mehr hippe Generation-X-ler trompeteten, Neil sei der Pate des Grunge. Gleiche Haltung, nur alt. Neil verblüffte sie wieder, die Fans, die jetzt ein Grunge-Album erwarteten. Mit »Harvest Moon« spielte Neil Young nämlich 1992 ein Follow-up seines 20 Jahre alten akustischen Bestsellers »Harvest« ein – meilenweit vom Seattle Sound entfernt. Der trotzdem zum MTV-Liebling avancierte Altkünstler ging gleich anschließend mit *Booker T And The MGs* auf Soul-Tournee. Für den Jonathan-Demme-Film »Philadelphia« hatte Young die Titelmelodie geschrieben, die auch prompt für einen Oscar nominiert wurde. Je älter er wird, umso vielseitiger ist er.

Einer der größten Young-Fans war Kurt Cobain, der Sänger von *Nirvana,* und einer der größten Cobain-Fans war Neil Young. Als sich Cobain erschoß, schrieb Neil mit seinem »Sleeps With Angels« einen Tribut an seinen toten Freund. Er machte weder Werbung noch eine Tour um das Album. Es sei zu persönlich, sagte er.
Wenn einer seit 25 Jahren auf Tonträger zu hören ist, kann er ins amerikanische Rock-Walhall gewählt werden. 1995 war's soweit – Young wurde in die Rock 'n' Roll Hall of Fame aufgenommen.
   Kurz nach der Rock-Heiligsprechung begann die Arbeit an »Mirror Ball«, diesmal mit der Gruppe *Pearl Jam.* Young und *Pearl Jam* hatten zum erstenmal bei den 1993er MTV Video Awards zusammengearbeitet. Damals wuchs der Wunsch, mehr miteinander zu tun. Einige Tourneen folgten, und mit »Mirror Ball« ist diese Zusammenarbeit auf einem der besten Young-Alben festgehalten worden. Über mangelnden Grunge kann da keiner klagen. Und wenn jeder ein neues Album im ähnlich erfolgreichen Stil erwartet, kommt Neil garantiert mit einem Hammer. Punk? Egal. Der Mann, der die Industrie nicht leiden kann, hat bisher noch jedes Album gut verkauft.

San Francisco und
die Grateful Dead:
What a long strange trip

Der Seeräuber Francis Drake suchte verzweifelt nach einem sicheren Hafen. Sein Schiff, die »Golden Hind«, hatte während des vierjährigen Raubzuges gelitten und mußte dringend überholt werden. Im Juni 1579 fand er endlich eine kleine, neblige Bucht an der amerikanischen Westküste und legte an. 36 Tage werkelten seine Mannen, während der Kapitän das umliegende Land erkundete und sogar vom örtlichen Miwok-Indianerhäuptling zum Ehrenkönig gekrönt wurde. Drake nagelte noch schnell eine Bronzetafel an einen der großen Bäume, die dort bequemerweise wuchsen, nannte das Land Nova Albion, womit seine Queen wieder um ein vermutetes Inselchen reicher wurde, und verschwand Richtung Westen.

Drakes Bucht lag fast 200 Jahre unbeachtet im Nebel. Bis ein Kontingent spanischer Soldaten unter Führung des Feldwebels José Ortega nach Norden marschierte. Sie kamen zu einer Bucht, die »groß genug war, alle Kriegsflotten dieser Welt darin zu verstecken«, wie Ortega meldete. Nach Westen hin verjüngte sich die Bucht bis auf eine schmale Einfahrt, und die war stets nebelverhangen. Noch nie hatte sich einer der furchtlosen Admirale in den Nebel hineingetraut. Selbst Drake fand auf seinen Spaziergängen die San-Francisco-Bucht nicht, die sich nur wenige hundert Meter hinter seiner Anlegestelle auftat. Die inselübersäte Bai windet sich 60 Kilometer inland. Sie wäre ein idealer Piratenschlupfwinkel geworden, doch so weit war's erst 300 Jahre später.

Die verspätete Endeckung ist symptomatisch für San Francisco. Die hügelige Stadt ist auf den Zufall eingeschworen.

Sie schlief als Dorf dahin, bis 1848 bei Sutters Mühle Gold gefunden wurde und im darauffolgenden Jahr die halbe Welt in die Bucht hineinsegelte. Der Goldrausch brachte Abenteurer aus allen Ländern nach San Francisco, wo sie erst einmal kräftig von der örtlichen Kaufmannschaft geschröpft wurden, ehe sie mit neuerworbenem Zelt, Spaten und Esel in die Goldfelder der Sierra ziehen konnten. Der aus Bayern schnell angereiste Kaufmann Levi Strauss hatte sich mit zuviel Zeltplane eingedeckt, also schneiderte er kräftige Goldsucherhosen daraus, die er mit dem ebenfalls in horrenden Mengen – wozu eigentlich? – importierten Farbstoff Bleu de Nimes einfärbte. Blue Denims. San Francisco hatte also eine Bekleidungsindustrie, als das Gold alle war. Und weil die überwiegende Mehrzahl der armen europäischen Goldsucher nie welches fanden und zu arm zum Heimfahren blieben, ließen sie sich in San Francisco nieder und suchten sich in ihrem Fach Arbeit. So entstand die Stadt, die heute als europäischste Stadt Amerikas gilt.

Das zieht natürlich Romantiker an. Aus dem Osten kamen sie, die Poeten und Musiker, die gern nach Europa gefahren wären, aber mit einem guten Abklatsch vorliebnahmen. Bald hatte San Francisco seinen Ruf als Hauptstadt der amerikanischen Bohéme weg. Die Kaffeehäuser des italienischen North Beach boten Wärme und Kameradschaft, der nahe Mission District billige Unterkunft, das Golden Gate Erbauung und Inspiration. Die Stadt bot alles, was das Leben angenehm machte.

Wie ganz Kalifornien erfuhr San Francisco eine Verjüngungskur, als der Zweite Weltkrieg vorüber war. Unzählige Kämpfer, die aus dem Pazifik-Krieg heimkamen, landeten in Kalifornien an und blieben. Die Weite und die Freiheit einer jungen Gesellschaft wirkten nach den düsteren Kriegsjahren zu verlockend. Der Westküstenstaat bot allen Platz, integrierte sie sofort, denn es fehlten überall Arbeitskräfte, um den Wirtschaftsboom der Kriegsjahre auf die Friedenszeit zu übertragen.

San Francisco blühte auf. Seine Hochschulen platzten aus allen Nähten, denn viele der jungen Veteranen nutzten das Angebot einer dankbaren Nation, kostenfrei studieren zu dürfen. Innerhalb der ersten zehn Nachkriegsjahre hatte sich dort eine Jugendkultur etabliert, die vom Mief der repressiven Ostküstenpolitik nichts wissen wollte. In San Francisco war man frei, und würde es auch bleiben. Renitent gegenüber dem McCarthyismus war man, übte sich ansonsten in Toleranz und begrüßte die Beatniks um Jack Kerouac und Alan Ginsberg, die dem Ruf der Ungezwungenheit gefolgt waren, ebenso wie die vielen Schwulen, die nur hier einigermaßen ungestört leben konnten.

In dieser toleranten Atmosphäre wuchs Jerry Garcia heran. Er wurde früh zum Halbwaisen; sechs Jahre alt war er, als der Vater bei einem Angelausflug ertrank. Der Knabe, Sohn einer spanischen Einwandererfamilie, lebte hinfort bei seiner Großmutter in einem der Arbeiterviertel der Stadt. Oma hörte gern Countrymusik im Radio, und der kleine Jerry war von Banjo, Mandoline und Gitarre fasziniert. Besonders, so erzählte er später, mochte er den Klagegesang des Bluegrass-Erneuerers Bill Monroe. »Ganz der Vater«, meinte Oma manchmal, denn Garcia Senior war Klarinettist, hatte in Jazz- und Dixielandbands gespielt und sogar eine Zeitlang seine eigene Gruppe geführt.
Zehn war Jerry, als ihn seine Mutter wieder heimholte. Sie hatte inzwischen eine Seemannspension am Hafen aufgemacht, mit einer kleinen Kneipe dabei, und konnte nach und nach ihre Kinder wieder selbst versorgen. Der musikalische Knabe liebte die Kneipenatmosphäre mit ihren wilden Stories und rauhen Gesängen, aber erst, als ihn sein älterer Bruder Tiff in die neue Welt des Rock and Roll einführte, wußte er, was er künftig tun wollte. Gitarre spielen. Das war's.
Mutter Garcia hörte sich das an und kaufte dem Sproß sofort ein Akkordeon. Jerry baute ab. Damit konnte man doch keine Musik machen, um Gottes willen. Akkordeon, das war Seemannskneipe und Schifferlieder. Er ging zur örtlichen Pfandleihe, wo ihm schon lange eine Gitarre ins

Auge stach, und tauschte seine neue Ziehharmonika gegen eine alte E-Gitarre und Verstärker. Und legte los.

Jerry war ein Naturtalent. 15 war er, spielte noch keine drei Monate, und war schon ein richtiger kleiner Musiker. Klein und dicklich, aber wenn er spielte, fiel das nicht auf. Dann war Jerry ein toller Kerl – obwohl ihm sein Bruder Jahre zuvor beim Holzhacken das obere Glied des Mittelfingers mit abgehackt hatte. Jerrys Musikgeschmack galt als suspekt. »Rock war nicht legitim«, sagte er vor vielen Jahren in einem Interview, »ich wußte, daß Rock Kunst war, aber keiner hat's geglaubt. Ich wollte alles tun, um der Musik Anerkennung zu verschaffen.«

Einen Blitzbesuch bei der Army machte er, denn das war damals so üblich. Aber weil die Landesverteidigung so viele Kandidaten hatte, ließ sie sich vom Soldaten Garcia überreden, ihn wieder laufen zu lassen. Das schien die beste Lösung für Arbeitnehmer wie Arbeitgeber, und Jerry bekam seine beantragte vorzeitige Entlassung ausgehändigt. Er verdrückte sich ins kleine Palo Alto, dorthin, wo einige Eiferer an der Stanford University schon kräftig an den ersten »richtigen« Computern bastelten, und spielte Musik. Wie der junge David Lindley in Los Angeles beteiligte sich Garcia an der alljährlich stattfindenden String-Fete in San Francisco, und wie David besiegte auch er jedes Jahr seine Konkurrenz. Die beiden standen bald im Ruf, auf Saiteninstrumenten unschlagbar zu sein. Das brachte außer der Anerkennung ihrer Kollegen zwar nichts ein, aber es bereitete die Bühne für eine jahrelange, lockere Zusammenarbeit der beiden schon etwas angejahrten Wunderkinder. Beide hatten ihr Talent mit 15 entdeckt, beide spielten Banjo und Mandoline neben der Gitarre, und beide zeigten sich stur; sie spielten nur, was ihnen Spaß machte.

Garcia fand nach seiner abgebrochenen Armeekarriere einen Verkaufsjob bei Dana Morgan's Music Store, und dort lernte er den jungen Keyboarder Ron McKiernan kennen. Der hieß bei seinen Freunden nur Pigpen, nach dem »Peanuts«-Comic-Kerlchen, das in einer Schmuddelwolke durchs Leben geht. Bob Weir kam dazu, und die

Jungs gründeten eine Band, *Mother McCree's Uptown Jug Champions*. Die spielten traditionelle Gebirglerweisen, wie der junge Joe McDonald drüben in Berkeley. Umsonst meist, nur zum Spaß, aber als die *Beatles* ihren »Hard Day's Night« in die Kinos brachten, kapierte Jerry, daß sich mit Rock doch mehr machen ließ. Er nahm einige neue Players hinzu und nannte die Band *The Warlocks*. Elektrischen Rock spielten sie nun, wie die *Beatles*, und San Francisco drehte durch. High-School-Turnhallen waren bald gerammelt voll, wenn die *Warlocks* auftraten, was dem Ego der Band sichtlich guttat. »Wir dachten, wir würden die nächsten *Beatles*«, meinte Garcia, besonders nachdem der Jazzkritiker Ralph Gleason in einem Artikel über die Band San Francisco das »Liverpool an der Westküste« nannte. Um die Zeit, Mitte der Sechziger, begannen auch die Drogenexperimente, für die Garcia und Freunde auf immer bekannt sein würden.

Das Veteranen-Krankenhaus in der Nähe der Stanford University experimentierte im Regierungsauftrag mit LSD. Am jahrelangen Großversuch nahmen auch der Poet und Folksänger Robert Hunter, Beatnikdichter Alan Ginsberg und Autor Ken Kesey teil. Jeden Dienstag, erzählt Kesey, holte er sich seinen Hit ab; entweder LSD-25 oder LSD-6, und an besonderen Glückstagen gab's Meskalin. Zu allem Überfluß wurde die Teilnahme noch honoriert – anstatt zu zahlen, bekamen die Drogenkonsumenten ein wöchentliches Honorar von 20 Dollar. Ginsberg behauptete zwar immer, die CIA stecke hinter den Experimenten, aber keiner scherte sich drum. Die 100 Versuchspersonen waren im siebenten Himmel. Doch der Poet behielt recht; da der Stoff wegen seiner im Großversuch nachgewiesenen Unberechenbarkeit nicht als Waffe der psychologischen Kriegsführung taugte, wurden die Versuche eingestellt.

Kesey und Hunter hatten jedoch ihre Droge gefunden, und sie machten auf eigene Faust weiter. Kesey schwebte ein Massenexperiment vor, und er scharte Versuchswillige um sich; Neal Cassady gehörte dazu, nach dessen Leben sein Freund Kerouac den »On the Road«-Helden Dean

Moriarty modellierte, und Carolyn Adams, die später den Namen Mountain Girl annahm und Jerry Garcia heiratete. Die Gruppe wurde als Merry Pranksters bekannt. Die »Fröhlichen Possenreißer« bekamen bald Zuwachs vom wohlhabenden Underground-Chemiker Owsley Stanley. Der mischte im Heimlabor das beste LSD, kippte gern eine Ladung seines potenten Stoffes in einen Eimer Fruchtpunsch und freute sich, wie jeder gastfreundliche Koch, über regen Zuspruch der vielen geladenen Gäste.

Keseys Gruppe traf sich in einem Haus in La Honda, hob ab und merkte, daß am wahren Glück immer noch etwas fehlte. Bis sich Garcia einfand. Der brachte die Boys mit, die sich inzwischen in *Grateful Dead* umgetauft hatten, und man musizierte zum Rausch. Perfekt! Die *Grateful Dead* wurden zur Pranksters-Hausband, Kesey filmte alles, während die Band spielte und sich die meilenhighen Gäste vergnügten. Acid Tests hießen die Orgien, nichts wurde ernstgenommen, und der Pranksters-Zuwachs kam in Scharen, so daß man bald auf größere Hallen auswich. Die waren, der Zufall führte hier Regie, in Haight-Ashbury zu finden, einer etwas angeknabberten Gegend San Franciscos, in der zufällig die *Grateful Dead* Wohnung genommen hatten. Ken Keseys Merry Pranksters steckten bald die ganze Stadt an – 1966 hatte man sich endgültig von den Überresten der Fünfziger befreit, trug, was man wollte, war, was man sein wollte, und die Unbekümmertheit der frühen Hippies im Haight zog immer mehr Kids aus ganz Amerika in ihren Bann. Langsam füllte sich die Gegend um den Golden Gate Park.

Die Stadt an der Bucht nahm Hauptstadtcharakter an; alles, was unter Dreißig war, schaute dorthin. San Francisco machte vor, wie die Gesellschaft der Zukunft aussehen würde. Ungebunden und hilfsbereit, man nahm, was man brauchte, man teilte mit denen, die weniger hatten. Eine Utopie wurde im verwinkelten Haight-Ashbury wahr, ein Leben ohne übermäßige Arbeit und mit entsprechend geringen Bedürfnissen. Allein durch Zugehörigkeit zu einer bestimmten Generation war man Mitglied eines

sozialen Auffangnetzes, in das man sich ruhig hinein-
plumpsen lassen konnte – verhungern würde keiner, irgendwo gab's immer ein Dach überm Kopf und einen Sup-
pentopf. Und was zu rauchen.

Das war wichtig, denn nicht nur der Körper mußte an
die neuen Lebensgewohnheiten gewöhnt, sondern auch
die Seele für die kommende Goldene Zeit fitgemacht werden. Einen durchzuziehen war da Pflicht, denn der Mari-
huana-Wirkstoff THC machte dem eingetrichterten bürgerlichen Unsinn den Garaus. Allerbestes Gras wuchs in
Kalifornien, und es wurde bis auf den letzten Stengel ge-
schmaucht. Und dann kamen die Pranksters, Owsley und
dessen brodelnde Retorte im Schlepptau, die *Grateful
Dead* auf der Bühne, und machten vor, wie sich der Neue
Mensch amüsiert. Kein Keep-smiling-Minihigh mehr,
sondern stundenlange bunte Trips in neue Dimensionen.
Wichtig war nur die richtige Einstellung. Relaxed, erwar-
tungsfroh, allumfassend gütig eingestimmt tauchte man
sein Becherchen in den Fruchtpunsch und hob ab.

Die Kidkultur trippelte unaufhörlich einem Gipfeltref-
fen entgegen. Man brauchte Führer, es fehlte an Organisation, der Freie Mensch wollte unbedingt allgemein-
verbindliche Verhaltensregeln, damit man wußte, was cool
war und was nicht. Die wenigen Undergroundblätter wie
das *Berkeley Barb* konnten oder wollten den Bedarf nicht
befriedigen. Sie verstanden sich als linke Avantgarde und
wollten sich auf Modefragen und Benimmregeln kaum
einlassen. Also traf man sich einige Wochen im Dezember,
ein steering committee bildete sich zwanglos heraus, und
machte Pläne für ein Freak Festival im Januar des Jahres 1967.

Am 14. war es dann soweit. Das Polofeld im Golden Gate
Park wurde zur Freizone erklärt, man hoffte auf ein paar
Tausend Besucher, und 20 000 kamen. Das Human-Be-In
schreckte Stadtverwaltung und Politiker auf; die Festwiese war mitten im Winter gerammelt voll – was würde
erst im Sommer passieren? Dazu kam, daß die einheimischen Gruppen, die aus reiner Nächstenliebe auftraten,
ausgesprochen antiautoritär waren, sogar politisch. Am

schlimmsten trieb es die Berkeley-Gruppe *Country Joe And The Fish*. Die sangen zum Entzücken der versammelten Kunterbunten ihren Antikriegs- und Antiregierungssong »I-Feel-Like-I'm-Fixin'-To-Die«. *Jefferson Airplane* spielte, die einzige der Bands, die schon ein Album auf dem Markt hatte und deshalb wohl am bekanntesten war; deren Texte hatten's mit der extrem guten Wirkung exotischer Drogen. *Quicksilver Messenger Service*, die Gruppe um den Gitarristen John Cippolina, predigte »feel good«, Janis Joplin kam mit ihrer *Big Brother and The Holding Company*, besoffen, wie immer, wenn sie auf die Bühne mußte. Hausband im Avalon Ballroom waren sie und spielten nur schwarzen Blues, doch an dem Tag machten sie Musik für die Kids; Rock war angesagt.

Janis war kurz zuvor aus Texas zurückgekehrt, wohin sie sich verzogen hatte, um die Drogenszene San Fran-

Jerry Garcia, Chef der Grateful Dead

ciscos loszuwerden. Sie wollte heiraten und die Musik zugunsten des Hausfrauenlebens aufgeben, aber die Pläne fielen durch, und Janis war wieder da, wo man sie respektierte, ja, liebte. Janis, die gern Kleider trug, die wie frisch aus der Lumpensammlung aussahen, mit Hühnerknochen um den Hals und allerlei anderem Voodoozeug in der Tasche. Mit der Flasche Jack Daniels in der Hand, wenn sie sich die Nobelmarke leisten konnte. Wenn nicht, tat's der billigste Fusel auch. Hauptsache, Stoff.

Und natürlich die »People's Band«, die *Grateful Dead*. Die hatten ja schon einen fast legendären Ruf in San Francisco, weniger wegen der Musik als wegen ihres ungeheuren Drogenkonsums und der Acid Tests. Die *Dead* spielten an diesem überraschenden, denkwürdigen 14. Januar ihre langen Jams, natürlich erst, als sich die Meute schon ordentlich zugeknallt hatte, und da hören sich ja *Dead*-Songs erst richtig an; dann stimmt alles, dann stellt sich die richtige Vibe erst ein.

Die Geier kreisten schon, im Vorgriff auf das im Sommer stattfindende Monterey Festival, und einer der Warner-Brothers-Geier war wegen der *Dead* gekommen. Der hörte und sah, sah vor allem, welch hypnotische Wirkung die Band auf ihr Publikum ausübte, und legte ihnen sofort einen Vertrag vor. Womit sich das Human-Be-In wenigstens für eine Band gelohnt hatte. Doch ehe unterschrieben wurde, mußten die *Dead* noch einige Grundsatzfragen klären. Rock Scully, ihr langjähriger Manager, erzählt, daß die *Dead* außer ihrem Drogenhändler und gewissen Freunden niemandem trauten. Also versuchten sie hartnäckig, den Warner-Abgesandten LSD-gespickte Drinks zu verabreichen. Wenn die »Suits« mal geflogen waren, würde man sie als Kumpels betrachten können und den Vertrag vertrauensvoll unterschreiben. Die Hollywooder hüteten sich jedoch vor jedem Getränk, das ihnen vorgesetzt wurde. Sie blieben stundenlang trocken. Am Ende unterschrieben die *Dead* doch.

Die schlimmen Befürchtungen der Stadtväter bestätigten sich jedoch nicht. Im Gegenteil. Trotz kühlem Wetter, trotz der aufreizenden Musik, der vielen Leute und der wahnsinnig vielen Drogen blieb alles friedlich. Der Liebessommer wurde im Winter eingeläutet.

Die *Grateful Dead* traten so oft in den Straßen San Franciscos auf, daß die Presse sich mit ihnen befassen mußte. Ihr gemeinsames Haus in der Ashbury Street wurde vorgestellt, die vermuteten Orgien detailgenau erdichtet, das Sündenbabel bloßgestellt. Die Band kratzte das nicht; die machten ihre Sache, und die Hauptsache an jeder Publicity ist, daß der Name des Beschriebenen richtig buchstabiert wird.

Doch einer lauerte, und am 2. Oktober schlug er zu. Jerry van Ramm war Drogenagent der San-Francisco-Kripo, und er hatte lange genug zugeschaut, wie rings um ihn die Anarchie tobte. Die *Grateful Dead*, von seinesgleichen nur als »Hateful Dead« abgetan, waren der Katalysator zwischen lauter Negermusik und der Killerdroge, und die mußten dran glauben. Jerry alarmierte die Presse und zog los. Im *Dead*-Haus waren zwar nicht alle Bandmitglieder zugegen, aber als Jerry an der Tür in der 710 Ashbury Street klopfte, waren doch elf verlotterte Drogensüchtige da. Die kettete van Ramm zusammen und führte sie den Pressefotografen vor.

Der sorgfältig inszenierte Drogenbust erwies sich als Glücksfall. Die *Dead* gaben am Tag darauf – für alle elf wurde Kaution hinterlegt, wodurch die Zellenpforte zur Drehtür wurde – eine Pressekonferenz, gerade rechtzeitig, um in der ersten Ausgabe des kurz zuvor in San Francisco gegründeten *Rolling Stone* zwei ganze Seiten zu bekommen. Mit einem Schlag waren die *Dead* auch außerhalb ihrer Heimatstadt ein Begriff.

Der Liebessommer brachte San Francisco weltweiten Ruhm, aber die Peace-&-Love-Geschichten der Zeitschriften stimmten schon nicht mehr. Harte Drogen und viele tausend Kids hatten San Francisco entdeckt. Die Kombination war tödlich. Die Kids schliefen, wo sie konnten, entweder im Park, wo jede Nacht Razzien stattfanden, oder bei Zufallsbekannten. Pusher wußten, das sich hier eine Gelegenheit auftat, die so schnell nicht wiederkehren würde, und sie überfluteten die Stadt mit billigem Heroin. Billig, weil offen gedealt wurde, weil die Konkurrenz um den Dollar übermächtig war.

Die Experimentierfreude der LSD-Benutzer wurde ein Deckmäntelchen für Junkies und diejenigen, die Kids dazu machten. Die Droge, jede Droge, galt als Befreiungsinstrument, als Medium, dessen Gebrauch neue Welten öffnete. Daß sich der angesehene Professor Timothy Leary einen Namen damit gemacht hatte, Drogengebrauch zur unabdingbaren Voraussetzung der freien Persönlichkeitsentfaltung zu erklären, legitimierte die ganze Szene nur. Daß sie von allen und jedem besungen wurde, verstärkte den Trend. Heroin wurde Modedroge, wer nicht schoß, war out.

Die *Dead* brachten zwei »psychedelische« Alben heraus, die wenig beachtet wurden. Für ihr »Anthem Of The Sun« waren sie sechs Monate im Studio, übernahmen mittendrin selbst die Verantwortung – und die Kosten – für die Produktion, und bürdeten sich damit eine finanzielle Last auf, die sie jahrelang an Warner Brothers kettete. Das sollte sich künftig wiederholen; mit Alben hatten die *Dead* nie viel Glück. Zu hohe Produktionskosten und zu geringe Stückzahlen plagten die Band bis in die frühen Achtziger hinein.

Doch am Hungertuch nagte die Band nicht. Sie spielten inzwischen meist für eine sehr ordentliche Gage, der Terminkalender füllte sich rapide. Die *Dead* hatten nicht mehr das Bedürfnis, jeden kostenlos an ihren musikalischen Trips teilhaben zu lassen, was sicher auch damit zu tun hatte, daß sie die Gemeinschaftswohnung in San Francisco zugunsten eigener Häuser im piekfeinen Marin County aufgegeben hatten. Die *Dead* waren nun wer.

Man mußte die *Grateful Dead* live sehen. Das wußte jeder Fan. Garcias Kompositionen und die Elegien Hunters, der mittlerweile zum offiziellen *Grateful Dead*-Songschreiber avanciert war, wirkten auf der Konzertbühne erst richtig. Auch deswegen trampten so viele Jugendliche nach Woodstock, und sie wurden bitter enttäuscht. Die

Dead hatten nicht ihren besten Tag, und die Beschallung war miserabel. Durch den Nieselregen fiel ab und zu mal der Sound aus, aber als die *Dead* die Bühne betraten, hörte man über lange Strecken hinweg gar nichts mehr.

Die Enttäuschung war groß, aber richtig verleidet wurde ihnen 1969 erst am 6. Dezember. Da gaben die *Stones* ihr Konzert auf der kalifornischen Rennbahn in Altamont. *Jefferson Airplane* und die *Dead* waren ihre Vorgruppen. An die hatten sich die Engländer gewandt, als es ans Organisieren des Altamont Speedway Festivals ging, und die *Dead* hatten vorgeschlagen, als Konzertsicherungstruppe doch die San-Francisco-Abteilung der Hell's Angels einzustellen. Die seien alle dick, bärtig und kampferfahren, liebten die Musik der *Dead* und würden für einige Kästen Bier umsonst arbeiten. Daß sich die Motorradgangster einen Spaß daraus machen würden, Konzertbesucher zu terrorisieren, Marty Balin von *Jefferson Airplane* auf der Bühne anzugreifen und den jungen schwarzen Zuschauer Meredith Hunter direkt vor der Bühne abzustechen, ahnte wohl niemand.

Garcia sagte später einmal, in Altamont habe man hinzugelernt. Die Welt begriff, daß die Liebesgeneration eine Erfindung war. Die Hippie-Philosophie der Liebe und des Friedens, die Idee von der Zusammengehörigkeit einer Generation und der schöne Traum vom Neuen Menschen starben mit Meredith Hunter.

An Altamont erinnert der »New Speedway Boogie« des Albums »Workingman's Dead«, denn weder Garcia noch Robert Hunter ließen eine Gelegenheit aus, Erlebtes als Song niederzuschreiben. Die Alben der frühen Siebziger zeigen ja, daß die *Grateful Dead*, nach den Drogenexzessen und ihrem Kampf um Geld und Anerkennung, zu ihrer ursprünglichen Ausdrucksform zurückfanden. »Workingman's Dead« und »American Beauty« zeigen die neue, alte Richtung an. Country, Blues und Rock verschmelzen hier wieder zu einem melodischen, fast traditionell amerikanischen Sound, und dabei werden die *Dead* bleiben. Sie sammeln im Laufe der Jahre eine festgefügte Gemeinschaft um sich, die »Deadheads«, und sehen zunehmend bei Konzerten im ganzen Land die gleichen Gesichter. Sie gehen international auf Tournee, kommen aber im Ausland nie so an wie zu Hause.

Die *Dead* mutieren von einer Rockband zu einem Clan. Ein eigenes Kontaktbüro hält mit den Fans Verbindung. Die Gruppe läßt nicht nur zu, daß Fans ihre Konzerte aufnehmen, sondern sie ermutigt dazu. Wie ein Schneeball, der wie Garcia von Jahr zu Jahr an Umfang zunimmt, entwickelt sich die *Dead*-Szene, bis sie ihre ureigenste Form annimmt. Gute oder schlechte Jahre gibt es nicht mehr; die *Dead* können sich darauf verlassen, daß jedes ihrer Konzerte ausverkauft ist. Wenn die Veranstalter jammern, daß das Konzertgeschäft konjunkturbedingt schlechter wird, buchen sie die *Dead*, um der Bank wenigstens eine profitable Show vorweisen zu können. Die Kundenpflege zahlt sich aus; es hat sich ein harter Kern unter den Deadheads gebildet, der nur noch für die Konzerte lebt. Tausende Fans sind das, die mit der Gruppe unter-

Einst die erfolgreichste Band Amerikas: Jerry Garcia und die Grateful Dead *bei einem ihrer letzten Konzerte vor Garcias Tod.*

wegs sind, auf Parkplätzen vor Stadien allerlei Zeug verkaufen, im Auto oder – stilvoll – im alten VW-Bus leben und immer noch wie ihre Vorbilder im San Francisco der späten Sechziger aussehen.

Garcia reicht die Beteiligung bei den *Dead* nicht aus. Schon 1970 gründet er mit Freunden die Countryrock-Gruppe *New Riders Of The Purple Sage*, um seine geliebten amerikanischen Ländler zu spielen. Mit vielen Musikern aus San Francisco arbeitet er über die Jahre, mit dem Bluegrass-Spieler David Grisman genauso wie mit seinem alten Freund und Mentor Merl Saunders. Der erscheint schon 1971 auf der »Grateful Dead«-Live-LP, die eigentlich »Skullfuck« heißen sollte. Mit Graham Nash und David Crosby spielt Jerry in den Siebzigern, mit Country Joe McDonald macht Garcia ein Album, »Superstitious Blues«, mit Lowell George von *Little Feat* und, 1981, mit Joan Baez. Da ist die ganze Band drauf, aber das Album wird nie veröffentlicht.

Anfang der Achtziger merken Fans und Freunde, daß Garcia zum Junkie geworden ist. Die Band ist nur noch ein müder Abklatsch, Garcia ist völlig lustlos, und endlich entschließen sich die *Dead*, ihrem Gitarristen ein Ultimatum zu stellen. Entweder wird er clean, oder seine Freunde machen ohne ihn weiter. Garcia begibt sich in eine Klinik und kommt als neuer Mann wieder in die Band zurück. Er hat schon lange Jahre nicht mehr so begeisternd gespielt wie jetzt, ist voll dabei, macht neue Pläne. Er hat endlich sein Leben im Griff.

Im Juli 1986 geht die Band wieder auf Tournee. Eineinhalb Jahre hat es gedauert, bis Garcia meinte, die Strapazen einer Tour auf sich nehmen zu können, aber nach wenigen Tagen zeigt sich, daß er seine Gesundheit überschätzt hat. Die jahrelange Heroinabhängigkeit hat ihm doch erheblich mehr zugesetzt, als er und die Ärzte wahrhaben wollten. Auf der Bühne klappt der dicke, kettenrauchende Garcia zusammen. Der Diabetiker liegt fünf Tage im Koma, und wäre nicht die fürsorgliche Pflege Merl Saunders' gewesen, der während der Woche nicht von seinem Bett wich, hätte er es nicht überlebt, meinte Garcia damals. Nach der langsamen Genesung bleibt er bei Saunders, achtet auf seine Gesundheit, speckt ab und arbeitet mit Merl und dessen *Rainforest Band*.

Ein Jahr darauf, die Band ist nun seit 22 Jahren zusammen, kommt der erste Hit. Nach sechsjähriger Abstinenz haben die *Dead* wieder ein Album aufgenommen, »In The Dark«, das ihr erstes Platinalbum wird. Die Single daraus, »Touch Of Gray«, ist im September 1987 als erster *Grateful Dead*-Song in den Top Ten. Das Jahr wird gut, die Strähne hält an; die Sommertournee mit Bob Dylan wird im Studio auf- und abgemischt und kommt im Januar 1988 in die Läden. »Dylan and The Dead« zielt auf die Käufergruppe, denen Plattenläden fremd geworden sind, und sie trifft ins Schwarze. Die Kombination poliert das Dylan-Image bei den jüngeren *Dead*-Fans auf, den Dylan-Gläubigen legitimiert ihr Held die wilde Drogengruppe, macht sie hoffähig.

Die Gruppe gilt nun als erfolgreichste Band Amerikas. Ihre Tourneen machen sie zum größten Umsatzbringer im Konzertbusiness – von 1988 bis 1994 setzen sie jedes Jahr zwischen 22 und 49 Millionen Dollar um. Zwischen 42 und 80 Shows spielen sie jedes Jahr. Das geht ans Eingemachte, denn die *Dead* sind nicht mehr die Jüngsten. Garcia, Baujahr 1942, kann's nicht lassen; er greift wieder zur Heroinspritze. Und diesmal scheint er sich entschlossen zu haben, mit der Droge zu leben. Er heiratet zum drittenmal, wird noch einmal Vater.

Als die Pläne einer Herbsttournee im Jahr 1995 ins Wanken kommen, entschließt er sich zu einer Entziehungskur in der Prominentenklinik Betty Ford Center. Nach nur zwei Wochen verläßt er die Klinik, um zu Hause seinen 53. Geburtstag zu feiern. Garcia erzählt Freunden kurz darauf, er wolle für einige Wochen zur Erholung nach Hawaii fahren. Stattdessen läßt er sich insgeheim in die Drogenklinik Serenity Knolls aufnehmen, wo er am 9. August stirbt. Herzinfarkt wird als Todesursache angegeben. Nur nicht zugeben, daß Garcia als Junkie starb. Die Stadt San Francisco ehrt ihren Sohn, indem sie Halbmast flaggt. Neben dem Sternenbanner und der Bären-flagge der Republik Kalifornien hängt die bunte Batik-fahne der *Grateful Dead*.

Die *Dead* sind in die Musikgeschichte eingegangen. Sie wollen nicht mehr weitermachen. Obwohl sich Garcia immer dagegen wehrte, als Chef der *Grateful Dead* bezeichnet zu werden, war er's doch. Ohne Kopf lebt der Körper nicht weiter. Die 110 000 Deadheads auf ihrer Verteilerliste haben sich schon mit dem Tod der Gruppe abgefunden. Viele von ihnen haben über 500 *Dead*-Konzerte besucht, haben die mit ihnen alt gewordenen Boys aus San Francisco bei Spitzenleistungen und bei völligen Flopkonzerten geliebt. Viele von ihnen, im Privatleben honorige Stützen der einst verachteten Gesellschaft, planten ihren Urlaub um die Tourdaten der *Grateful Dead*. Sie tingelten dann drei oder vier Wochen im Troß der Gruppe, zogen die Batik-T-Shirts und bunten Hosen an, Ärzte und Anwälte, Konzernlenker und Arbeiter, und fühlten sich wieder zugehörig. Sie nahmen ihre Kinder mit auf die Straße, hielten sich neben dem Familiencadillac und Mutters Kabrio noch einen alten, buntbemalten VW-Bus, und tauschten vom Büro aus oder aus der guten Stube E-Mail mit Gleichgesinnten. Für sie sind die *Dead* ohne Jerry nicht mehr ein Teil ihrer Jugend.

Anfang der Neunziger taten sich Musiker und Gruppen zusammen, die irgendwann einmal mit den *Dead* gearbeitet haben, und spielten ein Album ein; »Deadicated«. Da sind Winston Rodney (The Burning Spear) und Elvis Costello, die *Cowboy Junkies* und Dr. John, Warren Zevon und David Lindley, die *Indigo Girls*, *Midnight Oil* und *Los Lobos*, Dwight Yoakam und *Jane's Addiction* drauf, Gruppen, die miteinander nichts gemein haben, außer, daß ihnen die Musik der *Dead* die eigene Arbeit ermöglicht oder erleichtert hat. »Deadicated« ist sicher der schönste Tribut, der je einer Band von ihren Kollegen gezollt wurde.

»What a long, strange trip it's been« ist seit Jahrzehnten das Motto der *Grateful Dead* aus San Francisco. War's auch.

Marin County: Schickeria

Die gewaltige San-Francisco-Bucht prägt das nördliche Mittelkalifornien. Ihre Ausdehnung gestaltet nicht nur die Landschaft, sondern hat auch erheblichen Einfluß auf das Wetter. Ist die Stadt oft nebelverhüllt, strahlt im nahen Mill Valley meist die Sonne. Typisch kalifornisch ist es im Mühlental, nur 35 Kilometer vom Golden Gate entfernt. Neigt der Stadtbewohner zur Nachdenklichkeit, hört er gern seinen Jazz beim Croissant, zieht er den Poeten dem Slapstick-Komiker vor, läßt man in Mill Valley Fünfe gerade sein. Die Witterung lädt zum Verweilen im Hot Tub ein, die bewaldeten Hügel schreien geradezu nach langen Spaziergängen, die holzhausbestandenen, verwinkelten Straßen des Städtchens atmen ein Laisserfaire aus, das hierher paßt. Denn die bukolische Ruhe des Ortes in unmittelbarer Nähe eines Handels- und Finanzzentrums ist zwangsläufig denen vorbehalten, die sie sich leisten können. So ein Hüttchen kostet das Vielfache eines netten Häuschens woanders; wer hier den Tag als Hippie verbringt, hat Geld. Selbstverdientes oder hart ererbtes.

Direkt hinter Mill Valley, in einem Sequoia-Sempervirenswald, liegt der 800 Meter hohe Mount Tamalpais, von dessen Kuppe man das ganze Marin County überblickt. Der Landkreis umfaßt die westlich des Golden Gate liegende Halbinsel mit den vielen kleinen Stranddörfern, den immergrünen Hügeln und den Mini-Ranches, die dem Stadtflüchtigen die Illusion der Einsamkeit erlauben. 80 Meter hohe, tausend Jahre alte Bäume wachsen in den Marin Headlands, den Hügeln, die an der Buchteinfahrt schroff enden. Das Golden Gate ist der einzige Bruch in den kalifornischen Küstenbergen, der einzige Ort, an dem sich die Flüsse des 600 Kilometer langen Central Valley ins Meer ergießen können. Alles kommt an dieser Stelle zusammen: die Gezeiten des Pazifik spülen die Bucht, die von den Flüssen der Sierra Nevada gespeist wird, das freundliche Mikroklima Mittelkaliforniens trifft auf ein rauhes, regnerisches nordkalifornisches, und die freundliche Wurschtigkeit der südlichen Staatshälfte macht einer ernsteren, gesetzteren Weltsicht Platz.

Mit der gediegenen Ruhe des Marin County ging's Ende der Sechziger schlagartig bergab. Rock warf nun richtiges Geld ab, und das wurde vorzugsweise im Nobellandkreis angelegt. Erst zogen die *Grateful Dead* her, dann kam Janis Joplin, die Musiker der *Jefferson Airplane* folgten, John Cippolina und Dino Valenti von *Quicksilver Messenger Service* lassen sich hier nieder und bekommen Zuwachs von Nicky Hopkins. Der britische Keyboarder hatte seit Jahren mit den *Rolling Stones* gearbeitet, aber im September 1962 hatte er Mick Jagger klargemacht, daß er kein Interesse daran habe, mit ihm und Keith Richards eine Band zu gründen, da er als Pianist einiger Londoner Bands ausgelastet und glücklich sei. »Ey, Nicky«, habe ihm Jagger vorgeschlagen, »nehmen wir doch die Besten der *Stones* und der *Cyril Davies Band* und machen eine wirklich gute Gruppe daraus.« – »Nee«, meinte Nicky, »I'm happy where I am«, und lachte verlegen, als er mir die Story 30 Jahre später erzählte. Nicky hatte seit frühester Jugend ein anfangs unbestimmbares Magenleiden, das sich im Laufe der Jahre verschlimmerte. Ab und zu mußte er ins Krankenhaus, blieb in den frühen Sechzigern sogar ein volles Jahr im Spital und hatte Angst vor dem unsteten Tourleben einer Band. Als Studiomusiker konnte er sich die Jobs aussuchen, behielt die Kontrolle über seine Arbeitsstunden und war nicht auf einen Terminplan angewiesen, der ihn an eine Gruppe band. Er nahm gern die Studiojobs an, die Jagger und Toningenieur Glyn Johns ihm immer wieder anboten, spielte ebenso das Klavier auf »Sympathy For The Devil« wie auf »Angie«, war monatelang bei den Aufnahmen zu »Exile On Main Street«

in der südfranzösischen Keith-Richards-Mietvilla Nell-
cote und hatte immer wieder betont, daß er selbständig
bleiben wollte.

1968 spielte Nicky auf dem ersten Album der San-Fran-
cisco-Gruppe *Steve Miller Blues Band* Klavier und lernte
über Steve, der das Album in London mit Toningenieur
Johns aufnahm, John Cippolina von *Quicksilver* kennen.
Miller heuerte Nicky für eine kurze Amerika-Tour an, und
als Nicky erstmals nach Marin County kam, war's um ihn
geschehen. Er trat der *Miller Band* bei, um in den USA
bleiben zu können, und als ihm Cippolina Anfang 1969
den Klavierstuhl bei der unglaublich erfolgreichen *Quicksilver Messenger Service* anbot, griff er zu. Eine Woche
nach Vertragsunterzeichnung rief Jagger an: Man habe
gehört, Nicky wolle vielleicht doch etwas Beständiges,
und wie's denn nun wäre mit dem Job bei den *Stones*.
Doch Hopkins hatte sich gebunden und lehnte wieder ab.
Es war ja nicht nur der Vertrag, sondern die Aufenthalts-
erlaubnis, die damit einherging. Die war ihm mehr wert
als eine *Rolling Stones*-Mitgliedschaft.

Er nahm sich in Mill Valley ein Haus, wie so viele seiner
Kollegen. Bei Janis ging's Tag und Nacht hoch her, die
Dead hatten dauernd irgendwelche Leute zu Besuch, die
Airplane hatten zwar ihr Gruppenhaus, 2400 Fulton Street
in San Francisco, aber sie wohnten auf der Halbinsel und
hatten gern Leute um sich, und viele, viele Fans wollten
dort wohnen, wo was los war. Marin County stöhnte.

Vor allem die Gruppe um Grace Slick und Marty Balin
stand im Ruf, es ganz besonders schlimm zu treiben.
Allein der Gruppenname *Jefferson Airplane* wies auf Drogen hin; denn so nannte man in der Szene ein Pappstreich-
holz, dessen Stiel man mit dem Fingernagel aufbohrte,
um eine abbrennende Jointkippe hineinzustecken. Danach hatte sich die Band benannt, und ihr erster Hit war
der von Grace geschriebene »White Rabbit« – dessen Text
ein unverhüllter Drogenflug schien. Nur wenige Rundfunk-
sender trauten sich überhaupt, die unamerikanische
Scheibe aufzulegen, aber die *Airplane* verkaufte ihre Alben, weil der Underground die Band heroisierte. Der Ver-

botseffekt trat ein; was nicht sein darf, verkauft sich gut. Das hatte Richard Berry zu seinem Leidwesen schon am Erfolg von »Louie, Louie« gesehen.

Man war also im noblen Dörfchen Mill Valley Hippie, machte die Nacht zum Tag und sorgte für Stimmung. Die Siedlung ähnelte einem verkifften Verhandlungssaal, denn die Kaufleute waren dem Talent gefolgt. Konzertveranstalter und Manager Bill Graham hatte sich im Grünen eingekauft. Nicht übel für einen, der 1931 als armer Schlucker Wolfgang Grajonca in Berlin geboren wurde und sich als Tour-Manager einer Theatertruppe durchschlug, bis er die *Dead* entdeckte. Wolfgang, der sich schon längst Bill nannte, blieb in San Francisco, finanzierte – man munkelt, von der Tageskasse seiner Schauspieltruppe – die ersten Konzerte und merkte, daß er auf eine Goldader gestoßen war. Er ließ die Mimen fallen und wurde Konzertveranstalter.

Graham ging's richtig an; der kümmerte sich nicht um Inhalte, sondern ums Potential. Ein cleverer Verkäufer, einer, der schon immer vorher wußte, wohin der Pop-Hase seinen nächsten Haken schlagen würde. Er kümmerte sich ums Business. Dazu war er da, das tat er mit Hingabe. Bill wurde nicht nur anerkannt, weil er das Geschäft beherrschte wie kein zweiter, man akzeptierte ihn, weil er jeden Blödsinn mitmachte, weil die Künstler seine Freunde wurden.

Marin County ist durch seine Lage nicht nur bevorzugt, sondern auch gefährdet. Denn die Haie der Baubranche wittern schnell, wo ein Batzen zu verdienen ist. So ein Hochhaus am Strand ist schnell errichtet, die Wohnungen sind schon vor Baubeginn verkauft. Marin County erkannte die Gefahr und beugte ihr rechtzeitig vor. Man war und ist stolz darauf, so viele Prominente zu Nachbarn zu haben. Deshalb besetzten Wähler die Baubehörden immer mit Politikern, die dem Status quo gesonnen waren. Man will nicht zu volkstümlich werden, hier, hinter den Bergen, sondern sein Stückchen Paradies erhalten. Notfalls verteidigt man es, auf die Art, die sich in Marin und ähnlichen kalifornischen Landstrichen immer wieder bewährt: mit wirtschaftlicher Macht. Mit mehr Geld und Einfluß, als selbst der wohlhabendste Baulöwe aufbringen kann. Die egoistische Handlungsweise hat die Halbinsel als relativ intakten Zoo erhalten. Hier fährt der Tourist durch und bestaunt die Villen Carlos Santanas, Robin Williams' und Tupac Shakurs (auch wenn der Rapper sie mal wieder nicht bewohnt, weil er im Knast sitzt). Die Boys von *Metallica* leben hier, Van Morrison und Ritchie Havens, Robert Cray und Clarence Clemons. Den *Pointer Sisters* gefällt's, Huey Lewis und Sammy Hagar. Man sieht, wie Geld doch den Rassismus niederbeutelt. Der kommt hier gar nicht erst auf, denn wer sich im Marin County einkaufen kann, gilt als ein ganz besonderer Mensch. Noblesse Oblige. Und Noblesse wird in Kalifornien – wie überall, aber wir sind da etwas unbekümmerter – durch den Kontostand verliehen. Wer sich das schöne Fleckchen nicht leisten kann und trotzdem hin will, auch für den wird gesorgt. Man ist ja demokratisch. Keine sechs Kilometer von Mill Valley, direkt am Hang über der Bucht gelegen, mit einem einmaligen Blick auf San Francisco, liegt das Zuchthaus San Quentin.

Country Joe McDonald:
F.U.C.K.

»Uncle Joe Kaput« schrie die Schlagzeile des *Los Angeles Mirror* mit unverhohlener Freude, als Josef Stalin im März 1953 starb. Da war Joe McDonald gerade elf, und für ihn wäre Trauer ob des Sowjetführers Himmelfahrt angesagt gewesen, denn Joe wurde nach dem großen Jossif Wissarionowitsch Dshugaschwili, genannt Stalin, benannt. Seine Eltern waren knallharte Kommunisten, die am 1. Januar 1942 dem Führer des bedrängten Brudervolkes huldigen wollten. Und kurz sollte der Vorname sein. Klassenbewußte Arbeiter sind und heißen einsilbig. Bob, Bill, Bud. Joe – Country Joe.

Der Krieg ging zu Ende und mit ihm die Sympathie für die Sowjets. Die Sieger stritten sich wie Hunde um einen Knochen; die Gruppe der linksgerichteten jüdischen Intelligenz ahnte den kommenden Rückschlag. Man verließ die angestammte amerikanische Ostküstenheimat, und die jungen McDonalds folgten der mütterlichen Familie nach Kalifornien. Dort, in El Monte, wuchs Joe kalifornischfrech heran.

Das nahe gelegene Los Angeles besaß eine siebenstökkige, unglaublich gutsortierte öffentliche Bibliothek, und die lockte den Knaben. Dort konnte man aus erster Hand die Wunder der Welt betrachten, nachlesen, was die Eltern einem so erzählten, und sich eine eigene Meinung bilden. Die hielt sich allerdings recht eng an die elterlichen Glaubenssätze, denn nicht nur die Bücher, sondern auch die Politiker bestätigten den Wahrheitsgehalt dessen, was Mutter und Vater von sich gaben. Das Fernsehen der frühen Fünfziger übertrug die Senatsanhörungen des Kommunistenfressers McCarthy, der von Roland Freisler Auftreten und Respekt vor der Justiz gelernt hatte. Sein Gegenspieler, Senator Estes Kefauver, dem das jahrelange öffentliche Spektakel der Kommunistenverfolgung, der Verfolgung jedes linksverdächtigen, einigermaßen prominenten Bürgers peinlich war, fand in Joe McDonald einen glühenden Verehrer. Hier spielte sich ab, was das Sowjetvorbild vorhergesagt hatte – der Kapitalismus zerfleischte sich selber. Joe hatte eine glückliche Jugend. Die elterliche Richtung stimmte. Er fühlte sich daheim gut aufgehoben.

Aus heiterem Himmel wurde Vater McDonald zur Senatsanhörung geladen. Der kalifornische Senator Byrd röstete besonders gern kalifornische Linke, und McDonald drehte sich wochenlang über dem rotglühenden Kommunistengrill. Als er gar war, ließ man ihn laufen und hatte sein Leben zerstört. »Aufgrund der Untersuchung des Unamerican Activities Committee verlor mein Vater seinen Job bei der Pacific-Bell-Telefongesellschaft. Hätte er noch ein paar Monate arbeiten können, wären ihm wenigstens die Pensionsansprüche geblieben, aber so blieb ihm gar nichts. Wir standen auf einmal ohne jegliche Unterstützung da. Die Familie erlebte den völligen wirtschaftlichen und sozialen Zusammenbruch.«
Wenn Joe das heute erzählt, hört man noch immer die Wut und Ohnmacht des Zwölfjährigen, der die Zerstörung der Familie bewußt miterlebte.
»Die Genossen zogen sich zurück. Wir hatten niemanden, auf den wir uns stützen konnten. Wir waren der Willkür allein ausgeliefert.« Die erwartetete Hilfe von der Partei blieb aus.
»Erst vor wenigen Jahren erfuhr ich, daß die Führer der Partei, Gus Hall und seine Kumpane, damals über eine Million Dollar pro Jahr aus Moskau bekamen, für die Parteiarbeit, natürlich, und sie leisteten sich damit Mietlimousinen und ihren eigenen Golfclub, anstatt Leuten wie meinem Vater Anwälte zu stellen. Die Erfahrung entfernte mich für immer von organisierter Parteiarbeit, aber

sie band mich noch fester an unsere Vietnam-Veteranen, die man ja auch im Regen stehen ließ.«

Doch wir greifen vor. Joe ist zwölf, und die Umwelt fällt auseinander. Der Vater hatte ihm zum sechsten Geburtstag eine kleine Hawaiigitarre geschenkt, und bald darauf begann Joe noch, Posaune zu blasen. Er wurde richtig gut – so gut, daß er in der Schulband spielen durfte, und dort wurde man auf ihn aufmerksam. Joe McDonald wurde auf eine Karriere im Symphonieorchester der Stadt Los Angeles getrimmt. Die Schulkarriere klappte, die Posaunistenkarriere nahm ihren Fortgang, das Leben sah, trotz familiärer Schwierigkeiten, recht ordentlich aus.

Er war 17, der Joe, als er eines Nachmittags am Rekrutierungsbüro der US-Navy vorbeischlenderte. Der nette Unteroffizier, der auf dem Bürgersteig gerade seine Zigarette rauchte, begann mit dem Jüngling ein Gespräch. So, fliegen wolle er eines Tages lernen? Das sei ja interessant, denn in der Navy fliege man doch auch. Sogar Düsenjäger – wo sonst, außer in der Navy, habe so ein schlauer Knabe wie er die Gelegenheit dazu? Man schlenderte ins Büro, Rekrutierungsoffizier und blauäugiger Kommunistensohn, und eine halbe Stunde später hatte Joe seine – in diesem Fall auch bei Minderjährigen rechtsgültige – Unterschrift geleistet.

»War natürlich alles Bullshit«, weiß Joe heute. An Fliegen war ohne Collegeabschluß überhaupt nicht zu denken. Joe bekam sein High-School-Diplom und trat vertragsgemäß der Landesverteidigung bei. Das war mit häufigen, langen Reisen verbunden, und das Reisen gefiel ihm. Erst ging's zur Ausbildung nach San Diego, dann wieder halbwegs durch den Kontinent nach Kansas, wo er zum Fluglotsen ausgebildet wurde, anschließend zwei Jahre Japan, wo der Matrose Joe japanisch sprechen und sogar schreiben lernte.

»Die Navy war eine egalitäre Erfahrung; Männer aus allen Schichten, die zusammenhalten müssen. Natürlich gibt's Offiziere und Unteroffiziere, aber die Mannschaften üben Gruppensolidarität, sonst klappt das Zusammenleben nicht«, resümiert Joe seine drei Navy-Jahre. Er war 21, als er entlassen wurde.

Wieder in El Monte, besuchte er drei Semester das College, bis ihm das Geld ausging. »Wieso denn, es gab doch das GI- Gesetz; das garantierte dir doch die Ausbildung«, werfe ich zivilistenklug ein. »Sicher«, sagt Joe, »aber ich weiß inzwischen, daß das Veteranen-Amt Anweisung hatte, Ansprüche zu verneinen und gegebenenfalls abzulehnen. Das GI-Gesetz war wohl etwas teuer, also betrog der Staat seine Veteranen um deren Anprüche.«

Joe wurde nicht akademisch gebildeter Symphoniker, sondern lud seine junge Frau ins Auto und fuhr die 800 Kilometer nördlich nach San Francisco.

»Ich kannte zwar Los Angeles, Yokohama und Tokio, aber so eine Großstadt wie San Francisco war eine völlig neue Erfahrung«, sagt Joe. Der Teufel war dort los. Die ersten zarten Hippieblüten sprossen, und Joe, der in der nordkalifornischen Metropole Beatnik werden wollte, merkte, daß ihm die Szene viel zu laut war. Außerdem war er etwa zehn Jahre hintendran; die japanischen Zeitschriften, in denen er über Kerouac und Freunde gelesen hatte, täuschten ein in Wahrheit längst überholtes San Francisco vor. Er floh über die Bay Bridge und landete in Berkeley.

Die Universitätsstadt am Ostufer der San-Francisco-Bucht hatte ihren Spitznamen weg: »Berserkerley« hieß sie bei gottesfürchtigen Amerikanern und galt als ein modernes Sodom. Seit der Stundentenrevolte 1964, dem »Free Speech Movement«, war im linken Campus des kalifornischen Universitätssystems Anarchie angesagt. Antikriegsversammlungen wurden von Universitätspolizisten im Auftrag der Verwaltung aufgelöst, und als die Studenten endlich von der Gängelei genug hatten, machten sie Nägel mit Köpfen. Nun ging es nicht mehr nur um das Versammlungsrecht, nun kämpfte man um die Einführung der Gedanken- und Redefreiheit, die von der Univerwaltung bis dahin schamlos unterdrückt worden war. Die Jungrevoluzzer bekamen recht, und in der Folge änderten sich die Zulassungsbestimmungen aller amerikanischen Universitäten radikal; erstmals wurden Akademien in den Geltungsbereich der Verfassung einbezogen. Sie hatten sich bis dahin einen Freiraum geschaffen, der ihnen erlaubte, Verfassungsgarantien außer Kraft zu setzen. Die radikalen Kids hatten die Uni an ihrer Schwachstelle erwischt – und der Sieg der Gerechtigkeit ließ unbegrenzte Hoffnung keimen.

In dieses Klima des erfolgreichen politischen Do-it-yourself kam Joe im Sommer des Jahres 1965. Er hatte während des letzten halben Jahres in Los Angeles ein kleines Monatsblatt herausgegeben, und das setzte er nun fort. *Rag Baby* nannte er die Postille, die anfänglich nur ein Veranstaltungskalender war, sich aber innerhalb weniger Ausgaben in ein politisches Magazin verwandelte. Abends spielte Joe öfter seine Songs im Alternativ-Rundfunk; der nichtkommerzielle, von Hörern unterstützte Sender KPFA gab linkem Gedankengut nur zu gern Gehör, denn die Senderkette Pacifica Radio wurde von Linken gegründet und verstand sich als Bollwerk gegen den Kommerz-Rundfunk, der senden mußte, was seine Werbeleute bei der Stange hielt. Joe hatte also wenig Geld, aber einen vollen Tag.

Er lernte Barry Melton kennen, als beide auf der Treppe des Univerwaltungsgebäudes Sproul Hall saßen und Folkmusik spielten. Barry hatte den Joe natürlich schon im KPFA-Programm gehört, und die zwei verstanden sich auf Anhieb – musikalisch wie menschlich. »Von da an«, sagt Joe, »ging alles wahnsinnig schnell. Ich hatte schon den ›I-Feel-Like-I'm-Fixin-To-Die‹-Rag geschrieben; die Idee kam mir eines Tages, und innerhalb von 20 Minuten war der Song fertig. Barry und ich sammelten also einige Freunde und waren plötzlich eine Band. Als wir für die fünfte Ausgabe des *Rag Baby* keinen Inhalt hatten – ich glaube, es war die Nummer fünf, aber so ganz sicher bin ich nicht – kam mein neuer Verlagspartner Ed Denson auf die Idee, statt einer Druckausgabe einfach eine EP herauszugeben.«

Die Band setzt sich kurz vor Weihnachten ins Wohnzimmer des Musikologen und Kleinstlabel-Besitzers Chris Strachwitz und nimmt einige Songs auf; vorneweg das Antikriegslied »I-Feel-Like-I'm-Fixin-To-Die«. Ein teuflisch satirischer, humorvoller Text und eine poppige Melodie vereinen sich im Aufruf an Amerikas männliche Jugend, die Bücher wegzulegen und die Knarre aufzunehmen, denn Onkel Sam stecke wieder einmal knöcheltief in der Scheiße. Öffnet schon mal die Himmelspforten für mich, singt Joe, denn jetzt geht's nach Vietnam, und da werden wir alle sterben. Die Generalität wird aufgefordert, es den Commies zu zeigen, denn der einzig gute Kommunist sei ein toter Commie; das schreibt Joe, die Wut der Jugend über die perfide Behandlung seiner Familie immer noch im Bauch.

Launig stachelt er »My country, right or wrong«-Patrioten sinngemäß an: »Mensch, stell dir vor, mit viel Glück biste / der erste deiner Freunde mit 'nem Sohn in der Kiste.« Er hat bewußt eine Vaudeville-Melodie dazu geschrieben, mit Trillerpfeifen und Autohupen, die Musik, die den Slapstick-Filmen Mack Sennetts und Laurel & Hardys unterlegt wird. Joe will damit auch dem Letzten klarmachen, daß es sich bei der ganzen Vietnam-Tragödie nur um den brutalen Scherz einer verrücktgewordenen Regierung handeln kann, einer Regierung, die mit dem schmutzigen Krieg nicht nur Kommunisten, sondern auch ihre eigene Unterschicht wegblasen will. Der Veteran darf das; er war dabei, er kennt sich aus. Joe McDonald ist nicht irgendein langhaariger Kriegsdienstverweigerer, im Gegenteil. Sollen sie sich mal auf ihn einschießen. Darauf wartet er nur.

Die EP »Talking Rag Baby«, mit fünf Songs drauf, wird bei der nächsten Demo auf dem Berkeley-Campus und im Moe's Bookstore auf der Telegraph Avenue vertrieben. »Wir waren die ersten unserer Generation, die ihre eigene Pressung verkauften«, sagt Joe. »Die Platten verpackten wir in braune Papiertüten mit einem aufgedruckten Truppentransporter und verscheuerten sie für fünfzig Cent. 100 oder 200 Kopien haben wir hergestellt; und, weißt

du, einige von denen geistern auch jetzt immer noch herum.«

Bis dahin hieß die lockere Gruppe *Instant Action Jug
Band*, aber man hatte sich nach und nach elektrifiziert –
Barry Melton hatte sich für die EP sogar eine E-Gitarre
mit Verstärker gemietet. »Für fünf Dollar«, lacht Joe. Die
Boys setzten sich also hin und suchten einen Namen.
»Country Mao and the Fish« schlug Denson vor, denn
Maos Spruch von den Revolutionären, die sich im Volk wie
Fische im Wasser bewegen, machte gerade überall die
Runde. Aber Country Mao war doch nicht das Gelbe, fand
Stalinist Joe McDonald, immerhin der einzige in der
Gruppe und somit berechtigt, an Mao Zedong Kritik zu
üben. Denson schlug also für Country Mao »Country Joe«
vor; nicht weil Joe McDonald die Band leitete, sondern Joe
für Josef Stalin. Schon wieder! »Damals hab' ich nicht ge-
wußt, daß ich nach Stalin Joe hieß«, sagt er heute. »Mein
Vater hat's mir nie gesagt. Erst vor etwa zehn Jahren erfuhr ich das. Innerhalb eines Jahres nannte mich jeder
Country Joe. Ich versuchte zwar, das zu unterbinden,
aber das ging nicht mehr. Seither bin ich – widerwillig –
Country Joe.«

Der Zufall wollte auch, daß die Knaben ab und zu vom
Verbotenen naschten. Das war drüben in San Francisco
sehr in, und auch Berkeley hatte seine eigenen Acid Tests.
Country Joe And The Fish trippten, und ihre Musik änderte sich. Vom Folkie-Sound zum härteren, einfallsrei-
cheren Acid-beeinflußten Rock war's kein weiter Weg.
»The Electric Country Joe And The Fish« war eine EP, die
etwa sechs Monate nach der »Rag Baby« aufgenommen
wurde. »Wahrscheinlich die ersten Psychedelic-Sounds,
die die Welt jemals hörte«, weiß Joe nicht allzu genau.

Etwa 6 000 Stück wurden verkauft – es ging wirklich
sehr schnell für die Gruppe –, als die *Fish* einen Plattenvertrag vom Major Label Vanguard angeboten bekamen.
Sie unterschrieben, mußten aber den Verkauf der EP einstellen, denn Vanguard wollte nicht von der eigenen, vertraglich verpflichteten Gruppe Konkurrenz bekommen.

Der Multi ließ die *Fish* »Electric Music For The Mind And Body« einspielen, ein Album, das auf den Markt kam, als die Joe-McDonald-Gruppe beim Monterey-Festival auftrat. Das war nun ohne Zweifel ein rein psychedelisches Album; so wild, daß es kaum im Radio gespielt wurde und trotzdem in die *Billboard*-Top Forty kam.

Der Underground hatte sich schon gebildet, die Freakvernetzung, die auch ohne Mainstream-Medien auskam. Eine echte Subkultur, eine Gegenkultur, riesig in ihrem Ausmaß. Generation gap war das Schlagwort; die Wasserscheide zwischen alt und jung drückte sich hier aus. Den Alten gehörten die Medien, aber die Jugend nahm sie nicht in Anspruch. Die Alten definierten Kultur, und die Jugend schuf sich ihre eigene, abweichende. Daß dabei scheinbar unverrückbar etablierte wirtschaftliche Interessen litten, merkten auch bald die Machthaber. Die counter culture forderte eine Gegenwehr der Besitzenden geradezu heraus, denn die Aufforderung, keinem über dreißig zu trauen, nahm man ernst.

Schon die Mode der Jungen drückte die Verachtung der Hauptkultur aus; man trug Second-Hand-Klamotten, Abgelegtes, Weggeworfenes. Haartracht und Kleidung zielten auf Egalität der Geschlechter ab; der Bürgerspott, daß man Männlein von Weiblein nur beim Pinkeln unterscheiden könne, war die herbeigewünschte Reaktion auf das trotzige neue Jugend-Image. Man wollte nicht gefallen, wollte sich in allem von der verachteten Kriegstreiber-Generation unterscheiden. Und wo die Alten soffen, trippten oder kifften die Jungen. Das war natürlich der Aufhänger, den die Etablierten immer wieder einem frustrierten, verängstigten Land vor Augen führten. Schaut her, sagten sie, so werden eure Kinder kaputtgemacht. Mit der Droge dem elterlichen Schoß entfernt, mit der Droge leicht manipulierbar gemacht. Die Kids können nichts dafür; es sind die Rattenfänger vom Typ Joe McDonald, die sie verderben. Sex, Drugs and Rock 'n' Roll wurden zur unheiligen Dreieinigkeit gehyped. Daß dieselben Kids, sobald sie in Uniform steckten, vom Machtzentrum Pentagon mit Sex, Drugs and Rock 'n' Roll im fernen Vietnam bei der

Stange gehalten wurden, war natürlich was anderes. Da hieß es dann »R & R«, rest and relaxation, und diente der Kampfmoral.

Country Joe And The Fish gehen nach dem Erscheinen ihres psychedelischen Albums und dem Auftritt beim hochpublizierten Monterey Pop-Festival erst mal auf Tournee. Sie spielen den ganzen Herbst und Winter, touren im neuen Jahr erstmals durch Europa und werden überall begeistert gefeiert, denn ihr »Fixin' To Die«-Rag ist ein weltweiter Hit geworden. Der flapsig-tragische Text spricht in diesem Frühjahr 1968 der Jugend Europas genauso aus dem Herzen wie den amerikanischen Kids. Country Joe ist nun wirklich der einflußreiche Rattenfänger, als den ihn seine älteren Kritiker schon länger beschimpfen.

Im August 1968 findet in Chicago die Jahrestagung der Demokratischen Partei statt, und *Country Joe And The Fish* sind die musikalische Umrahmung der geplanten Protestdemonstration. Der Demokrat Lyndon Baines Johnson hatte den Krieg bis auf eine halbe Million US-Soldaten eskaliert und scheiterte; er war im Herbst '68 zwar Präsident, hatte aber schon öffentlich auf eine Wiederwahl verzichtet und war so verhaßt, daß er praktisch ein Gefangener im eigenen Weißen Haus war. Studentenführer Jerry Rubin, Abbie Hoffman und Tom Hayden wollten ordentlich Zoff machen, der Nation zeigen, wer hier das Sagen hatte. Als sich der schon groß angekündigte Joe in die Planung des »Festival of Love« einklinkte, merkte er, was da ablief. »Meine Schwierigkeit mit den Studentenführern war immer, daß niemand von ihnen ein ›Red Diaper Baby‹ war, ein Sozialist, seit er noch Windeln trug. Zumeist waren es verhätschelte, überfressene Kids der oberen Mittelschicht, die ein romantisches Revolutionskonzept hatten. Ich kannte die Entbehrungen, die Generationen auf sich genommen hatten, um eine gerechtere Gesellschaftsordnung zu schaffen; die modischen Revoluzzer meinten, der ganze Kampf brauchte höchstens eine Woche zu dauern, und dann könnte man sich erst mal einen reinziehen. Ich bin mit Emmett Till und Langston

Hughes aufgewachsen, mit deren linksgerichteter Gesellschaftsgeschichte Amerikas, und ich nahm sie sehr ernst. Ich war gegen Abenteuerei und Angeberei, wußte, daß wir als Führer einer sozialen Bewegung eine Verantwortung für unsere Anhänger hatten, während Rubin und Hoffman möglichst viel Presse wollten und das Abenteuer suchten. Mir war klar, daß die Demonstranten auf den Arsch kriegen würden – nicht die Organisatoren wie Jerry, Abby und Tom, denn die konnten zu jeder Zeit das Podium verlassen, aber die kleinen Leute mit den Plakaten, die würden büßen müssen. Ich zog mich also zurück, was die überhaupt nicht verstanden, und dann kam's ja so, wie ich befürchtet hatte.«

Die *Fish* tourt immer weiter: 100 000 Leute kommen, um sie in Miami zu sehen. Protest ist in, und Country Joe ist der Guru der Protestkultur. Der nervenzermürbende Konzertkalender ist einigen Gruppenmitgliedern endlich zuviel. Zu Anfang des Jahres verlassen mehrere Musiker die Band. Sie wollen nicht mehr so hart arbeiten, sie haben auch Angst vor dem Erfolg; Joe ersetzt sie und macht weiter. Wieder nach Europa, dessen Jugendaufstand im Mai 1968 begann, wo Joe einer der wenigen Amerikaner ist, die begeistert begrüßt werden.

Und dann – man hatte das ganze Jahr gearbeitet – kam Woodstock. Drei Tage im August. Ein ordentliches Festival für 150 000 Fans sollte es werden, es wurde das Katastrophenfestival schlechthin. 400 000 Leute kamen, der Verkehr auf New Yorker Autobahnen kam zum Erliegen, die Veranstalter hatten niemals mit einer derartigen Menschenmenge gerechnet und mußten, um einen Aufstand zu vermeiden, das schöne, teure Festival zum kostenlosen Ereignis deklarieren. Nichts war in ausreichender Menge da; nicht genügend Klos, kein Wasser, das Essen wurde knapp, es regnete, das Sicherungspersonal zog sich in schlauem Erkennen seiner Ohnmacht zurück. Und doch galt Woodstock als gelungenstes Jugendtreffen aller Zeiten. Der Film, der die drei Konzerttage festhält, ist zum Klassiker geworden. Ein Zeitdokument, in dem Joe und die *Fish* auf der Bühne stehen und ihren »Fish Cheer« brüllen; »Gimme an F, Gimme an I ...«

Eigentlich hieß es ja nicht Fish, sondern Fuck Cheer, und die Kids wußten's und schrien's auch, aber die Gebrüder Solomon, denen das Label Vanguard gehörte, hatten sich geweigert, das Ferkelwort aufzunehmen; entweder Joe lasse es weg, oder der »Fixin' To Die«-Rag komme nicht aufs Album. Wie viele Altlinke hatten auch die Solomons für Joe nicht allzuviel übrig. Er war ihnen zu respektlos, zu humorvoll, zu pointiert – und immer diese furchtbaren Ausdrücke. »Die waren jahrelang perplex«, sagt Joe, » konnten mit meinen Obszönitäten nichts anfangen, schämten sich, daß sie so ein Schwein wie mich überhaupt auf dem Label hatten, aber die Platten verkauften sich.« Dabei war Joe klar, daß gerade die Ausdrücke, die »ein nettes Mädchen niemals in den Mund nimmt«, den Kids Gelegenheit gaben, ihren Protest zu artikulieren. Befreiend war es, allgemeinverständliche Obszönitäten zu hören, obwohl die automatisch den Song vom Radio dis-

Woodstock 1969: Country Joe McDonald vor seinem Auftritt – den Label-Bossen sind seine Obszönitäten suspekt, die Fans lieben seine Respektlosigkeit.

qualifizierten. Doch auch das gehörte zum Protest. Entweder – oder. Joe war schon immer konsequent.

Eine weitere Europatournee folgt dem Woodstock-Auftritt, anschließend geht's ins Studio nach Nashville, wo er ein Country-Album einspielen soll. »›C.J. Fish‹ haben wir am ersten Studiotag schon fertig gehabt«, erinnert sich Joe. »Drei Tage waren gebucht, also schlug ich vor, ein Woody-Guthrie-Album dranzuhängen.« Er rief zu Hause in Berkeley an, denn er hatte einige Texte vergessen, und nahm dann den Tribut an den großen amerikanischen Folk Singer auf. Sozialist Guthrie war immer einer der musikalischen Vorbilder Joe McDonalds, wie auch Earl Robinson, dessen »Joe Hill« wohl der politisch relevanteste Folksong der amerikanischen Kultur ist. Das zweite Soloalbum aus den Nashville Sessions, »Tonight I'm Singing Just For You«, kommt im März 1970 in die Läden, aber da hängt die Gruppe nur noch am seidenen Faden, und der wird von Joe im Juni offiziell gekappt.

In London spielt er das Album »Hold On, It's Coming« ein, hat Gäste wie Spencer Davis dabei, aber das Album bewegt sich nicht aus den Läden. Joe hat keine Zeit, sich um den Verkauf zu kümmern, denn er hat ein neues Projekt, das ihn gefangennimmt. Mit der Schauspielerin Jane Fonda, als »Hanoi-Jane« verschrien, weil sie Weihnachten in der feindlichen Hauptstadt verbrachte, und ihrem Kollegen Donald Sutherland plant er eine US-Army-Tournee. Eine Revue soll es werden, mit dem provokanten Titel »Free the Army«, und man brütet wochenlang über den Ablauf der Veranstaltung. Wieder zeigt sich, daß der Mensch ein Produkt seiner Umgebung ist. Der Kommunistensohn arbeitet sich mit den beiden prominenten Filmmenschen in die Materie ein, und »ich schlug vor, die Rollen nicht traditionell zu besetzen. Eine Frau könne beispielsweise den Part des Lyndon Johnson spielen. Das wollte Jane überhaupt nicht einsehen. Ihr Einwand war, wörtlich, das Publikum bestehe aus lauter GIs, Kinder der Arbeiterklasse, die nicht mal richtig buchstabieren können. Nun war ich ein Kind der Arbeiterklasse und habe noch nie fehlerfrei schreiben können. Ich habe das als persönlichen Angriff gesehen. Sie hatte sich mit dem Spruch als elitär gezeigt. Zuerst ging's in die Philippinen, alle folgten ihr wie eine Herde Schafe, und ich hab' nur gute Reise gewünscht, denn damit war's für mich vorbei. Ich erinnere mich, daß ich kurz darauf am Flughafen war und von Jane einen Anruf bekam. Ich sagte ihr noch mal, daß sie ohne mich weitermachen müßten, und sie knallte ohne Gruß den Hörer auf. Wahrscheinlich bin ich einer der wenigen Leute, die ihr jemals etwas abschlugen.«

Es war Zeit, sich um ein Projekt zu kümmern, das ihm nun schon seit sieben Jahren vorschwebte. Damals, nach der Entlassung aus der Navy, als Joe das Los Angeles College besuchte, arbeitete er nebenher bei einer Fischfabrik. »Panierte Fischfilets und panierte Garnelen haben wir verpackt, einige hundert Japaner und ich.« Eines Tages kaufte er auf dem Heimweg ein Buch des Poeten Robert W. Service. »Rhymes of a Red Cross Man« bestand aus autobiographischen Gedichten und beschrieb in wunderschönem, leicht antiquiertem Englisch die Schrecken des Ersten Weltkrieges. Stil und Aussage der Lyrik packten Joe gleich beim sozialistischen Mantelkragen, aber er hatte nie Zeit gefunden, die Gedichte zu Musik zu setzen. Jetzt wollte er's tun. »Jean Dupree« hatte er zu einem Song verarbeitet, als er nach Berkeley zog. »Ich konnte es lange nicht fertigschreiben, denn die letzten Verse waren so mitreißend, daß mir jedesmal die Tränen kamen. Ich hab's dann doch geschafft und bei meinen Soloauftritten in den Teton-Tea-Party-Hootenannys gesungen. Zehn Minuten lang war's, und ich habe immer massiven Applaus für den Song erhalten.«

Er hatte noch immer mit Vanguard einen Plattenvertrag, mit dem angesehenen Label, das in den vergangenen Jahren soviel Geld mit Rock und Pop verdient hatte. Die Solomons waren über das »War, War, War«-Album sehr glücklich. »Endlich eine Platte, die uns wirklich gefällt«, zitiert Joe Maynard Solomon. Sie sei intellektuell, die Labelinhaber konnten sich mit dem Inhalt identifizieren, und endlich hatten sie ein Joe-McDonald-Album ohne Obszönitäten. Sogar ein kommerziell erfolgreiches. »War, War, War« verkaufte sich so ordentlich, daß es in den *Billboard*-Charts auftauchte.

Die »Greatest Hits«-Goldgrube wird beackert, und auch *The Fish* bleibt nicht verschont. Es läuft, wie auch das Live-Album, das im Februar 1972 hinterhergeworfen wird. Zum Jahresende will Joe wieder einmal die alten *Fish*-Sachen spielen, also stellt er eine neue Band zusammen und geht auf Tournee. Doch die riesige, stets wechselnde *All-Star-Band* ist superteuer, und die ersten finanziellen Schwierigkeiten tauchen auf. Man nimmt in Paris eine LP auf, die »Paris Sessions«. »Es ist sicher eines meiner radikalsten Alben. Ich habe die *All-Star-Band,* soweit es machbar war, mit Frauen besetzt – eine Schlagzeugerin, eine Saxophonistin, eine Klavierspielerin waren in der Gruppe – und habe bewußt feministisches Material geschrieben und gespielt. ›Sexist Pig‹ war einer der Songs, die unheimliche Reaktionen hervorriefen. Wir hatten Texte wie ›schneide noch eine Kerbe in deinen Schwanz‹, und ein Teil des Publikums, wie auch die Vanguard-Leute, war entsetzt. Das Label wußte gar nicht, wie es das Album verkaufen sollte – die Herren wollten's nicht mal aussprechen, so peinlich war ihnen das Ding. Ob ich nicht wenigstens Ausdrücke wie Scheiße, Pissen und Schwanz rausnehmen könnte? Aber nichts zu machen; alles blieb drin. Es war ein sehr unkonventionelles Album. In der Wortwahl war ich dem Dr. Dre 20 Jahre voraus, was sicher vom Künstlerischen her in Ordnung ist, aber finanziell war's von Nachteil.«

So sehr, daß Joe die Verluste nicht mehr ausgleichen konnte. Er machte die *All-Star-Band* dicht und begann mit seinem alten Freund und Gitarristen Barry Melton als Duo zu arbeiten. Zwar kamen sich Barry und Joe im Laufe der Jahre mehrmals in die Quere, weil Barry der Meinung war, ihm gehöre der Gruppenname *Country Joe And The Fish*, und Joe hatte nur ab und zu mit ihm gearbeitet, aber nun ziehen die beiden nach Paris und beginnen eine Megatour. Innerhalb des Jahres legen sie gute 200 000 Kilometer quer durch Europa zurück. Joes Ehe zerbröckelt, und er weiß nicht so recht, wie es weitergehen soll. Endlich kehrt er im April 1975 nach Berkeley zurück, läßt sich scheiden und heiratet erneut.

Sein Soloalbum »Country Joe« verkauft sich gut, er arbeitet mit der Gruppe *Energy Crisis*, die bald darauf wieder *Country Joe And The Fish* heißt und – wie frühere Inkarnationen der Band – wieder ein gewaltiges Tourpensum auf sich nimmt. Es ist erstaunlich, mit welcher Verbissenheit McDonald arbeitet. Ihm ist nur wohl, wenn er reisen kann, wenn er auftritt, und erneut bilden sich in der Gruppe Risse; zuviel Arbeit gibt es, eine Situation, vor der jeweils nur wenige Bands stehen. Eine Situation, die offenbar auch nur von wenigen erfreut begrüßt wird.

Nach Australien- und Japan-Tourneen kommt das Aus; Joe unterschreibt im November 1975 einen Solovertrag mit Fantasy Records und bringt sein Album »Paradise With An Ocean View« heraus. Das ist sein erstes ökologisch ausgerichtetes Werk, und das kommt besonders im umweltbewußten Europa bombig an. Der neue Schwiegervater ist Cliff Humphrey, die treibende Kraft hinter der jungen kalifornischen Umweltbewegung, und sein Einfluß färbt auf Joe ab. Er schreibt das Lied »Save The Whales«, das in der Ökologiebewegung der Siebziger den gleichen Rang einnimmt wie sein Antikriegslied zehn Jahre zuvor.

Auf seinen Tourneen entlang der Westküste hatte Joe schon einige Kontakte zur Umweltszene geknüpft, und als »Save The Whales« erscheint, lädt ihn Greenpeace nach Vancouver, Kanada, zur Umweltkonferenz UN-Habitat-Forum ein. Das »Save The Whales«-Poster, dem Album beigepackt, nimmt Greenpeace als offizielles Poster zur Einweihung des Schiffes »James Bay« – des ersten Greenpeace-Schiffes, das Jahre später von französischen Froschmännern in Neuseeland in die Luft gejagt wird –, und Joe gibt in Vancouver ein Benefizkonzert, um der Organisation zu Spenden zu verhelfen. Er hat für sich entdeckt, mit welcher Sorglosigkeit die Menschheit die Erde malträtiert, und tut in der ihm anerzogenen Art sein Bestes zur Aufklärung.

Von Vancouver aus beginnt der Siegeszug des Umweltgedankens, von Greenpeace lautstark und wirkungsvoll unterstützt. Das Anliegen wird in der Showbusiness-Gemeinde populär, und im April treffen sich Jackson Browne, Ritchie Havens, Country Joe und andere in Tokio, um mit einem dreitägigen Konzert 150 000 Dollar für die Wal- und Delphinschutzkampagne aufzutreiben. Die japanische Regierung ist nicht begeistert; immerhin gehört ihre Flotte zu den größten Walfängern der Welt, aber gerade deshalb sind die Künstler ja in der Höhle des Löwen.

Mut gehört zu jeder Aktion, und Mut beweisen sie, die Kalifornier, die ohne solche publicity-wirksamen Auftritte auch gut leben könnten. Denn noch gelten die Umweltschützer als Stänkerer, als Störenfriede, die eine blühende Industrie zerstören wollen. Das Engagement fördert nicht unbedingt den Plattenabsatz.

Joe ist wieder solo unterwegs. Sein Arbeitstempo ist einfach zuviel für die meisten Musiker, und er ist es leid, dauernd Rücksicht zu nehmen. Außerdem lohnt sich's. Die Leute zahlen, um Country Joe zu sehen, nicht unbedingt die Band. Seine Alben verkaufen sich nicht spektakulär, aber ständig. Er hat inzwischen einen Katalog aufgebaut, der sich sehen lassen kann. Und er bereinigt einiges. Als die junge, gerade aus der Taufe gehobene Gruppe zu Weihnachten 1965 ihre tönende »Rag Baby«-Ausgabe im Wohnzimmer des exildeutschen Grafen und Blues-Spezialisten Chris Strachwitz aufnahm, hatte Chris die Copyrightpapiere ausgefüllt und sich als Mitkomponisten des »Fixin' To Die«-Rag eingetragen. »Ich hab's glatt übersehen«, erzählt Joe. »Chris hat von den Tantiemen für den halben Song seinen Plattenladen Down Home Music aufbauen können.« Graf und Sozialist einigen sich gütlich über die Rückgabe; auch hier ist Joe wieder seiner Zeit voraus.

Melton und er gehen erneut auf Europatournee. »Von den vielen amerikanischen Bands, die im Laufe der Siebziger Europa entdeckten, waren Zappa und ich am häufigsten dort« sagt Joe McDonald. Das hat sicher seinen Grund darin, daß die beiden nicht in erster Linie als Rocker gelten, sondern eine Aussage bringen, die Europäern nahesteht. Beide heben sich durch clevere Texte und Respektlosigkeit gegenüber der Autorität aus der Menge hervor. Beide kümmern sich weniger um Chart-Plazierung als um Relevanz ihrer Message. Beide sind Sozialkritiker, die unbekümmert sagen, wo der Schuh drückt.

Er tritt auch deshalb gern in Europa auf, weil »die Europäer uns so viel voraushatten. Umweltbewußtsein war dort schon verbreitet, als wir gerade damit begannen. Man war grün, man kümmerte sich um seine Umgebung, Recycling kam in Mode. Sie lebten schon so, wie wir uns die Zukunft vorstellten.«

Die Achtziger bringen eine einschneidende Änderung im Leben der meisten Amerikaner. Ein neuer Präsident predigt die republikanische Botschaft; jeder ist sich selbst der Nächste, heißt die; raffe, was zu raffen ist, und mache das Land stark für den Endkampf mit dem gottlosen Kommunismus. Eine gewaltige Steuersenkung für Spitzenverdiener bei gleichzeitiger kräftiger Verteidigungsausgaben-Erhöhung werden den Staatshaushalt sanieren, predigt der wildgewordene Hollywood-Cowboy, und das Volk kauft's ihm ab. Den gutgestellten Parteifreunden des Schauspielers geht es in der Tat glänzend, aber die riesige Mittelschicht des Landes verliert jedes Jahr etwas mehr Kaufkraft, büßt Einkommen und Erspartes ein und verkommt allmählich zu einer gewaltig anwachsenden Unterschicht. Da sich jeder auf sich selbst zu verlassen hat – »Hilf dir selbst, dann hilft dir Gott«, ist die neue Staatsdoktrin –, ist das wachsende Heer der Arbeits- und Obdachlosen selbst schuld an seinem Dilemma. »Wer im heutigen Amerika nicht arbeitet, der will keine Arbeit finden«, sagt der Demagoge im Weißen Haus, und er fügt hinzu, daß sich die Obdachlosen für ihren Lebensstil freiwillig entschieden haben. Daß gut die Hälfte derjenigen, die kein Dach über dem Kopf besitzen, ehemalige Vietnam-Soldaten sind, die nicht mehr ins Zivilleben zurückfanden, die von ihrer Regierung im Stich gelassen wurden, weil sie die erste Generation amerikanischer Krieger sind, die einen Krieg verloren, daß diese Wegwerfmenschen unter den Augen ihrer Vorgesetzten drogenabhängig wurden, weil sie sonst den Dschungelkampf nicht ausgehalten hätten, das will keiner wahrhaben. Die Wall Street macht jeden zum Millionär, der skrupellos zu Werke geht, also sind die Penner selber schuld.

Joe McDonald, der Navy-Veteran, kann nicht mehr mit ansehen, wie seine Kameraden verkommen. Joe besinnt sich zunehmend auf seine Militärzeit. Er geht nach Washington, protestiert dort im Namen der Veteranen, schreibt Songs, die er jedem gibt, der sie singen will. Im Mai 1982 hilft er, ein riesiges Benefizkonzert zugunsten des Veteranenprojektes in San Francisco zu organisieren, und tritt neben den *Grateful Dead*, *Jefferson Starship* und Boz Scaggs auf. Er verbeißt sich in das Veteranenproblem. Er kommt nicht mehr davon los. Joe schreibt und spielt das Veteranen-Album »Vietnam Experience« ein, macht bei Konzerten auf die Probleme der Veteranen aufmerk-

Country Joe McDonald vor dem Vietnam War Memorial in Washington, D.C.

sam – »was zur Folge hatte, daß es langfristig immer weniger Leute waren, die mich noch hören wollten« –, und allmählich wird die Musik zweitrangig. Seine 30 Alben sorgen für einen ordentlichen Lebensstandard, auch wenn er eine Zeitlang nicht auf Tournee geht, auch wenn er nie wieder auftritt. Joe McDonald wird zum vollbeschäftigten Veteranen-Fürsprecher. Er hat keine Ahnung, wie schwierig das sein würde.

»Ich vergleiche die Sechziger und Vietnam immer mit der Entdeckung Amerikas durch Kolumbus. Nun nimmt jeder an, daß Kolumbus der große Volksheld war, als er zurückkkam und bewiesen hatte, daß die Welt doch rund ist. Doch für diejenigen, die im Religionsbusiness waren, war er kein Held, denn die mußten erst mal ihre Geschäftsgrundlagen gegenüber den neuen Erkenntnissen verteidigen. Wenn du im Kartographiegeschäft warst, war er kein Held, denn dein ganzes Lager wurde wertlos. Die Generation des Zweiten Weltkrieges und die Vietnam-Generation sind wie Kolumbus und seine Zeitgenossen. Die ältere Generation mußte sich ändern, weil sich alles, woran sie glaubte, als falsch erwiesen hatte. Oder sie igelte sich ein, änderte sich nicht und verteidigte den Status quo. Natürlich änderte sich nichts, sondern sie sperrten sich gegen alles Neue, und sie haßten uns dafür, daß wir ihnen zeigten, daß die Welt immer noch rund ist.«

Progressive Amerikaner engagierten sich für die Sandinisten und die Freiheitsbewegung El Salvadors, reaktionäre nahmen die Seite der Contras und Salvadorianischen Regierung ein. Man sammelte für seine jeweilige »Partido«, Benefizveranstaltungen lieferten die Mittel, um kriegsversehrten Lateinamerikanern beider Lager helfen zu können, doch weder die Linke noch die Rechte kümmerte es einen Deut, daß amerikanische Veteranen ohne Prothesen leben mußten, weil kein Geld da war. Das Engagement für die »Freiheitskämpfer« beider Seiten ließ keinen Platz für die Boys, die gutgläubig für ihr Land in ein Abenteuer gezogen waren, an dem sie unschuldig waren.

»Überall stieß ich auf ungläubiges Kopfschütteln, wenn ich das Thema anschnitt. Selbst meine Mutter war aufgebracht; da darben die Campesinos in Mittelamerika, und ich setzte mich für die Babykiller ein. Das Gespräch dauert übrigens noch an«, sagt Joe. »Man will den Vietnam-Krieg vergessen, und vergißt die Soldaten. Ich habe mich jahrelang mit meinen politisch korrekten Kollegen in der Wolle gehabt. Die haben alle irgendwelche verwundeten Nicaraguaner gesponsert – und ich sagte immer, wenn du einem Kämpfer helfen willst, brauchst du nicht weit weg. Unter der nächsten Brücke liegen einige. Ich traf sogar Veteranen, die sich weigerten, ihre schmale Versehrtenpension abzuholen, denn sie betrachteten das als Blutgeld.«

Das Engagement wird auch von »aufgeklärten« Kollegen nicht unbedingt begrüßt. Das merkte Joe schon, als ihn kurz vor dem Auftritt der *Dead* im Moscone Center deren Percussionspieler Mickey Hart im Umkleideraum besuchte. »Mickey wuchs in einer Soldatenfamilie auf und war selbst Angehöriger der Air Force in Vietnam. Der kam rein und sagte, ich solle ja das Maul halten über seinen Dienst bei den Streitkräften. Es sei nicht gut fürs Geschäft, wenn das bekannt würde.« Joe fügt hinzu: »Du glaubst nicht, wie viele Showbusiness-Typen mir das im Laufe der Jahre gesagt haben. Daß ich dann erst recht das Maul aufreiße, versteht sich doch wohl von selbst.«

Gegen Ende des Jahrzehnts kommt endlich Bewegung in die Veteranenszene. Peu à peu werden ihre Forderungen gehört, sie bekommen langsam Hilfe, wo es lange keine gab, und der quirlige Joe verzichtet auf Anerkennung. Ihm genügt es, wenn sich endlich etwas tut.

Er setzt sich mit Jerry Garcia von den *Dead* zusammen und bespricht ein neues Soloalbum. Die beiden hatten schon lange vor, zusammenzuarbeiten, denn seit 25 Jahren kennt und schätzt man sich. Nun ist es soweit. Jerry soll das Album produzieren und auf einigen Tracks Gitarre spielen.

Joe hat einige neue Songs geschrieben, und die nehmen sie im Laufe des Jahres auf. Jerry und Joe teilen die Vorliebe für akustische amerikanische Musik: Blues, Bluegrass, Country, Folk und Jazz. »Mit ihm zu spielen war einfach; er setzte sich hin und begann perfekt zu spielen. Ich erinnere mich an 1965; ich stand neben dem großen Kessel mit dem LSD vor der Bühne, schaute zu ihm auf und staunte, was er alles mit seinen Händen machen konnte. Das wiederholte sich bei meinem Projekt. Ich konnte nur über ihn staunen.«

Das »Superstitious Blues«-Album wird 1991 zum soliden Einkommensbringer, denn Joe hat seit Jahren nicht mehr veröffentlicht, also schnappen die Fishheads zu. Garcia hat eine solch gewaltige Fan-Basis, die alles kauft, wo er mitspielt, daß man allein davon hätte leben können. Jerry und Joe bleiben in engerem Kontakt, obwohl beide wieder ein volles Programm haben. »Jerry und ich waren beide Vaterfiguren; wir standen beide Bands vor, und nur wer die Situation kennt, weiß, wie schwierig das sein kann. Er arbeitete wie besessen; nur Arbeit, Arbeit, Arbeit, damit seine Organisation Arbeit hatte. Das ist es, glaube ich, was ihn umbrachte – die pausenlose Arbeit, die fehlende Freizeit. Er war ein guter Typ. Seine Vorliebe für gewalttätige Ganoven wie die Hell's Angels konnte ich zwar nie verstehen, auch nicht seine Wischi-waschi-Philosophie oder seinen Horror vor der Politik; aber er trug immer Arbeiterkleidung, war völlig locker und ungezwungen, ohne Allüren. Er war einfach Jerry.«

Joe geht wieder auf Tourneen, aber der alte Schwung ist hin. Sporadisch tritt er auf, hat gute Kritiken wie immer, er konzentriert sich auf sein gewaltiges Repertoire und füllt die Säle, wo er auftritt. Dennoch fehlt ihm die Begeisterung der frühen Jahre. Als er die Einladung bekommt, als einziger seiner Generation das Woodstock II zu spielen, betrachtet er es eher als eine Ehre als einen Supergig.

Joe fährt wieder nach Woodstock – und obwohl das neue Festival nicht mehr auf Yasgur's Farm stattfindet, sondern einige Kilometer entfernt, sieht er doch die Parallelen zu 1969. »Die gleichen Kids, das gleiche Durcheinander und, im Prinzip, auch die gleiche Musik. *Green Day* war phantastisch, trotz des Ärgers mit der Sicherungstruppe, aber beim ersten Festival gab's den gleichen Ärger. Ich war mit meinem Freund Alan Ginsberg dort – wir gingen nach meinem Auftritt über das Gelände, durch die vielen Kids, und man spürte das gleiche Zusammengehörigkeitsgefühl, das schon das Original-Woodstock so besonders machte. Seither mache ich mir über die junge Generation keine Gedanken; die sind schon in Ordnung.«

Der Beat-Dichter Ginsberg und der politische Satiriker Joe McDonald knöcheltief im Schlamm von Woodstock, eine Generation älter als die Kids, die alle mit dem Film »Woodstock« aufgewachsen sind und die beiden älteren Herren dennoch nicht erkennen – das Bild setzt sich fest.

Die Stadt Berkeley gab dem 15 Jahre währenden Drängen Country Joe McDonalds endlich nach und ehrte am 11. November 1995 die im Vietnam-Krieg gefallenen Söhne der Stadt. Gleichzeitig sprachen ihm die Stadtväter ihre Hochachtung für seinen Einsatz für die Kameraden aus. Der Veteran's Day 1995 war also auch, in Berkeley zumindest, ein Joe McDonald Day. Die Gefallenen bekamen – über 20 Jahre nach Beendigung des Krieges – eine Plakette spendiert, Joe wurde mit dem Bürgermeister fotografiert, und aus allen Teilen des Landes dankten ihm Veteranen per Internet und Postkarte. Damit war ein Kapitel im Leben des Joe McDonald vorläufig beendet.

Wir saßen einige Tage später zusammen, und ich fragte Joe, was er denn vorhabe. Wie sieht er denn überhaupt die Zukunft?

»Ich weiß es nicht«, sagt der nicht kleinzukriegende Provokateur, der ewige Sucher nach Gerechtigkeit. »Der Tod Jerry Garcias hat mich umgehauen. Daß es kommt, wußten wir alle, daß es so schnell kommt, ahnte niemand. Ich konnte mich immer mit ihm identifizieren – nicht mit den *Dead*, aber mit Jerry –, und jetzt ist er nicht mehr da. Meine Kinder sind zwischen 29 und vier Jahren alt; da gibt's also noch einiges zu tun. Und die Musik ...? Ich weiß nicht, ob ich überhaupt noch etwas zu sagen habe. Ich weiß nicht, ob ich mich nicht einfach zur Ruhe setze. Ich weiß es nicht. I just don't know.«

Green Day: Kerplunk? Ka-boing!

Der 13. Mai 1994 war ein ungewöhnlich schöner Tag. Mild war's, die Sonne stahlte, und die Berliner waren allgemein gut gelaunt. Am Abend dieses idealen Frühlingstages stand ich als Gastmoderator im Sendestudio von Radio Fritz auf dem Babelsberger Mediengelände, machte in der Sendung Blue Moon einen Dreistundenbeitrag über kalifornischen Rock und schabte mich. Denn auf der Bühne der vollbesetzten Deutschlandhalle stand *Green Day* und schrubbte ihr Opening-Set für *Die Toten Hosen* weg. Nun kommt man nicht alle Tage dazu, für den beliebtesten Jugendsender der deutschen Hauptstadt ein Special zu machen, doch man kommt auch nicht alle Tage dazu, *Green Day* in voller Aktion zu sehen. Da war sie nun, die kalifornische Gruppe, auf die ich schon seit Monaten scharf war, so nah und doch so weit weg. Die Jungs spielten ihr Set, ich meins.

Egal, was die Leute sagen, ob sie nun als Punkrock gelten, oder als Rockgruppe, als Neopunk oder als *Sex Pistols*-Clone, *Green Day* ist eine Popgruppe, ganz einfach. Sie schreiben und spielen witzige Popsongs, Ohrwürmer, die riesige Stimmung verbreiten. Mehr wollen sie nicht. Ihr Anspruch ist es, zu dritt auf der Bühne zu stehen und von möglichst vielen Leuten für 90 Minuten total geliebt zu werden. Anarchie ist nicht angesagt. Ihre angeblichen Vorbilder aus dem Wirkungsbereich der Queen, wie zum Beispiel die *Sex Pistols*, sahen für sich »no future«, im krassen Gegensatz zur kalifornischen Krawallgruppe. *Green Day* singt nicht über soziale Probleme, *Green Day* hat's eher mit den Themen, die einen Zweiundzwanzigjährigen beschäftigen können – Suff, Masturbation und dem Gefühl, im großen Weltgetriebe ein schlecht geöltes Zahnrädchen zu sein. *Green Day* spielt reine Good Time Music. Die Knaben Billie Joe Armstrong, Mike Dirnt und Tre Cool aus dem Katastrophendorf Rodeo bei Berkeley nehmen nichts ernst, nicht mal die vielen Millionen, die sie mit ihrem Überraschungsalbum »Dookie« verdienten. Für *Green Day* ist »every day a holiday«.

Daß das nicht immer so war, denkt sich der geneigte Leser schon. Zwei der drei 1972 geborenen Musiker wuchsen in widrigen, für viele Kalifornier allerdings typischen Umständen auf. Wer in den kleinen Holzhäusern lebt, die im Schatten der riesigen Raffinerie von Rodeo stehen, gehört nicht zu den Glückspilzen dieser Welt. Es sind arme Leute, die sich mit schlechtbezahlten Jobs ihren Lebensunterhalt verdienen müssen, die, wenn sie Glück haben, dem Sozialamt ihre Armut glaubhaft machen können. Dann gibt's nämlich etwas Staatskohle, auch wenn's peinlich ist, die Lebensmittel mit Gutschein statt Barem zu bezahlen. Kraftfahrer oder Hilfsarbeiter ist man hier, einige Rodeans gehen jeden Tag in die Raffinerie. Man sieht es ihnen an. Sie husten, tragen ihre graue Hautfarbe als Betriebszugehörigkeitsausweis, sie altern früh. Wenn Vater abends heimkommt, dann hat er eine 12-er Packung Dosenbier dabei, und anstatt die Martinis kaltzustellen, wie's in wohlhabenderen kalifornischen Haushalten Usus ist, hat Mutter schon die ersten beiden Joints des Abends gedreht.

Billie Joe war das Jüngste von sechs Kindern des Lastwagenfahrers Armstrong. Der Vater, der ab und zu als Jazz-Schlagzeuger ein paar Dollar dazuverdiente, sorgte dafür, daß der kleine Billie Joe mit Musik aufwuchs. Als Fünfjähriger schon zeigte er Talent, sang in Kinderkrankenhäusern und Altersheimen, das engelhaft aussehende Knäbchen mit den langen blonden Locken. Aber die Kleinstbürgeridylle endete 1982, als der Vater starb. Mutter Armstrong fand einen Job als Kellnerin, lernte einen ihrer Gäste kennen und lieben und schleppte ihn als Stiefvater ins Haus. Die Kinder konnten mit dem neuen Papa nicht viel anfangen und begannen ihre eigenen Wege zu gehen. Billie Joe zeigte seine Unzufriedenheit auf die ihm eigene Weise. Der Mann, der sich bei Woodstock II auf der Bühne nackt auszog, übte den für prüde Amerikaner schockierenden Auftritt schon im Alter von zehn, als er bei einem Schwimmwettbewerb seiner Schule im nahen Crockett zum Entsetzen des Publikums nackt um das Schwimmbecken kurvte.

Im gleichen Jahr lernte er Mike Dirnt kennen. Mike, unwillkommenes Balg einer heroinabhängigen Mutter, wurde ihr weggenommen und wuchs in der Familie einer Indianerin und eines Weißen auf. Als sich die Pflegeeltern jedoch nach wenigen Jahren trennten, wurde Mike seinem biologischen Vater zugeschoben, wohnte dann zeitweise wieder bei seiner Mutter, die auch einen fremden Herrn ranschleppte und ihn eines Tages als Stiefvater vorstellte. Mike wurde Amateurkomiker. Der bis dahin stille Knabe begann seine Mitschüler zu unterhalten. Ihm war's egal, ob sie über ihn oder mit ihm lachten. Nur als Hampelmann wurde er den häuslichen Frust los.

Die beiden, Billie Joe und Mike, noch so klein und doch schon ziemlich kaputt, mußten zueinanderfinden. Als sie sich endlich näherkamen, stellten beide fest, daß sie sich eigentlich nur für Musik interessierten. Beide waren stolze Besitzer recht ausgelutschter Akustikgitarren, und sie jammten. Einfache, laute, mitreißende Songs von Eddie van Halen, Deff Leopard und Ozzie Osborne mußten herhalten. Die Jungen lernten furios, spielten bei jeder Gelegenheit. Im Dorf sprach sich rum, daß Billie Joe und Mike keine üblen Sounds in der Armstrongschen Garage produzierten. Als Billie Joe elf wurde, bekam er eine richtige E-Gitarre. Die spielt er heute noch auf der Bühne, trotz der handgemalten Initialen und dem »Fuck Metal«-Aufkleber. Sein Talisman.

Dirnt hielt es zu Hause nicht mehr aus. Fünfzehn war er, hatte das Theater lange genug mitgemacht und mußte da raus. Er kaufte sich ein altes Auto, lebte darin, arbeitete neben der Schule als Fast-food-Koch und spielte nach der

Arbeit ab und zu mit Billie Joe im Gilman Street House in Berkeley. 924 Gilman Street war das einzige öffentliche Gebäude weit und breit, zu dem Jugendliche abends Zutritt hatten. Eine Kombination aus Jugendklub und Teestube im hinteren Teil einer Werkstatt, machte es sich einen Namen als Punk-hangout. Alkohol gab's da nicht, was die Polzei schon mal fernhielt, und Kids durften die Musik spielen, die sie mochten. Jeden Abend war die kleine Hinterhofkneipe gerammelt voll. Draußen auf der Straße standen Kids, die ihr mitgebrachtes Bier tranken oder auf Hustensaft high wurden – ein Vergnügen, übrigens, dem Billie Joe heute noch manchmal frönt.

Fremde, die einmal vorbeischauen wollten, kriegten erst mal eins aufs Maul, auch wenn sie Jello Biafra hießen und Sänger der San-Francisco-Edelpunker *Dead Kennedys* waren. Dann ganz besonders. Der arrogante, alternde Schreihals wollte dem Klub was Gutes tun und als Pate der Punkszene höchstselbst erscheinen, um ein »Urbi et Orbi« von sich zu geben. Als die Kids jedoch den Punkpapst erkannten, brüllten sie »Pop Star« und behandelten ihn entsprechend. Jello wurde mit gebrochenem Bein, lädiertem Knie, wunder Seele und mausetotem Ego abtransportiert und findet seither kein gutes Haar an der East Bay Punkscene.

Die Auftritte auf der kleinen, schmuddeligen Bühne törnten fast genauso an wie der Hustensaft. Helden waren sie hier, inmitten Gleichgesinnter und Gleichartiger. Billie Joe und Mike nannten sich *Sweet Children*, wußten, daß sie gut waren, und gingen dran, den Wirkungskreis zu erweitern. Sie bekamen ihren ersten »richtigen« Gig bei Rod's Hickory Pit, wo Mutter Armstrong kellnerte. 30 Freunde tauchten auf, also war der Abend trotz miserabler Kasse ein voller Erfolg.

Allerdings lebt zu Beginn der Karriere der Mensch nicht von der Musik allein. Billie Joe spezialisierte sich darauf, in der Schulpause selbstgedrehte Joints zu verkaufen. Seinen Spitznamen hatte er bald weg. Als »Two Dollar Bill« kennen ihn ehemalige Mitschüler; ein hübsches Wortspiel, denn Bill heißt auch Geldschein. Dirnt hingegen, dem man eher einen solchen Nebenerwerb zutraute, arbeitete weiter als Koch in der Schnellfresse. »Don't give up your day job, kid«, rieten wohlmeinende Musikmanager, wenn das Vorspielen nicht zum Vertrag führte. Mike beherzigte den Spruch und verließ sich auf die Kochkunst, um zu überleben.

Einen Tag vor seinem 18. Geburtstag fand Billie Joe, daß nun die Bildung ein Ende haben müsse. Die Gigs nahmen überhand; er verließ auf Nimmerwiedersehen die High School und zog mit Mike Dirnt in ein von anderen Kids schon längst besetztes Haus in Oakland. Mike belegte zwar ein paar Collegeklassen, aber Billie Joe war froh, die Plackerei endlich hinter sich zu haben. Er erzählt gern und oft, daß ihn am Tag seiner Kündigung sein Klassenlehrer groß anschaute und fragte:»Wer bist du denn?«

Den Herren wuchsen langsam Bartstoppeln, die Arme wurden immer bunter, der Gruppenname *Sweet Children* klang immer mehr nach Etikettenschwindel. Also beschlossen sie, sich nun nach ihrer Lieblingsbeschäftigung *Green Day* zu nennen. Ein Green Day ist ein Tag, an dem möglichst viel Marihuana reingezogen wird – und das war wohl die Hauptbeschäftigung in ihren jungen Tagen. Marihuana zum Dösen und Kichern, die Unterschicht-Droge Methamphetamin, wegen ihrer Wirkung als Speed bekannt, fürs Komponieren, LSD zur Phantasieanregung.

Drummer John Kiftmeyer, der schon einige Monate mit ihnen auftrat, hielt nichts von solchen Tagesabläufen. Er haute ab, um aufs College zu gehen. Die Jungs bearbeiteten Tre Cool. Das war der Typ, bei dem Kiftmeyer Schlagzeugunterricht genommen hatte, und den fanden Billie Joe und Mike eh viel cooler.

Eigentlich heißt Tre ja Frank Edwin Wright III. Frank Edwin wuchs in den Mendocino-Bergen auf. Dort, wo ebensoviel Marihuana wächst, wie Althippies wohnen, wo jeder Hippie von schnellwachsendem Grün umgeben sein will. Sein Vater, ein ehemaliger Hubschrauberpilot, der in Vietnam gedient hatte, verpflanzte die Familie in die Berge, weil er seine Hippie-Ideale unbedingt erhalten wollte. »Es war Wahnsinn«, sagt Tre. Ein Riesenberg, auf dem

Green-Day – *von der Übungsgarage in die MTV-Hitparade*

man herumklettern konnte, die totale Wildnis, sonst war überhaupt nichts los.

Doch der nächste Nachbar war Lawrence Livermore. Der wohnte nur knapp zwei Kilometer entfernt, war Boß einer Punkband namens *Lookouts* und hatte seine eigene Plattenfirma gegründet, die winzige Lookout Records, die sich auf Bay Area Punk spezialisierte. Frank Edwin sorgte in der Einsamkeit der Mendocinos für Abwechslung, indem er auf sein Schlagzeugkit drosch. Lawrence hörte ihn und nahm den Zwölfjährigen mit ins Studio, wenn er mal wieder einen Schlagzeuger brauchte. Doch »Frank Edwin Wright III« nimmt sich auf einer Punkplatte komisch aus. Also nannte Lawrence ihn »Tre Cool«. Weil der Kleine das war. Supercool.

Tre konnte auch nicht viel mit der High School anfangen. Also ließ er sich mit 16 freistellen, um gleich beim College weiterzumachen. Ihm ging nichts schnell genug. Studiosus Tre zog also erst mal ein Paar Friedenspfeifchen mit den beiden drummerlosen Punkern durch. Man verstand sich. Tre wurde dritter Mann bei *Green Day*. Der Krach, den sie machten, galt im akademischen Berkeley als von Herzen kommender Punk Rock, weshalb Livermore sie sofort in sein Studio schleppte und das Album »39/Smooth« mit ihnen aufnahm. Nun hatten sie ihre eigene CD auf dem Markt und gingen sofort auf Tournee durch die Punkklubs Amerikas. 45 Shows spielten sie, jeden Abend woanders, legten die Wahnsinnsentfernungen in einem Uraltcampingwagen zurück, den Tres Vater gekauft und wieder aufgemöbelt hatte, und weil die Knaben mit dem Autofahren Schwierigkeiten hatten, stellte sich Vater Cool auch gleich als Chauffeur zur Verfügung. Der Althippie fand's stark, was sein Sohn machte. Die ersten US-Tourneen waren eine Riesenfete. Die Kids hatten einen Mordsspaß an der Reiserei, die Konzerte fanden in Turnhallen und schmuddeligen Vorstadtkneipen statt, und die Fan-Basis wuchs auch hier, auf dem flachen Land. Cool Senior fühlte sich zurückversetzt in die Love Generation. Man merkte, sagt der Papa, wie die Tourneen aus den drei Knaben eine homogene Gruppe machten.

1992 machte Lookout Records noch einmal ein Album, »Kerplunk«, obwohl sich »39/Smooth« nicht besonders verkauft hatte. Doch Plattenmacher Livermore war Fan; er fand die Gruppe unheimlich gut, er legte sich für *Green Day* ins Zeug, denn er wußte, daß sie eines Tages ganz groß rauskommen würden, und er gönnte es ihnen.

In den Städten rund um die San-Francisco-Bucht galt *Green Day* zunehmend als Insidertip. Ihre Shows waren jetzt gerammelt voll. Sie bespielten allerdings immer noch die kleinen Punkkneipen in den miesen Stadtteilen, aber die Kids wußten, wer sie waren. Respektable 50 000 *Green Day*-Alben hatte das Mini-Label Lookout verkauft, als der Musikmulti Warner Brothers auf die Gruppe aufmerksam wurde. Die drei überlegten nicht lange. Billy Joe und Mike, deren Herkunft ihnen kaum eine Chance auf ein ordentliches, gesichertes Jahreseinkommen ließ, sahen die große Kohle. Sie griffen zu und unterschrieben den Plattenvertrag, allerdings mit der Maßgabe, daß Lookout-Chef Livermore die uneingeschränkten Rechte an den beiden ersten *Green Day*-Alben und den daraus hervorgegangenen Singles behielt. Nun reagieren Multis auf so ein Ansinnen meist unwirsch. Entweder alles oder gar nichts ist ihr Standpunkt, und sie kommen meist durch damit, denn wer riskiert schon, aus Loyalität gegenüber Freunden den mächtigen Industrieführer zu brüskieren? Doch *Green Day* blieb hart, und Warner spielte mit. Offenbar nahm kaum jemand in der Burbanker Zentrale an, daß aus den drei tätowierten Ungewaschenen jemals Hitmacher würden.

Die Boys nahmen 1993 »Dookie« auf und staunen heute, nach acht Millionen verkauften Alben, immer noch. Plötzlich waren sie wer. Ihre erste Single »Longview«, eine Ode an Langeweile und Selbstbefriedigung, schoß in der MTV-Hitparade nach oben. Kids konnten nicht genug davon kaufen. *Green Day* wurde innerhalb von Wochen zur Super-Popgruppe. Der harte Sound, die rotzfrechen Texte mischten eine Musikszene auf, die in Langeweile und Selbstmitleid erstarrt war. Billie Joe, der privat ein höflicher, eher zurückhaltender Bürger ist, wundert sich, daß ihre Bühnenshow so begeistert gefeiert wird. Da gibt er sich nämlich, in bester, abgekupferter Punktradition, als totales Ekel – die Kids johlen begeistert. Ein echtes Arschloch, der Billie Joe, paß auf, gleich zieht er noch die Hose aus! Die hektischen, unter Methamphetamin-Einfluß entstandenen Riffs sorgen für Bewegung in der Meute, und die Gruppe feuert ihr Publikum ordentlich an. Nur nicht stillesitzen.

Ihre alten Fans nahmen und nehmen natürlich den Erfolg übel. Sie haben sich verkauft, heißt es, sie sind gar keine Punkgruppe. Nur nicht blicken lassen sollen sie sich in der Gilman Street, dann zeige man's ihnen, den verdammten Poppern. Aber das waren sie schon immer. Billie Joe, Mike und Tre. Ihre Fans wußten's nur nicht.

Billie Joe ist inzwischen Vater, seine Frau Adrienne hat ihn Mitte 1994 in einem Rodeoer Hinterhof geheiratet. Nur ein paar Freunde und Familie waren dabei. Man soff den ganzen Tag, sagt Billie Joe, abends fuhren die Frischvermählten ins Claremont Hotel und rammelten wie die Karnickel. Am Tag darauf stellten beide fest, daß Adrienne ohnehin schon schwanger war. Was bei bei dem jungen Paar eine irre Freude auslöste.

Die Hochzeit war eine verdiente Pause in einem Jahr, das die Knaben um die Welt führte. »Dookie« war überall ein Hit, also spielte *Green Day* überall. Wörtlich. Ganz 1994 war eine gewaltige Tour, deren Höhepunkte in Amerika stattfanden. *Green Day* war eine der Stargruppen der Lollapalloza Tour, der größten amerikanischen Alternativ-Tournee, und dann gab's ja auch noch Woodstock II. Das Erlebnis war nicht ganz ohne. Der Regen hatte die Wiese, auf der alles stattfand, zu Schlamm verwandelt, und der nackte Billy Joe gab dort oben auf der Bühne so ein schönes, bleiches Ziel ab; sogar mit hängender Zielscheibe. Zaghaft zuerst, dann immer wilder flogen die Schlammgeschosse, so daß bald nicht mehr auszumachen war, ob es überhaupt noch Billie Joe war, der da oben schlammbedeckt seine Songs ins Mikrofon schrie. Und als ihm Mike zu Hilfe kommen wollte, wurde der von einem übereifrigen Sicherungsfritzen niedergeschlagen, was ihm vermutlich recht war, denn seine echten Vorderzähne waren nicht von allererster Güte. Seine neuen sind viel hübscher.

Die viele Kohle hilft ihnen jetzt, ihr jeweiliges Familienleben richtig zu beginnen. Bis Ende 1994 hatte niemand was davon. Die Gruppe hatte kaum Zeit, einmal auszuruhen. Zudem bekam Mike im Herbst 1994 einigen Ärger mit der Presse. Zeitungen hatten herausbekommen, daß seine Mutter und seine Schwester gezwungen waren, die Wohlfahrt in Anspruch zu nehmen. »Hab' ich nicht gewußt«, gibt der überraschte Mike Antwort auf den Vorwurf eines Reporters, »und ich kann mich im Moment auch nicht darum kümmern, denn wir sind einfach zu beschäftigt, aber ich werde mich drum kümmern.« Das schien dann doch eine etwas gefühllose Art, und die Presse hatte ihre Freude mit dem rüden Punker. Wieder aufgekocht wird die Story, als »Dookie« am 1. März 1995 den Grammy für das beste Alternativ-Album bekommt. Aber *Green Day* ist nun so eingeführt, daß Mike diesmal nur mit dem Mittelfinger antwortet – und die Antwort als liebenswerte Schrulle eines Rockstars gewertet wird.

Die Gruppe hat sich inzwischen an die Annehmlichkeiten des Stardaseins gewöhnt. Die Jungs haben sich nette Häuser in Berkeley gekauft. Billie Joe ließ sich in der unmittelbaren Nachbarschaft seines Woodstock-Kollegen Country Joe McDonald nieder. Daß er sich in der Gegend vergriffen hatte, merkte er, als sich immer mehr Fans bei ihm einfanden, auch noch um Mitternacht anklopften, um ein Autogramm oder ein Stückchen Billie Joe zu erhaschen. »Was will man machen?« fragt Country Joe. »Er hat natürlich die Bude verkauft und sich was furchtbar Teures, Abgelegenes gekauft.«

Green Day brachte im Oktober 1995 ihr »Insomniac«-Album auf den Markt und ging sofort wieder auf eine ausverkaufte Welttournee. Sie bespielen inzwischen Stadien mit 10 000 und 15 000 Zuschauern und achten darauf, daß die Tickets zu ihren US-Shows nur 15 Dollar kosten, wodurch die Gruppe freiwillig auf die Hälfte der möglichen Einnahmen verzichtet. Sie wollen, daß sich jeder ein *Green Day*-Konzert anhören kann. Sie haben als einzige dafür gesorgt, daß ihre Konzerte preiswert blieben; und wenn sie die Maxime Bill Gates' beherzigen, der mit seinen Computerprogrammen Milliardär geworden ist, weil er lieber billig an viele als teuer an wenige verkauft, dann bleibt uns *Green Day* noch lange als stimmungmachende Stadienband erhalten. Obwohl Mike Dirnt seine Zweifel hat. Der meint, die Band werde ohnehin ihr ganzes Geld eines Tages verlieren. »Wichtig ist nur, daß am Ende eine gute Story übrigbleibt.«

Daran arbeiten sie jeden Tag.

Creedence Clearwater Revival: die Band für jedermann

Jungen Amerikanern, die 1968 von der Europareise heim-
kehrten, wurde schon am Flughafen von strengblickenden
Herren der Einberufungsbefehl präsentiert. Man über-
legte sich also, ob das Heimweh wirklich stark genug war,
um eine Rundreise über Amerika nach Südostasien zu ris-
kieren. Das bleihaltige Dschungelklima Vietnams über-
zeugte manchen, lieber weit weg zu bleiben. Das Heimweh wurde allerdings im Oktober 1968 übermächtig, als
die wenigen progressiven deutschen Rundfunkprogram-
me ein altes Lied einer neuen Gruppe in die Playlist aufnahmen. »Suzie Q«, der zehn Jahre alte Rock-'n'-Roll-Hit
von Dale Hawkins lief da plötzlich in einer knallharten
Rockversion. Die Gruppe, die es spielte, *Creedence Clearwater Revival*, stammte offenbar aus irgendeinem Hinter-
waldkaff im Mississippi-Delta. Man hörte es am starken
Südstaaten-Akzent des Sängers. Ein Akzent, der Assozia-
tionen zu Erdnußbutter, paniertem Wels und Okra auslöste. Die Boys aus dem Mangrovensumpf lieferten sicher-
lich manch einen freiwillig exilierten Jungamerikaner
ans Messer. In zweifelsfrei hehrer Absicht herunterge-
schrubbte Kanonenfuttersongs.

Dabei war die Gruppe nie, was sie schien. Nicht aus den
alligatorenverseuchten Sümpfen des Südens kamen sie,
sondern aus All-American-Haushalten in der Berkeley-
Vorstadt El Cerrito. Dort wuchsen die Gebrüder John und
Tom Fogerty wie ihre Freunde Stu Cook und Doug Clifford kurzhaarig und gottesfürchtig heran, lernten sich
1959 in der Portola Junior High School kennen und ver-
schweißten sich zu einer Rockband. Die Jungs coverten
die Hits des Tages, und als sie 1963 gemeinsam die Schule

verließen, spielten sie als *Tommy Fogerty and The Blue Velvets* in Klubs und Bars in den Kleinstädten der San-Francisco-Bucht. Tommy hatte einen Tagesjob bei Fantasy Records angenommen; er verpackte Schallplatten und verschickte sie in alle Welt. Ein lausiger Job, aber er erleichterte den Zugang zur Industrie, und nach langem Drängeln lohnt er sich auch. Im Sommer 1964 spielen sie endlich Label-Besitzer Hy Weiss vor. Hy mag die vier Burschen, aber er mag die inzwischen altmodischen Rock-'n'-Roll-Sounds nicht. Er braucht eine Gruppe, die sich britisch anhört. Also wird aus den *Blue Velvets* die Britengruppe *The Golliwogs*. Die Jungs zimmern sich also einen nordenglischen Akzent zusammen, das melodische Liverpooler Nuscheln der neuen Hitmacher *Beatles* nehmen sie sich zum Vorbild, auch ihre Musik erinnert stark an das »Love Me, Do« der Pilzköpfe. Die Pseudo-Engländer aus Berkeley tingeln zwei Jahre, bis sie mit »Brown Eyed Girl« einen regionalen Hit haben. 10 000 Kopien der Single werden allein in Nordkalifornien verkauft. Das Cockney der Jungs ist inzwischen so überzeugend, daß sich die Single sogar ins englische Radioprogramm einschleicht. Der erste Hit kommt jedoch zur Unzeit. Gerade als der Umsatz so richtig schön anläuft, werden John Fogerty und Doug Clifford einberufen.

Bis Juli 1967 verteidigen die beiden unsere Demokratie. Nach ihrer Entlassung will sich die Gruppe einen neuen Stil geben. Amerikanische Sounds sind inzwischen wieder in, die englische Invasion hat sich bis auf wenige Ausnahmen verlaufen. Aus Bibel, Bierwerbung und Predigerjargon kommen die Ausdrücke »Creedence Clearwater Revival«, die sich so richtig schön nach Southern Rock anhören. Man einigt sich auf den seltsamen, langen Gruppennamen. Nun muß noch ein Stil gefunden werden, und dazu geht man ins Studio und spielt, spielt, spielt.

Hy Weiss hat nichts dagegen. In letzter Zeit laufen die Geschäfte nicht mehr so, und er sucht dringend einen Käufer für das Label. Als *Creedence* im Frühjahr 1968 das Cover von »Suzie Q« abliefert, das während der ellenlangen Band-Session entstand, gefällt dem neuen Label-besitzer Saul Zaentz der Stil, und er überredet sie, doch eine längere Version einzuspielen. »Suzie Q« kommt als Single heraus und macht Furore, schießt auf die Nummer 11 der *Billboard*-Charts, das im Juni schnell hinterhergeworfene Album »Creedence Clearwater Revival« bleibt 17 Monate ein Bestseller.

Einen weiteren Fifties-Song bringen die Jungs als Single heraus. »I Put A Spell On You« des schwarzen Ex-Boxers und Super-Showmans Screamin' Jay Hawkins verkauft sich ebenfalls wie warme Semmeln. Für den kaum gefragten Bluesman ist das ein lebensrettender Glücksfall; seine Karriere belebt sich, und von den Tantiemen der *Creedence*-Version wird er viele Jahre gut leben.

Als die Gruppe im März des darauffolgenden Jahres das von Fogerty am Tag seiner Armeentlassung geschriebene Lied »Proud Mary« herausbringt, hat die Gruppe ihren ersten Nummer 2-Hit. Das Bankkonto der Jungs wird in Rekordzeit ebenso dick wie ihr aufgesetzter Südstaaten-Akzent. *CCR* hat aus ihrer Zeit als Merseyside-Gruppe gelernt, daß man bei der Stange bleiben sollte, wenn man ein erfolgreiches Konzept findet. Das Album »Bayou Country« wird Mitte 1969 von einigen Millionen Fans gekauft. Der knallharte Rock dieser Gruppe, aus den Kinderjahren des Genres geklaut und in über 2 000 Studiostunden perfektioniert, spricht bodenständige Bürger an, denen Psychedelic, Folk- und Country-Rock zu lasch sind. Überall finden Rockfestivals statt, und *Creedence* spielt auf allen. Sie werden in diesem heißen amerikanischen Sommer zu Superstars, besonders auf dem flachen, weiten Land hat die Gruppe Kultstatus. Die Krönung der nichtendenden Tour ist das langersehnte Woodstock am 15. August.

Creedence Clearwater Revival kennen ihre kommerzielle Bedeutung genau, und als die Filmemacher anfragen, ob man ihren Auftritt mit in den geplanten Woodstock-Streifen nehmen dürfe, lehnen sie entrüstet ab. Kommt gar nicht in Frage. Kein Geld, kein Film.

Rückblickend scheint das eine ganz normale Konsequenz ihrer langen Bühnenerfahrung zu sein. *CCR* weiß, wie alle anderen Rocker auch, daß die Mode bald vorüber sein wird. Niemand richtet sich auf eine längere Karriere ein, kaum jemand glaubt, daß der Rock mehr ist als ein Musikstil, der sich eigentlich schon längst wieder überholt hat. Kaum ein Musiker aus den Sechzigern oder Siebzigern hat die eigenen Songs vollständig auf Platte zu Hause – sie alle hielten ihre Arbeit nicht für bedeutend genug, glaubten nicht, daß sie etwas Bleibendes schufen.

Zu der Zeit, als die Band beim Woodstock Festival spielt, kommt »Green River« auf den Markt und ist einen Monat lang das Top-Album Amerikas. Nur als »Abbey Road« der einstigen britischen Vorbilder erscheint, muß das Album weichen, aber das nächste ist schon in Vorbereitung. Weder die Gruppe noch Zaentz verlieren Zeit. Man muß das Eisen schmieden, derweil die Leute noch kaufen.

1970 ist die Gruppe wieder auf Tournee, diesmal mit ihrem Album »Willie And The Poor Boys«, dessen Skiffle- und Country-Sound zwar vom bisherigen Ohrwurm-Rock abweicht, aber die Ausage bleibt. Wir machen zwar manchmal Fehler, suggeriert das Album, aber als Land sind wir doch noch unschlagbar. Songs, die direkt aus den Armeleute-Vierteln des Südens stammen können, aus den Good-Old-Boy-Kneipen entlang des Bayou. Die Boys sind in Europa, spielen in ganz Amerika, und nehmen in den wenigen Tourpausen das Album »Cosmos Factory« auf. Fogerty war von »Cosmos« begeistert; er sah in dem Album den Höhepunkt seines Schaffens und des patentierten Swamp-Rock der Gruppe. Das Marvin-Gaye-Lied »I Heard It Through The Grapevine« ist darauf, Fogertys »Who'll Stop The Rain« und »Travelin' Band«. Wie schon von ihren früheren Alben werden wieder einige Singles extrahiert und auf den Markt geworfen. *Creedence Clearwater Revival* belebt fast eigenhändig den seit Jahren darniederliegenden Singles-Markt. In einem Business, das sich auf das teuere Album versteift hat, auf Plattenkäufer, denen Konzeptalben über alles gehen, war die Single längst totgesagt. *Creedence Clearwater Revival* weiß die Marktlücke geschickt zu nutzen. Sie dominieren seit Jahren diesen Songhäppchenmarkt, dessen Gesamtvolumen allerdings gewaltig ist. Die Jungs kassieren massiv ab, was auch Saul Zaentz recht glücklich macht. Der hat sich nämlich, wie viele seiner Kollegen, das Urheberrecht an den Songs seiner Goldkehlchen abtreten lassen. Solche, ihrem Sinn gemäß unveräußerlichen Rechte sind im freien Amerika eine Ware wie jede andere. Wer schreibt, Neues schafft, frische oder leicht angedellte Geistesfrucht auf den Markt bringt, der hat kein inhärentes Eigentum daran, wenn er es wissentlich oder aus Unkenntnis abgibt. Das europäische Konzept geistigen Eigentums ist etwas aufgeklärter, aber der alte Kontinent hat auch längere Erfahrung mit Kulturschaffenden.

Im Januar 1971 hat Tom Fogerty genug. Er verläßt die Band, wie er betont, um sich mehr seiner Familie zu widmen, kommt jedoch noch ab und zu mit den Boys zusammen, um einige Songs aufzunehmen. Die zweite Europatour beginnt im September im Amsterdamer Konzertgebouw erstmals mit *CCR* als Trio. Doch schon das Ausscheiden des Gruppengründers Tom Fogerty ist ein Warnzeichen, daß mit der Band nicht alles zum besten steht. Cook und Clifford schreiben auch, und sie wollen ihre Songs auf Alben sehen. Bisher wurden nur bekannte Rocklieder gecovered, Traditionelles wie der Zuchthaussong »Midnight Rambler« des einst im texanischen Huntsville einsitzenden schwarzen Mörders Leadbelly copyrightfähig verändert oder John-Fogerty-Kompositionen eingespielt.

John hat schwerste Bedenken, denn die Kompositionen seiner beiden Kollegen halten sich nicht ans bewährte Rezept, aber er gibt nach, und das Album »Mardi Gras« kommt im Mai auf den Markt. Der einflußreiche Rockkritiker Jon Landau, bisher ein glühender Fan der Gruppe, glaubt seinen Ohren nicht zu trauen. Knallhart schreibt der enttäuschte Liebhaber, es sei das schlimmste Album, das er je von einer bedeutenden Gruppe gehört habe. »Mardi Gras« stellt sich als letzter Nagel im schon länger einladend offenstehenden Gruppensarg heraus. Am 16. Oktober 1972 löst sich die Band auf. Fogerty fühlt sich als

Frontman überfordert; er macht die ganze Arbeit, liefert die gutverkäufliche Ware, und die Bandkollegen motzen und schreiben nur Mist. Sollen sie sehen, wo sie bleiben.

Mit der Auflösung der Band fängt jedoch das richtige Verdienen erst an. Schon im Januar 1973 bringt Saul Zaentz die erste von vielen *Creedence Clearwater*-Kompilationen auf den Markt. »Creedence Gold« wird zum Massenprodukt, nicht zuletzt, weil der schlaue Zaentz seine »Greatest Hits«-Alben zum volkstümlichen Preis verkauft. Das kann er ohne weiteres, denn die Songs sind eingespielt, die Herstellungskosten haben sich mehrfach wieder auf dem Firmenkonto eingefunden, und die Tantiemen für eine Gruppe, die nicht mehr gehätschelt werden muß, können vertragsgemäß gering gehalten werden.

Tom Fogerty ist inzwischen nach Hawaii gezogen und hat sich als Grundstücksmakler etabliert. Cook und Clifford verdingen sich in verschiedenen Bands. John Fogerty spielt Soloalben ein. Sein Country-Rock ist einigermaßen erfolgreich, aber die Zusammenarbeit mit Zaentz wird immer schwieriger. John trennt sich von seinem langjährigen Label und unterschreibt bei David Geffens jungem, aktivem Label Asylum Records. 1975 hat er mit der Eigenkomposition »Rockin' All Over The World« einen US-Hit, der ihn als Solokünstler etabliert.

Der schnöde verlassene Zaentz köchelt inzwischen seine *CCR*-Suppe. Seine Verträge mit den Boys stellen ihm für alle Zukunft frei, Kompilationen zusammenzustellen, und geben ihm auch die Verfügungsgewalt über das bisher aufgenommene *Creedence Clearwater*-Material. Fantasy bringt jedes Jahr eine oder zwei Sondererscheinungen auf den amerikanischen Markt, stellt für Europa Alben zusammen, macht für jedes Verkaufsgebiet nach Bedarf und Einschätzung Spezialpressungen und preist den Tag, an dem John Fogerty die vielen Verträge unterschrieb. Der weigert sich inzwischen, seine alten Songs auch nur aufzuführen. Er will die Rechte zurückhaben vom Label-Besitzer, zumindest aber an der Verwertung beteiligt werden, doch Zaentz lacht sich eins.

Der inzwischen illusionslose John Fogerty zieht sich im

Mai 1976 mit Familie auf eine Farm in Oregon zurück. Es wird lange um ihn still, während Zaentz lustig den Markt bedient. In sämtlichen Kaufhäusern kann man *CCR*-Alben kaufen, im Versandhandel sind sie zu haben. Es fehlt nur noch, daß man sie als Werbegeschenk zum Hamburger bekommt. *CCR*-Platten werden immer billiger, und Zaentz verdient immer mehr. Selbst Konzertmitschnitte verpackt der clevere Fantasy-Label-Boß und bringt sie als noch nie erschienene Aufnahmen heraus. Man streitet sich, man zieht vor Gericht, aber so etwas dauert ja ewig, wenn genügend Geld für Anwälte da ist. Der Streit tobt, die Kassen klingeln munter weiter.

Als der inzwischen geschiedene Tom Fogerty im Jahr 1980 wieder heiratet, kommt die Band nach achtjähriger Pause zusammen, um aus alter, längst vergangener Freundschaft auf seiner Hochzeit zu spielen. Zwei Jahre später stehen sie noch mal für ihre alte Schule in El Cerrito zusammen auf einer Bühne. Fans wollen wissen, daß der alte Streit begraben ist, daß die Boys Tour- und Albumpläne schmieden, aber Fogerty würgt die Spekulation ab. Nie wieder, sagt er, und es ist ihm anzumerken, wie widerwillig er mitspielt. Nach dem Schulkonzert wird es still um *Creedence Clearwater Revival*. Ihre Musik wechselt von Rocksendern auf Oldies-Programme über, die einstigen Bandmitglieder tauchen ab.

John Fogerty meldet sich mit einem Urknall im März 1985 aus der Vergessenheit zurück. Er erscheint mit einem Soloalbum, »Centerfield«, unter dem Arm, das zur allgemeinen Verblüffung sofort das Spitzenalbum in Amerika wird. John hat alle Instrumente selbst gespielt, hat mit viel Studioarbeit und modernster Technik eine volle Rockband auf Platte gebracht und nur sich selbst zu verdanken, daß es ein Mordserfolg wird. Die zehn Jahre auf der Farm waren zwar produktiv, aber Fogerty hat alle Kompositionen, die ihm nicht sofort vorbehaltlos gefielen, wieder zerstört. Er fürchtet Bootlegging, er will die eingespielten Heimstudiobänder nicht als Raubkopie hören.

John Fogerty hat aus seiner Karriere Lehren gezogen,

und die macht er im bitterbösen Titel »Zaentz Can't Dance« publik. Er rechnet im etwas vorschnell geschriebenen Song mit seinem ehemaligen Label-Chef ab, wirft ihm Unkenntnis der Musik vor, behauptet, der Fantasy-Boß sei nur am Geld interessiert, und überhaupt sei er einer, der nicht mal tanzen kann. Als Zaentz mit einer teuren Beleidigungsklage droht, gibt Fogerty nach und benennt den Song in »Vance Can't Dance« um.

Drei Singles werden dem Soloalbum entnommen, und wieder einmal wird jede davon zum Hit. Für Zaentz bedeutet das erneute Interesse am ehemaligen *CCR*-Chef kostenlose Werbung und somit einen Umsatzpush. Er bringt die »Creedence Collection« heraus und wirbt dafür weltweit nur im Fernsehen.Wieder einmal verdient sich der Mann, der angeblich nicht tanzen kann, eine goldene Nase.

Im August 1986 geht John Fogerty zum ersten Mal seit vierzehn Jahren auf Tournee. Sein neues Album »Eye Of The Zombie« verkauft sich zur Freude des Künstlers sehr ordentlich. Er braucht nämlich Geld. Die Anwälte wollen bezahlt werden, Gerichtskosten sind fällig. Doch inmitten allen Ärgers zeigt John Fogerty, daß er seine alten Fans nicht vergessen hat. Er tritt am 4. Juli 1987 beim Welcome-Home-Benefizkonzert für Vietnam-Veteranen in Washington, D.C., auf und singt erstmals wieder einige seiner alten *Creedence Clearwater*-Lieder, die Songs, die amerikanische Dschungelkämpfer so liebten.

Creedence war in Vietnam die Band für jedermann – zumindest für amerikanische Jedermänner. Ihre Texte waren entweder unpolitisch oder weckten gar einen gewissen Patriotismus, und den hatten die Boys in Südostasien bitter nötig. Heimgekehrte Vietnamkämpfer waren noch während der superpatriotischen Reagan-Regierung eine verachtete Randgruppe. Man verzieh ihnen den verlorenen Krieg nicht, man machte die Uniformierten für die Niederlage verantwortlich. Daß sich Künstler vom Format eines Country Joe McDonald und John Fogerty öffentlich zu ihnen bekannten, gab den Soldaten die Hoffnung, eines Tages doch wieder als vollwertige Mitglieder

der zunehmend verunsicherten amerikanischen Gesellschaft zu gelten.

Im Jahr darauf erlebt Fogerty einen Pyrrhussieg. Zaentz hatte ihn 1985 verklagt, weil er der Meinung war, John habe sich mit der Single »The Old Man Down The Road« von seinem »Centerfield«-Album selbst plagiiert. Das Lied sei eine Kopie der Fogerty-Komposition »Run Through The Jungle«, die bekanntlich Zaentz gehört. Die Jury hört die Ähnlichkeit nicht und entscheidet zugunsten Fogertys, bürdet ihm aber seine eigenen Gerichts- und Anwaltskosten in Höhe von 400 000 Dollar auf.

Der teure Sieg verleidet dem Farmer aus Oregon das Musikbusiness endgültig. Er tritt nur noch sporadisch auf Wohltätigkeitsveranstaltungen für AIDS-Opfer auf, spielt in Kalifornien Erdbeben-Benefizshows und das Roy Orbison All Star Benefit in Hollywood. Ansonsten löst er sich von dem Geschäft, das ihn reich machte. Andere wurden durch seine Arbeit noch viel reicher, und das kann er nicht verwinden.

Am 6. September 1990 stirbt sein Bruder Tom in Scottsdale, Arizona. Tom war in Hawaii an Tuberkulose erkrankt und ins trockene Wüstenklima Arizonas gezogen, aber die Krankheit war schon zu weit fortgeschritten. Mit dem *Creedence*-Gründer begraben auch hartnäckig optimistische Fans die Hoffnung auf eine allerletzte Tour der Gruppe.

1993 bekommt *Creedence* die zweithöchste Ehre für ihre Arbeit. Die höchste, das viele Geld, haben sie ja schon. Und jetzt werden sie in die Rock 'n' Roll Hall of Fame aufgenommen. Es gehört sich, daß Neumitglieder bei der Induktionszeremonie auftreten, um den Kollegen zu zeigen, weshalb man ins Rock-Walhall einzieht. Doch Fogerty, der sich inzwischen auch mit den überlebenden Bandmitgliedern vor Gericht streitet, pfeift auf Tradition. Er allein spielt zur Feier, und weil das ja schlecht allein geht, hat er ein paar Studiomusiker für die Gelegenheit angeheuert.

Viele Musiker vergleichen eine Band mit einer Ehe. Man ist ständig zusammen. Man sieht sich fast täglich, man teilt das Einkommen. Und man zieht am selben Strang.

Wenn das nicht mehr klappt, zerbrechen auch die engsten Arbeitsgemeinschaften. Die Mississippi-Sumpf-Rocker aus dem nordkalifornischen El Cerrito hatten von vornherein das Geschäft im Blick. Wie sich zeigte, hat das ja mit kleinen Ausrutschern auch bombig hingehauen.

Der Norden –
einsamer geht's nicht

An der San Pablo Bay, dem nordwestlichen Arm der San-Francisco-Bucht, scheiden sich von jeher die Geister. Für viele hört Kalifornien hier auf; was weiter nördlich liegt, gehört eigentlich schon zu Kanada, eventuell Alaska oder ist gar, wie früher, ein Teil Sibiriens. Es sind die Sonnenanbeter Südkaliforniens, die so hart urteilen. Wer bei der nächtlichen Hafenparty in Marina del Rey ungefragt von der Schönheit Mendocinos schwärmt, der fühlt sich urplötzlich als Eiterbeule am Hintern der feinen Gesellschaft. Weniger modisch-sonnigen Naturen hingegen gilt der Norden des goldenen Kalifornien als schönster Teil des Staates. Geschmackssache.

Das dichbewaldete, regnerische Nordkalifornien liegt Abenteurern. Nicht Napa Valley, wo zwischen sanften Hügeln die gepflegten Weinberge verpflanzter Hollywoodgrößen für Taschengeld sorgen; das gilt nicht. Sondern die winzigen Ortschaften, die versteckt in uralten Rotholzwäldern liegen, die Küstenorte, die man nur auf gefährlich schmalen Straßen erreicht, die Landstriche, wo der Highway 1 zum einsamen Asphaltstreifen wird. Der 101 schlängelt sich durch den westlichen Teil Nordkaliforniens, durch Städte wie Petaluma und Santa Rosa, Cloverdale und Ukiah. Weil er hier Redwood Highway heißt, kann man sich der landschaftlichen Schönheit einigermaßen sicher sein, aber der richtige Fan schlägt sich schon kurz vor Santa Rosa links ins Gebüsch.

Daß hier oben nicht viel los ist, sagen schon die Zahlen. Mit ihren 50 000 Einwohnern ist Redding die bei weitem größte Stadt nördlich der Staatshauptstadt Sacramento, und das in einem Gebiet von der Ausdehnung der alten DDR. Wälder, Hochgebirge, Vulkane und blitzblaue Seen; das ist Nordkalifornien. Heiße, endlose Sommermonate und winterliche Schneestürme prägen die Menschen, die sich hier niedergelassen haben. Das Gebiet erinnert an ein vorzeitliches Europa, ein urtümliches, gewaltiges Land.

Zwischen der San-Francisco-Bucht und der kalifornischen Hauptstadt Sacramento erstreckt sich ein gewaltiges Feuchtgebiet. Der Sacramento River mündet in den Ostteil der Suisin Bay, und Ozeandampfer befahren ihn bis in die 100 Kilometer von der Küste entfernten Hafen Sacramentos. Das Flachland, durch das der River fließt, wird von schmalen Flüssen und Kanälen durchzogen. Reisfelder wurden hier angelegt, und manch ein Bootsverleiher lebt von der Hausbootvermietung. Wie auf französischen und holländischen Kanälen kann man die Landschaft auf stillen Wasserwegen durchqueren, kann wochenlang fahren und immer wieder Neues sehen.

Hinter dem Delta liegt die Sierra Nevada, die hohe Bergkette, die östliche Nachbarn fernhält, die Berge, die vor 150 Jahren ein Bonanza hergaben. Goldsucher trieben ihren Raubbau, mit Dynamit und Wasserstrahl rückten sie der goldhaltigen Erde zu Leibe, und noch heute sind manchen Gebirgstälern die Spuren der Vergewaltigung anzusehen. Harte Burschen waren das, die im Gold Country Siedlungen wie Weimar und Yankee Jim's gründeten, Grizzly Flats und Fair Play. Ein Rough and Ready gibt's, das Nachbardorf heißt French Corral. Heimweh, Unglück und Hoffnung standen bei der Namensgebung Pate. Viele der Flecken sind heute nur noch Namen auf der Landkarte, einige haben sich zu Kleinstädten entwickelt, trotz oder wegen ihrer Abgeschiedenheit, und manch ein Goldsuchernest trifft erst jetzt mit dem Tourismus, den die Überlandstraßen bringen, auf eine ergiebige Ader.

Wir halten uns lieber an die Küste. Von Santa Rosa ist es nicht weit bis zur ehemaligen Trappersiedlung Sebastopol. Am Städtchen ist nichts bemerkenswert, außer daß es Johnny Otis hierher verschlagen hat. Der Über-

vater des Los-Angeles-Rock hatte die Bandleader-Kar-
riere einschlafen lassen, sein Leben Gott gewidmet und
wurde Preacher in einer Black Church in Altadena. Nach
fünfzehnjähriger Predigerei (die er allerdings nur sonn-
tags betrieb; montags war Johnny immer noch einer der
heißesten Blues- und Rock-DJs im L.A.-Rundfunk) hatte
er von der Großstadt L.A. genug und gab das Tuch ab.
Otis, der ja aus Vallejo stammt, am Ostufer der San-Francisco-Bucht, zog wieder in die Nähe seines Geburtsortes.
Nun leitet er von dort aus die Geschicke seiner wiederbe-
lebten Johnny Otis Show, tritt mit der Band häufig auf,
spielt Vibraphon, Keyboards, Schlagzeug, wonach ihm gerade der Sinn steht, und läßt sich's an der stillen Küste
gutgehen.

Von Sebastopol ist es nur ein Katzensprung nach Bodega Bay. Das ist der erste große Küstenort nördlich San
Franciscos, wobei groß relativ ist: 500 Einwohner hat das
Dorf, aber einen schicken Hafen und eine ordentliche Fi-
schereiflotte.

Die bodenständigen Dörfler staunten nicht schlecht, als
sie am 10. September 1976 aufwachten. Die Augen der
Kunstwelt waren auf ihr schläfriges Winkelchen gerichtet, weil ein offenbar verrückter Bulgare namens Christo
Javacheff mit seiner rothaarigen Frau, die sich nur als Je-
anne-Claude vorstellte, einen 40 Kilometer langen Zaun
quer durch die nordkalifornischen Hügel gezogen hatte.
Der Kerl hatte 59 Viehzüchtern den Kopf verdreht und
auf ihrem Gelände den fünfeinhalb Meter hohen Stoff-
zaun errichtet. In der Kleinstadt Cotati, bei Santa Rosa,
begann das Ungetüm, schlängelte sich über Hügel, teilte
die erschrockene Ortschaft Valley Ford, überquerte – mit
entsprechender Durchfahrt –14 Straßen und endete in
Bodega Bay. Vier Jahre hatte es gedauert, 14 Volksanhö-
rungen und drei Urteile des Obersten Gerichtshofes mußten überstanden werden, bis das Ding endlich stand. Und
14 Tage nach Fertigstellung begann der Bescheuerte schon
wieder mit der Demontage. Kaum Zeit, sich an die riesige
Stoffbahn zu gewöhnen. Die Bodega Bayer waren jedenfalls froh, als der knatternde Spuk vorüber war und die

seltsamen »Kunstkenner« aus der Gegend verschwanden. Die einzigen, die von der Aktion profitierten, waren die Rancher; die durften nämlich den teuren Stoff und die Stahlgerüste, an denen er befestigt war, behalten.

Bei Goat Rock, etwas nördlich des durch Christo bekanntgewordenen Bodega Bay, mündet nach fast 1 000 Kilometern der San-Andreas-Graben in den Pazifik. Der Verlauf dieser längsten, gefährlichsten kalifornischen Erdbebenspalte ist nicht zu übersehen, denn oberhalb von Bodega Bay, bei Fort Ross, fallen Klippen 300 Meter senkrecht ins Meer. Der San-Andreas-Graben markiert die westliche Kante der amerikanischen Festlandplatte, an der sich die pazifische Erdplatte in nordöstliche Richtung vorbeischiebt und die kalifornische Landschaft täglich ein wenig umgestaltet. Das geschieht meist unbemerkt, gelegentlich rumpelnd.

An dieser Stelle fließt der Russian River ins Meer. Im Redwood Valley entspringt der Fluß, mäandert durch Healdsburg und Guerneville, um dann in immer breiter werdendem Bett seine Kraft zu verlieren und sanft in den Pazifik zu plätschern. Aber wehe, wenn zu viele Winterstürme in zu kurzer Zeit die zerklüftete Nordküste heimsuchen. Dann kann der harte Boden das viele Wasser nicht schnell genug aufnehmen, jede Falte im Berghang wird zum reißenden Wildbach und ergießt sich in das schmale Flüßchen. Dann steigt der Russian, in wenigen Stunden nur tritt er über seine Ufer und überflutet Wald, Wiesen und flußnahe Städte. Die Leute am Russian bleiben dennoch. So ruhig wohnen sie sonst nirgendwo, so grün, so naturnah. Was macht da schon ein bißchen Wasser?

Highway 1 nimmt Landstraßencharakter an. Schmalbrüstig führt er an der Küste entlang, bietet zwar einige der atemberaubendsten Aussichten, die überhaupt irgendwo zu genießen sind, aber man muß doch verdammt aufpassen. An Überholen ist nur selten zu denken, und dann geht's nicht ohne die Mitarbeit des Vorausfahrenden. Wer hier fährt, braucht Zeit. Das wird von den Straßenbenutzern vorausgesetzt.

An der Mendocino-Küste lohnt sich das Anhalten und Aussteigen, denn oft sieht man von den Klippen aus Wale und Seelöwen, windzerzauste Zypressen wachsen am Ufer, und im späten Frühjahr sind Wald und Wiesen ein einziges Blütenmeer. Der einsame Landstrich bietet Natur pur.

Neuland – das ist die Küste. Zwischen Dezember und April empfiehlt sich eine Ferienfahrt nicht unbedingt, aber wer den Sommer- oder Herbsturlaub nicht schon völlig verplant hat, sollte sich hier umschauen. So freundlich und hilfsbereit wie die meisten Kalifornier sind die Leute hier, man wird eher noch netter behandelt, denn Touristen sind noch allzu rar. Wer hierherkommt, 270 Kilometer nördlich von San Francisco, beweist Geschmack am Außergewöhnlichen. Deshalb sieht man auch relativ viele Country- und Folk-Musiker unter den ständigen Bewohnern dieser ruhigen Landschaft. Leute, die Lieder machen, statt Songs zu schreiben, schätzen solche Gegenden. Man kann ungestört kreativ sein, kann ab und zu seinen Nachbarn die neuen Kompositionen vorführen, entweder beim Church Picknick oder in einer der kleinen Kneipen, einem der Restaurants, die den Ozean überblicken. Da ist die Entdeckerfreude der Zuhörer echt, die Kritik kommt von Herzen, und sie erkennen ihr Leben wieder in den Texten, die hier entstehen.

Im Vergleich zu Mendocino mit seinen 1 100 Einwohnern muß Fort Bragg schon als Metropole gelten. Die größte Siedlung auf den 400 Kilometern Küste zwischen San Francisco und Eureka ist Fort Bragg mit seinen 6 000 Einwohnern das Kulturzentrum, der Mittelpunkt gesellschaftlichen Lebens für die Eremiten, die in den nebelverhangenen Wäldern leben, die ihre Häuschen auf den Klippen bauen, deren nächste Nachbarn manchmal eine halbe Autostunde entfernt sind. In der North Coast Brewing Company trifft man sich auf ein selbstgebrautes Bier. Fischer sind die Leute hier, oder sie arbeiten für einen der großen Holzhändler, deren lebendes Lager gleich hinter der Stadt beginnt und sich viele Kilometer in drei Himmelsrichtungen erstreckt. Naturschützer und Forstwirtschaft liefern sich harte Kämpfe; die einen wollen die alten Wälder schützen, die anderen behaupten, ohne sie gäbe es hier überhaupt keine Arbeit.

Beide haben recht. Der Rotholzbestand ist bis an die Grenze des Erträglichen abgeholzt. Nur noch acht Prozent des ursprünglichen Bewuchses haben den Raubbau überlebt, und wenn wieder ein Gericht entscheidet, daß nicht gefällt werden darf, muß sich dieser Teil der Küste bis zur nächstinstanzlichen Entscheidung auf die Hilfe des Sozialamtes stützen. Die Holzindustrie bemüht sich zwar, für jeden gefällten Baum einige neue anzupflanzen, aber die gefallenen Riesen sind teilweise 1 000 Jahre alt – da zählen die Setzlinge kaum, jedenfalls nicht für viele kommende Generationen. Der Streit über die Nutzung des gewaltigen Urwaldes entzweit Familien, führt zu viel bösem Blut und der einen oder anderen Schießerei, aber er wird wohl nie endgültig entschieden werden. Jedenfalls nicht, solange für einen ausgewachsenen Rotholzbaum 100 000 Dollar bezahlt werden.

Fort Bragg ist Endstation einer Schmalspurbahn, die von Willits am Highway 101 aus den Wald und die Berge auf 35 Kilometern durchquert. Die Fahrt erinnert an das Schwarzwälder Höllental, mit dem Unterschied, daß die Wälder hier wirklich dicht, die Bäume atemberaubend hoch sind – der höchste immerhin 112 Meter. Die Bahnfahrt vermittelt nur einen winzigen Einblick in den unwegsamen Norden, aber sie hinterläßt einen bleibenden Eindruck. Die Zuckelei durch den Wald hat eine für die Holzwirtschaft unliebsame Folge; jeder, der die Strecke befährt, wird zum Naturschützer.

Hinter Fort Bragg biegt der Highway 1 ins Inland ab. An der Küste entlang führt viele Kilometer nur noch ein kaum befahrbarer Waldweg, und auch der endet abrupt. Das ist Kaliforniens Lost Coast, die verlorene Küste. Bären, Adler und Berglöwen leben hier ungestört, denn die Lost Coast ist so unzugänglich, daß selbst hauptberufliche Naturschützer ihre liebe Not mit der Begehung haben. Die Berge steigen 1 200 Meter senkrecht in den wolkenverhangenen Himmel. Der gewaltige Urwald ist die regenreichste Gegend Kaliforniens; achtmal mehr Wasser fällt auf die smaragdgrüne Landschaft als auf das gesegnete Weinbaugebiet Mittelkaliforniens.

An der Südspitze des Gebiets liegt das nur über ein schmales Sträßchen vom Highway 101 aus zu erreichende Fischerdorf Shelter Cove. Von dort aus verläuft ein befahrbarer Pfad auf dem Rücken der Kings Range in die Weiler Honeydew und Petrolia, schlängelt sich weiter nach Capetown am westlichsten Punkt der kontinentalen USA, dem Cape Mendocino. Die wenigen Bewohner der Lost Coast sind Schäfer, Bauern und Hippies, die notgedrungen miteinander auskommen müssen, und da sie ihren Wunsch nach Ungestörtheit teilen, klappt das Zusammenleben auch.

Bei Leggett treffen sich die beiden Fernstraßen endgültig wieder. Durch das Küstengebirge führt der 101, bis er bei Eureka wieder die Küste erreicht. 30 000 Einwohner hat Eureka, und die Universitätsstadt Arcata, 14 Kilometer nördlich, 20 000 Studenten; da ist endlich die Einsamkeit vorbei. Eine Stadt, die »Heureka!« heißt, muß ja Freude spenden. Die Eurekans sind denn auch ein recht lustig' Völkchen. Heureka, hier ist das Wetter ideal, um solch verbotene Nascherereien wie das begehrte Sinsemilla bis zur Reife zu pflegen. Sinsemilla ist spanisch und heißt »samenlos«. Damit bezeichnet man die feine Marihuanasorte, die nicht in den Zähnen hängenbleibt. Die Sorte, die getrocknet und geraucht so richtig törnt. Nicht das Zeug, das im Wandschrank unter UV-Birnen kümmerlich heranreift, sondern Marihuana, das in riesigen Plantagen im Wald wächst, an den nebelfeuchten, wasserspendenden Hängen, wo die Sonne gut hinkommt und sich die Pflanze stolze drei Meter in den blauen Himmel reckt. Der wird zwar häufig von plantagensuchenden Polizeihubschraubern verdunkelt, aber die Pflanzer arbeiten mit den tollsten Tricks. Am Gartenzaun wachsender Stoff wird mit roten Weihnachtsbaumkugeln zur Tomatenpflanze umgestaltet. Freilandkultur bekommt ein Militär-Tarnnetz verpaßt oder wird in eine abgeholzte Bergwiese gesetzt und wächst zwischen zehn Jahre alten Redwood-Setzlingen hoffentlich unentdeckt zur Reife heran.

Im Hinterwald, an den Hängen der unzugänglichen Zweitausender, da kampiert die kiffende Botanikertruppe die entscheidenden Septemberwochen bis zur Ernte. Man bewacht seine wertvollen Pflanzen, denn zu viele Faule wollen am Überfluß teilhaben, kommen nachts mit leerem Rucksack geschlichen, um sich selbst zu bedienen, und werden oft genug mit aufflammenden Scheinwerfern und blauen Bohnen empfangen. Marihuana ist mit weitem Abstand das wichtigste Produkt, die größte Einkommensquelle Humboldt Countys. Der alte Alexander von, nach dem die Gegend benannt ist, hätte seine Freude am Treiben gehabt, denn hier nutzt eine einheimische, seßhafte Bevölkerung die Gaben der Natur aufs beste.

An diesem nördlichsten Ende des Staates treffen wir einen alten Freund wieder. Er wohnt seit 1982 im Nebel der North Coast, in einem Redwood-Wald, auf einer Klippe, die den Pazifik überblickt. Wüßte man's nicht besser, würde man schwören, es sei Captain Beefheart. Aber nein, es ist das alter ego des Musikers, der Künstler Don van Vliet. Don, der schon als Kind Skulpturen formte, die ihn ins Fernsehen brachten, entschloß sich, nur noch zu malen. Ein moderner Primitiver ist er, malt seine Landschaften und Stilleben so, wie er sie gern hätte. Wie Jean Jacques Rousseau mißtraut er der modernen, hierarchischen Gesellschaft, vertraut eher der Natur, und die will er festhalten.

Nun wäre van Vliet nicht Beefheart – oder Beefheart nicht van Vliet – wären nicht Überraschungselemente in seiner neuen Kunst. Weil Zappa und er sich einst Tomaten vorstellten, »so groß wie Rinderherzen«, nannte er sich »Beefheart«. Wie damals seinen Musikern gibt der Meister jetzt seinen Gemälden Phantasienamen – Schall und Rauch auf der Bühne und an der Galeriewand. Van Vliet legt Wert darauf, daß seine Malerei genauso »flash, time & smell« vermittelt, wie seine Musik das tat.

Die deutschen Beefheart-Fans Julian Schnabel und A. R. Penck, selber Künstler, besuchten den skurrilen Musiker eines Tages und stellten fest, daß er auch malte. Sie erzählten's dem Kölner Galeristen Michael Werner, und der arrangierte 1985 eine Ausstellung. Van Vliet gefiel. Er stellte einige Jahre hintereinander in Köln aus, hatte Vernissagen in Paris, London und New York, im heimischen San Francisco lobte man sein ungewöhnliches Auge über den grünen Klee, und der erstaunte Beefheart stellte fest, daß er als bildender Künstler genauso erfolgreich war wie als weggetretener Rocker.

Dem superkreativen van Vliet geht's nicht gut. Seit Mitte 1995 ist er mit multipler Sklerose an den Rollstuhl gefesselt. Er will niemanden sehen, seine Frau beantwortet das Telefon, van Vliet ist erstmals in seinem Leben inkommunikado. Er wird hoffentlich weitermalen, wird hoffentlich noch das eine oder andere Musikstück komponieren, aber momentan steht ihm der Sinn sicher nicht danach. Mit Glück werden ihm die gesunde Luft Nordkaliforniens, die heile Natur, die ihn umgibt, vielleicht auch

Don van Vliet (Captain Beefheart) 1993 in seinem Atelier

das Wissen, was »flash, time & smell« bedeuten, einen neuen Anfang ermöglichen. Zuzutrauen ist es ihm. Wer wußte jemals, was in van Vliet vorgeht?

Die Musik des Meisters aus Lancaster wird im hippen Humboldt County genausogern gespielt wie der Reggae, der sich im grünen Norden eine Mainstream-Nische erkämpft hat. Die jamaikanische Rasta-Musik geht ja traditionell mit dem »Kraut« Hand in Hand. Die heilige Marihuanapflanze schenkt den Jüngern des Ras Tafari die »coolness, mon«, die »mon« in Babylon zum Überleben braucht. Im Garten Eden des Nordens versteht man das. Hier wird Winston Rodney, The Burning Spear, ebenso selbstverständlich im Radio gespielt wie anderswo *Green Day*, *Offspring* oder Whitney Houston. »Reggae on the River« heißt das alljährlich stattfindende dreitägige Fest. Drei Tage auf der Wiese, am Fluß, in den hohen Bergen, von Sequoien umgeben; da macht die Musik noch mehr Spaß als sonst, da vergißt der Besucher die Außenwelt. Viele der auftretenden Künstler würden sicher auch ohne Honorar herkommen – Reggae on the River macht einfach zuviel Spaß, um wegzubleiben. David Lindley ist einer, der so oft wie möglich hier spielt. Für ihn ist das Erholung, keine Arbeit. Weder Veranstalter noch Fans sind kleinliche Pedanten; wenn's irgendwie hineinpaßt, wird's aufgeführt. Deswegen hört man ebensoviel Afrikanisches wie Jamaikanisches, Solo-Akustisches und die zwölfköpfige *Burning Band* passen gut hintereinander, und Dance Hall wechselt sich mit Roots und Rap ab.

Der extreme Nordwesten des Staates ist zwar einsam, kaum bewohnt, ein Eremitenparadies. Aber wer garantiert allein sein will, Tage, Wochen, sogar Monate nur Natur erleben möchte, der wird im Nordosten glücklich. Da liegt das Modoc-Plateau, und gegen diese unglaubliche Weite ist selbst die Mojave im Süden übervölkert. Es ist ratsam, von der Küste aus über Oregon zu fahren, denn eine Durchquerung der kalifornischen Wälder bedeutet Hunderte Kilometer Umweg.

Schon vom Highway 5 aus sieht man die gewaltigen Gletscher des fast 5 000 Meter hohen Vulkans Mount Shasta. Lange zurückliegende Eruptionen gestalteten die Landschaft im Nordosten zu einer riesigen Lavawüste, die nur genügsamen Schafen Nahrung gibt. Es ist die unberührteste Ecke Kaliforniens, schwer zugänglich, aber beide schmalen Highways, die durch den westlichen Teil des Modoc-Plateau führen, machen die Fahrt unvergeßlich. Wenn man einmal im Modoc ist, lohnt die Fahrt auf jedem der wenigen Wege, die von der Straße wegführen. Nur Alturas, inmitten der weiten Plains, zeugt von Zivilisation; man stelle sich die Fläche Baden-Württembergs und Bayerns mit einer einzigen Stadt von 3 500 Einwohnern vor.

Der Highway 5, genauer Interstate 5, denn er ist eine Bundesstraße, führt uns mitten durch Kalifornien an den Anfang der Reise zurück. Das Herz des Staates ist das 800 Kilometer lange Central Valley, von dem behauptet wird, es sei die ergiebigste landwirtschaftliche Region der Welt. Dank des Mitteltales ist die Landwirtschaft noch immer die Hauptindustrie des Staates. Je nach Frucht sind zwei, gar drei Ernten im Jahr möglich. Von Mandeln über Tomaten und Brokkoli wächst hier alles. Riesige Weizenfelder und gewaltige Walnußplantagen wechseln sich ab, Artischocken, so weit das Auge reicht, und wenn in Europa die Winterstürme brausen, ernten die Bauern im Central Valley zum dritten Mal im Jahr große, rote Erdbeeren.

Wer den Interstate 5 befährt, muß sich auf landwirtschaftlichen Verkehr gefaßt machen. Feldarbeiter schleichen dahin in prall gefüllten Uraltautos, riesige, bis an den Rand mit Tomaten gefüllte Kipplastzüge brausen in den Süden, zu den Fabriken, die den amerikanischen Allzweck-Geschmacksverhunzer Ketchup herstellen, und wer schnell von Kanada nach Mexiko fahren will, benutzt Interstate 5. Zur Linken erhebt sich die High Sierra, Sacramento huscht vorüber, nach der staubigen Öde Fresnos und Visalias sehen selbst die Ölfelder Bakersfields freundlich aus. Die Strecke ist gut an einem Tag zu schaffen, und nur Freunde des Lake Tahoe oder der Nationalparks Yosemite und Sequoia werden länger brauchen. Ein Abstecher nach Bakersfield lohnt sich, denn die Ölfelder in der Wüste geben gute Fotomotive ab.

Wer auf Country steht – bislang noch nicht viele Deutsche, aber das kommt garantiert noch –, für den ist Bakersfield ohnehin ein Mekka. Das ist die Stadt der Joads, der Pächterfamilie aus Oklahoma, deren Schicksal John Steinbeck so eindringlich im Roman »Früchte des Zorns« beschrieb, nach dem Bruce Springsteen ein Album benannte. Hierher kamen sie, die wenigen Okies, die es an den County Sheriffs der südlicheren Landkreise vorbei schafften. Obdachlose Bauern, denen vor 60 Jahren der Mutterboden Oklahomas davonwehte, die ihre schrottreifen Lastwägelchen mit Arbeitsgerät, Möbeln und der Oma beluden und die beschwerliche Fahrt nach Kalifornien antraten. Im Sonnenstaat konnte man nicht verhungern, wußten sie, man konnte nicht erfrieren, und doch verhungerten und erfroren Tausende von ihnen, denn die Kalifornier verteidigten ihren Staat gegen die Armen, die doch nur arbeiten wollten. Die neuen Nomaden wurden von einer Jurisdiktion in die nächste getrieben, nicht einmal den Platz zum Schlafen gönnte man ihnen. Bakersfield war eine tolerante Enklave im feindlichen Umfeld, und viele der »Okies« blieben. Sie beackerten den harten Wüstenboden und konnten sich mit Baumwolle und ähnlich genügsamer Bebauung eine magere Existenz aufbauen.

Ihre Nachkommen sind heute noch stolz auf ihre literarisch so ergiebige Herkunft. Dwight Yoakam, der Crossover-Country-Star aus L.A., ist oft hier. Sein Vorbild und Mentor, der aus Oklahoma stammende Country-Superstar der Siebziger, Buck Owens, wohnt in Bakersfield. Ihm gehören einige Radio- und TV-Sender der Wüstenmetropole. Buck sammelte im Laufe der Jahrzehnte Spitzenspieler aus der Country-Szene um sich, so daß Bakersfield heute neben Nashville als eines der Zentren der amerikanischsten aller modernen Musikarten gilt.

Zwei Stunden dauert's noch, um das Tal zu verlassen und über den Tejon-Paß ins San Fernando Valley zu fahren. Von dort aus ist es nur eine halbe Stunde zum Los Angeles International Airport. Da kann man sein letztes wäßriges Amibier trinken und sich über das Erlebte Gedanken machen, denn inzwischen sieht man die kalifornische Kreativität mit anderen Augen.

Wo die Musik spielt – Musikkneipen, Veranstaltungsorte und andere gute Tips

SAN DIEGO

Musikkneipen:

4th & B, 345 B Street, San Diego, (619) 231-4343
Mittelgroße, eingeführte Rock- und Country-Acts.
Back Door, San Diego State University (SDSU), 594-6555
Hier spielt, was hip ist und erst noch wird. Auch für Nichtstudierende.
Blind Melons, 710 Garnet Avenue, Pacific Beach, 483-7844
Alternative- und Geronto-Rock nebeneinander – was eben so des Weges kommt, tritt auf.
Brick by Brick, 1130 Buenos Street, Bay Park, 275-LIVE (275-5483)
San Diego Scene: Alternative, Punk, New Surf.
Casbah, 2501 Kettner Boulevard, San Diego, 232-HELL (232-4355)
Wer's verpaßt, ist selber schuld. Die Telefonnummer sagt alles aus – hier ist täglich die Hölle los. Mittelpunkt der Szene: schummrig, schmuddelig, unglaublich laut und cool.
Croce's Top Hat Bar & Grille, 818 5th Avenue, San Diego, 232-4338
Folkrocker Jim Croces Witwe und Sohn halten mit der Nobelkneipe die Musik und die Erinnerung an den Star aufrecht. Viel Jazz, Blues und leichter Rock sind zu hören.
Humphrey's, 2241 Shelter Island Drive, San Diego, 523-1010
Blues, Rock, manchmal Jazz; immer Stimmung.
Pelikan Pub, 7828 Broadway, Lemon Grove, 464-9284 / 668-1473
Direkt am Highway 94, zehn Minuten außerhalb der Stadt. Lohnt sich meist, denn das Musikangebot gehört zum Feinsten.
SOMA Live, 5305 Metro Street, San Diego, 239-SOMA (239-7662)
Superhip, supercool; einer der wenigen Läden, wo auch Minderjährige willkommen sind.
Soul Kitchen, 168 East Main, El Cajon, 579-3627

Meist mehrere Bands pro Abend. Wer die Übungsgarage endlich verläßt, landet hier.

Konzerthallen, Stadien:

Eintrittskarten gibt's meist bei **Ticketmaster**. Anruf genügt, Kreditkarte wird angenommen; in San Diego: 220-TIXS (220-8497), 278-TIXS (278-8497)
Civic Theatre, 202 C Street, San Diego, (619) 232-6510
Copley Symphony Hall, 750 B Street, San Diego, 699-4205
Embarcadero Marina Park South, 111 West Harbor Drive
Del Mar Fairgrounds, 2260 Jimmy Durante Boulevard, Del Mar, 793-5555
Golden Hall, 3rd Avenue & B Street, San Diego
Jack Murphy Stadium, 9449 Friars Road, San Diego, 528-8282
Veranstalter Bill Silva Presents bringt mit perfekter Organisation Kassenfüller wie die *Stones* oder *Pearl Jam*, so daß ab und zu alle 60750 Sitzplätze ausverkauft sind.
San Diego Sports Arena, 3500 Sports Arena Boulevard, San Diego, (619) 225-9813
SDSU Open Air Theatre, 5500 Campanile Drive, San Diego, (619) 594-6949
Spreckels Theatre, 121 Broadway, San Diego, (619) 235-9500

Radiosender:

94.1 KFSD, Klassisches
95.9 KUPR, Alternative
105.3 KCBQ, Oldies
106.5 KKLQ, Top 40

Zeitungen, Zeitschriften:

Free weekly Reader mit riesigem Unterhaltungsteil – wird überall in der Stadt kostenlos verteilt.

ZWISCHEN SAN DIEGO UND LOS ANGELES

Musikkneipen:

Belly Up Tavern, 143 South Cedros Avenue, Solana Beach, (619) 481-9022
Mit dem Coach House im nahen San Juan Capistrano eine der beiden Riesenkneipen, die schon seit ewigen Zeiten Spitzenmu-

sik bieten. Belly Up ist ein Slangausdruck, der Pleite bedeutet, aber der Laden macht seinem Namen keine Ehre – er kocht immer, Musiker lieben ihn ebenso wie Fans.

Coach House, 33157 Camino Capistrano, San Juan Capistrano, (714) 496-8927

Rock, Blues,Weltmusik oder Spitzenpop – fast jeden Abend ist eine Band auf der Bühne, die normalerweise nur Stadien oder große Hallen spielt.

Galaxy Theatre, 3503 S. Harbor Boulevard, Santa Ana, (714) 957-0600

Mitten im wilden Orange County macht das Galaxy ein Bombengeschäft. Dinner und Show kann man gleichzeitig haben, was natürlich eine optimale Zeitnutzung bedeutet. Die Klasse-Acts, die geboten werden, gibt's zu zumutbaren Preisen.

Harbor Lights Brewing Company, 24921 Dana Point Harbor Drive, Dana Point, (714) 240-2060

Nette Kleinbrauerei im Stranddorf; sehr oft starke Rock-, Blues- und Reggaegruppen.

La Paloma Theatre, 471 First Street, Encinitas, (619) 436-7469

High Life in allen Räumen; das La Paloma macht selten, aber dann richtig Musik. *Spirit* nahm hier 1994/95 ihr neuestes Live-Album auf.

Lava Room, 1945 Placentia Avenue, Costa Mesa, (714) 631-0526

Gute einheimische Gruppen treten auf; Surfpunk, Alternative, Rock.

Showcase Theatre, 683 S. Main Street, Corona, (909) 340-0988

Gleich hinter Disneyland liegt Corona, und mittendrin das Showcase – gutes Angebot, miese Lage.

Konzerthallen, Stadien:

Anaheim Stadium, 2000 Gene Autry Way, Anaheim, (714) 999-8950

70 000 Sitzplätze; die Disneylandschaft aus Kunststoff überragt hier alles. Guten, lauten Rock gibt's, von *Aerosmith* über die *Eagles* bis *ZZ Top*.

Arrowhead Pond, 2695 East Katella Avenue, Anaheim, (714) 704-2500

Open Air für fast 20 000 Fans. Zwischen April und November ist Hochsaison.

California Center for the Arts, 340 North Escondido Boulevard, Escondido, (619) 738-4100

1 540 Plätze; gutes Angebot mittelprächtiger Rocker.

Glen Helen Blockbuster Pavilion, 2575 Glen Helen Parkway, Devore, (909) 880-6500

Ein Pavillion für 65 000 Gäste; Riesenshows mit Megastars.
Irvine Meadows Amphitheatre, 8808 Irvine Center Drive, Irvine, (714) 855-2863
15 000 Plätze; einer der größten südkalifornischen Impresarios hat sich mit dem Amphitheatre ein Denkmal gesetzt. Gewaltige Shows zu vernünftigen Preisen.
Pacific Amphitheatre, 100 Fair Drive, Costa Mesa, (714) 708-1878
8 500 Plätze. Wohin mit den vielen Leuten?

Radiosender:

95.9 KUPR Carlsbad: Alternative

LOS ANGELES

Musikkneipen:

Alligator Lounge, 3321 Pico Boulevard, Santa Monica, (310) 449-1844
Für ihren Blues wurde sie bekannt, für ihren Rock berühmt. Die vielen Konzerte, die in der Kneipe am östlichen Ende Santa Monicas stattfinden, haben der Gegend kräftig auf die Beine geholfen.
B. B. King's Blues Club, 1000 Universal Center Drive, Universal City, (818) 622-0440
Der legendäre »Blues Boy« hat dem Blues mit seinem Klub eine authentische südkalifornische Heimat gegeben. R & B, Blues, Rock und Gospel gibt's, der Boß spielt gelegentlich selbst.
Canter's Kibitz Room, 419 N. Fairfax Avenue, Los Angeles, (213) 651-2030
Beste jüdische Delikatessen in L.A.; im Kibitz Room tritt die »incrowd« meist akustisch auf – von Bob-Sproß Jacob Dylan über Freebo bis zum gelegentlichen Kletzmorim.
Hollywood Palladium, 6215 Sunset Boulevard, Hollywood, (213)962-7600
In den Sixties verarschte der versoffene Conferencier Dean Martin hier die *Rolling Stones*. Die Siebziger sahen Hunderte geklonte Travoltas im weißen Polyesteranzug unter der verspiegelten Discokugel. Das Palladium ist noch immer der bedeutendste Hollywooder Nachtklub. Wer einmal im Palladium ein Konzert hörte, tanzte, soff und fliegenden Flaschen auswich, der vergißt's nie.

House of Blues, 8430 Sunset Boulevard, Los Angeles, (213) 650-0247

Bester Nachtklub Amerikas, heißt es. Vom einstigen Hard-Rock-Café-Gründer erstellte Kette, die das Konzerterlebnis »mcdonaldisiert« hat. Aussehen tut's wie eine Südstaatenblechhütte, die Inneneinrichtung ist kitschig-schräg. Wer sich nicht scheut, nach vermeintlicher Bedeutung plaziert zu werden, kann im 1 000-Gäste-Raum schärfste Shows jeden Genres sehen.

Martini Lounge, 5657 Melrose Avenue, Los Angeles, (213) 464-5995

Melrose Place, Melrose Avenue – die Alte-Leute-Gegend ist hip geworden. Der Mixed-Drink Martini hat seinen angestammten Platz auf der amerikanischen Flurkommode wiedererobert, und so kann sich die Pinte mit dem alten Namen auf eine neue, junge Kundschaft einstellen. Es gibt Musik ist, die gerade in ist.

McCabe's Guitar Shop, 3101 Pico Boulevard, Santa Monica, (310) 828-4497

Der Geheimtip für echte Fans. McCabe hat vor Jahrzehnten das Hinterzimmer freigemacht, um die Gitarren, die vorn verkauft werden, gespielt zu hören. Die Größten ihres Fachs spielen vor 150 Leuten; von REM über Springsteen und John Cale zu Ry Cooder und David Lindley. Zwischendrin wird's ruhig – dann treten Henry Rollins oder Allen Ginsberg auf.

Music Machine, 12220 W. Pico Boulevard, Santa Monica, (310) 795-3822

Alteingeführt und gut geführt. Man ist nicht wählerisch – wenn die Musik gut ist, wird sie hier gespielt. Man kann also auf Country oder Punk stoßen, auf Zydeco oder Folk.

The Palace, 1735 North Vine, Hollywood, (213) 462-1229

Mit 1 250 Plätzen und schräg gegenüber dem Capitol-Records-Gebäude gelegen, ist das Palace ein unheimlich umtriebiger Lades, ein Gemisch von Kneipe und Konzerthalle. Hier finden oft die wichtigen Showcases statt, das Vorspielen unter echten Feuerverhältnissen. Wer den immer gut vollen Laden zum Applaudieren bringt, kann auch Alben verkaufen.

The Roxy, 9009 Sunset Boulevard, West Hollywood, (310) 276-2229, (310) 276-2222

Das Roxy war schon immer ein Lichtblick im Nachtleben der Traumstraße. Sex, Drugs and Rock 'n' Roll – so ist es.

The Strand, 1700 S. Pacific Coast Highway, Redondo Beach, (310) 316-1700

The Strand bucht gern Stars, auch wenn deren Glanz etwas verblaßt ist. 500 Plätze gibt's – genau richtig, um die Sternchen aus der Nähe zu sehen und zu hören.

Tampico Tilly's, 1025 Wilshire Boulevard, Santa Monica, (310) 451-1769
Qualität zählt, deshalb sind die auftretenden Künstler nicht unbedingt Top 4o-Material, dafür aber Extraklasse. John Trudell ist einer, der hier auftritt.

Doug Weston's **Troubadour**, 9081 Santa Monica Boulevard, Santa Monica,(310) 276-6168
Showcaseladen, immer noch. Die Rockanfänger der Sixties treten heute als erfolgsgewohnte Geronto-Stars auf, aber auch junge Gruppen drängen sich auf die Troubadour-Bühne.

Whisky a Go Go, 8901 Sunset Boulevard, West Hollywood, (310) 652-4202
400 Leute passen rein, die Musik ist Rock, Alternative und Punk – mit gelegentlichen Pop-Ausflügen, und die historische Bedeutung des Schuppens vergißt man keinen Augenblick.

Viper Room, 8852 Sunset Boulevard, West Hollywood, (310) 358-1881
Nach Besitzer Johnny Depp zu fragen gilt hier als unfein. Hier tummelt sich das junge, gutverdienende Business-Volk, spielt selbst mal Musik oder läßt sich unauffällig bestaunen. Johnny hat Geschmack – die Berufsmusiker auf seiner Bühne sind Spitzenklasse.

Konzerthallen, Stadien:

Dorothy Chandler Pavilion, 135 North Grand Avenue, Los Angeles, (213) 972-7460
Die 3 197 Karteninhaber der unzähligen Ehrungen, die hier, im Music Center, stattfinden, kennen ihre eigene Bedeutung nur zu genau. Ab und zu gibt's Pop zu hören – meist genießt die schwarzgekleidete Meute Klassik.

The Grand Olympic Auditorium, 1801 S. Grand, Los Angeles, (213) 749-5171
Das Grand Olympic ist was für Abenteurer. 1801 South Grand ist eine Downtown-Adresse, die man nachts besser meidet.

The Great Western Forum, 3900 W. Manchester Boulevard, Inglewood, (310) 419-3182
Im 18000 Sitzplätze bietenden Forum treten die ganz Großen auf. Freeway-Nähe, riesige, gutbeleuchtete Parkplätze und freundliche Privatbullen machen einen Besuch zur Bürgerfreude.

Greek Theatre, 2700 North Vermont, Los Angeles, (213) 665-5857
Hier ist garantiert immer was los. Im Greek spielen Uraltrocker und Jüngst-Barden, Jamaikaner und Mexikaner. Von jedem der 6 165 Sitze kann man perfekt sehen und hören.

Henry Fonda Theater, 6126 Hollywood Boulevard, Los Angeles, (213) 468-1700
Punk, Pop, harter Rock – wenn das der Henry wüßte! Das nach dem Schauspieler benannte Kino ist ein Allzweckbau; Pächter Nederlander of California gilt als einer der größten Veranstalter im Staat.

Hollywood Bowl, 2301 North Highland Avenue, Los Angeles
Die 18 000-sitzige Bowl ist ein Erlebnis. Mit Glück sieht man im riesigen Halbrund sogar Sterne. Am Hang der Hollywood Hills gelegen, in der Stadt und doch ländlich einsam.

Long Beach Convention Center, 300 East Oceanfront Boulevard, Long Beach, (310) 463-3661
Ein Stadion, eine Dreitausenderhalle und ein mittelgroßes Theater bieten jeder Art Vorführung den idealen Austragungsort.

Los Angeles Memorial Coliseum, 3911 South Figueroa, Los Angeles, (213) 765-6343
90 000 Angelenos passen ins alte, erdbebengeschwächte Gemäuer. Viele haben Angst vor dem Slum, der das Olympiagelände umgibt. Daß nebenan die University of Southern California residiert, macht den Unterschied nur noch deutlicher.

Olympic Velodrome, 1000 East Victoria Street, Carson, (310) 516-4000
Auf dem Campus der California State University gelegen. Viel Reggae, World Music, Rock – ebensoviel Punk, Surf, Alternative.

Pantages Theatre, 6233 Hollywood Boulevard, Los Angeles, (213) 468-1700
In diesem alten Hollywooder Kino begannen die Oscar-Verleihungen. Heute stehen junge Prostituierte an der Fassade des Pantages. Die Shows sind gut, alle Arten Musik gibt's im 2 691-sitzigen Theater.

Rose Bowl, 1001 Rose Bowl Drive, Pasadena, (818) 577-3100
Das Stadion mit seinen 100 184 Besucher fassenden Tribünen ist heutzutage als riesenhafter Flohmarkt bekannter ist als für seine Sportveranstaltungen und Konzerte.

Santa Monica Civic Auditorium, 1855 Main Street, Santa Monica, (310) 458-8551
3 500 Kulturfreaks erleben von der altehrwürdigen TAMI-Show bis zum Avantgarde-Musical gelungene Veranstaltungen in hübscher Atmosphäre und sicherer Umgebung.

Shrine Auditorium, 649 West Jefferson Boulevard, Los Angeles, (213) 748-5116
6 300 Plätze neben der University of Southern California, umgeben von zerfallender Bausubstanz und unsicheren Kantonisten. Was den Oscar- und Grammy-Besuchern und -siegern scheiß-

egal ist. Die würden für eine der Ehrungen lächelnd die Pforten der Hölle durchschreiten. Außerdem haben die alle Bodyguards.

UCLA Center, 405 Hilgard Avenue, Los Angeles, (310) 206-6151
Die University of California at Los Angeles bietet einige ausgesprochen starke Austragungsorte in einer Spitzenlage im Westen der Stadt: Pauley Pavilion mit 12790 Sitzen, die kleineren Royce Hall, Ackerman Grand Ballroom, Veterans Wadsworth Theatre, Freud Playhouse und das Schoenberg Auditorium. Oft finden gleichzeitig mehrere Veranstaltungen statt – von Klassik bis zum Garagenrock.

Universal Amphitheatre, 100 Universal City Plaza, Universal City
Klein, aber oho. 6251 Leute passen in diesen weltweit bekannten Saal. Es hat schon was für sich, wenn ein Filmstudio diversifiziert. Spitzenstars, die im Amphitheatre auftreten, festigen nur den Ruf des ganzen Unternehmens. Unbekannt läuft hier nicht.

Wilshire Theatre, 8440 Wilshire Boulevard, Beverly Hills, (213) 653-4490
Nobel, nobel. Logo, ist ja auch Beverly Hills. Schicke Konzerte für Plebs und Promis. Man ist ja gar nicht so. 1910 gute Sitzplätze.

Wiltern Theatre, 3790 Wilshire Boulevard, Los Angeles, (213) 388-1400
Das Wiltern hat seinen Ruf als superanständiger, aber superheißer Laden weg. Alle Musikrichtungen werden gebucht, viel »neue« Musik, auch viele billige junge Gruppen, die von mindestens 2300 Angelenos vergöttert werden. So ist der Laden immer voll.

Barney's Beanery, 8447 Santa Monica Boulevard, West Hollywood, (213) 654-2287
Musik gibt's hier nur aus der Konserve, aber Barney's hat die Auszeichnung, vielen Musikern die Lieblingskneipe zu sein. Verwittertes Holz, Billiardtische, plastiküberzogene Sitzbänke, düster. Der Schuppen steht seit den Dreißigern, als er Endpunkt des Highway 66 war. Seit damals trifft man sich bei Barney's.

Radiosender:

Hundert Sender in einer Stadt – wer da nicht findet, was gefällt, ist selber schuld.

89.9 KCRW: Eklektischer »listener sponsored« Sender des Santa Monica College; gilt als einer der besten Radiosender Amerikas. Jazz, Blues, World Music, Rock, Pop, Klassisches – und viel schlauer Talk.

90.7 KPFK: Teil des Pacifica-Network; linksliberaler, nichtkommerzieller Senderverbund. Musik aus aller Welt, experimenteller Rock und Information.

95.5 KLOS: Kommerzieller Altrocker.

97.1 KLSX: Ob dem »SX« in der Bezeichnung ein »E« in der Mitte fehlt? Schmutzfink Howard Stern in the morning, weniger erfolgreiche Analytiker danach.

101.9 KSCA: Von Alternativrock über Jazz zum Blues; eine akustische Grabbeltüte.

106.7 KROQ: »Kay-Rock« macht ein spritziges Programm ohne Gralshüterei. Alt neben neu, wenn's paßt, wird's gespielt. Spitzenrockradio.

Zeitungen, Zeitschriften:

L.A. Weekly – Kostenlose Wochenzeitung; immer die neuesten Trends, Hot Spots, Konzerte, Auftritte.

Los Angeles Times, Sunday Edition – Die Times hat eine ausgezeichnete »Calendar«-Beilage, deren ca. 100 Seiten einen guten Überblick über das südkalifornische kulturelle Leben bieten.

SANTA BARBARA

Musikkneipen:

Buchstäblich Hunderte in der Stadt am Strand. Fast jede Kneipe hat ihren Solo-Performer, viele buchen Bands fürs Wochenende.

Backstage, 18 E. Ortega, Santa Barbara, (805) 730-7383
New Music Club mit Punkatmosphäre und sozialer Preisgestaltung.

Cold Spring Tavern, 5995 Stagecoach Road, San Marcos Pass, 967-0066
Eine zehnminütige Fahrt den Highway 154 hinauf, auf die Kuppe der Santa Ynez Mountains. Hart rockende Bands spielen hier und erwecken die Wildnis zum Leben.

Underground, 110 Santa Barbara Street, Santa Barbara, (805) 965-2231
Einst noble Jazzkneipe, dann Country-Honky-Tonk und jetzt ein arg mitgenommener Alternativladen. Dennoch die schärfste Musikkneipe dieser verwöhnten Stadt. Für brandheiße Sounds und große Acts, die zwischen hochbezahlten L.A.- und San-Francisco-Wochenendgigs gern einige Tage in Santa Barbara verbringen.

Revival, 18 E. Ortega, Santa Barbara, (805) 730-7383
Disco, Baby. Mit pomadeglänzenden Herren und Damen mit
waffenscheinpflichtigem Brustgeschirr. Arrrriba!

Konzerthallen, Stadien:

Arlington Theater, 1317 State Street, Santa Barbara, (805) 963-
4408
Arlington ist ein Kino aus den Dreißigern mit 2 007 Plätzen. Damals baute man spanische Missionen nach, mit schwarzblauer,
lichterfunkelnder Decke und falschen Gebäudefronten im Saal.
Der sieht demzufolge aus wie ein südspanischer Dorfplatz unter
sternenhellem Himmel. Da sitzen die Leute nun und staunen.
Daß der einheimische Joe Cocker singt, der ebenfalls einheimische David Crosby spielt oder die alten Pogues hier wieder zusammen auf einer Bühne stehen, interessiert nur am Rande.
Center Stage Theatre, Chapala Street und De La Guerra, Paseo
Nuevo, Santa Barbara, (805) 963-0408
Gelungenes neues Kulturzentrum in der Stadtmitte. Wer veran-
stalten will, der darf. Viele junge Bands aus der Stadt nutzen die
Gelegenheit, in echter Konzertatmosphäre ihre Promotion-Vi-
deos zu drehen.
Harder Stadium, University of California, Santa Barbara, (805)
893-3536
U.C.S.B. ist die amerikanische Party-Uni. Insgesamt bietet die
Universität acht Konzertaustragungsorte – nicht übel für eine
Bildungsfabrik. Die heißesten Acts der Welt treten auf.
Santa Barbara County Bowl, 1122 North Milpas, Santa Bar-
bara, (805) 568-2664
In einem steilen Tal, mitten in der Stadt, liegt das Amphithea-
ter, das alle Arten von Musik bietet. Bob Marley nannte es seine
»Lieblingsarena«; kein Wunder, denn von den oberen Reihen der
im Halbrund angeordneten 4 421 Sitze blickt man über die Stadt
bis zum Meer.

Radiosender:

91.9 KCSB: Avantgardefrequenz der University of California. Wer
das Allerneueste hören will, ist mit KCSB gut bedient.
92.9 KJEE: Junger Adult-Alternative-Album-Sender. Neuester
Pop mit maulfaulen Moderatoren.
97.5 KHTY: Alternative
99.9 KTYD: Einst geschmackssicher und hip, heute nur noch ein
Abklatsch seiner selbst. Doch immer noch ist KTYD einer der be-

sten kalifornischen Rocksender. Von den Sixties bis heute reicht das Repertoire.

1340 KIST: »Get Kissed« ist noch immer der Spruch, mit dem sich die Mittelwellenrocker profilieren wollen. Seit zwölf Jahren das gleichgebliebene 1850-Song-Repertoire.

Zeitungen, Zeitschriften:

The Independent – kostenloses Wochenblatt mit aktueller Kulturinformation und guter, aufschlußreicher Werbung. Überall zu haben.

MITTELKALIFORNIEN, BIG SUR UND MONTEREY

Musikkneipen:

Agenda, 399 South First Street, San Jose, (408) 288-9013
Die mittelgroße Kneipe in der am schnellsten wachsenden kalifornischen Großstadt legt sich auf keinen Stil fest.
The Bastille, 113 Court Street, Hanford, (209) 583-7972
Wer im Central Valley herumirrt, wird sich über die 1 000-sitzige Kneipe freuen, die frischen Wind ins Country-Country bringt.
Bisla's, 50 East Herndon Avenue, Fresno, (209) 436-8753
Nicht weit entfernt von der Bastille, ist das um zwei Drittel kleinere Bisla's deren einzige Konkurrenz im Tal. Kalifornier halten Fresno für ein erzgefährliches Nest. Aber wenn man schon mal da ist, lohnt sich der Besuch im Bisla's.
The Catalyst, 1011 Pacific Avenue, Santa Cruz, (408) 425-7799
Sicher eine der zehn besten kalifornischen Musikpinten. Das Künstlerstädtchen und Hippieparadies hat mit dem Catalyst einen immer vollen kulturellen Mittelpunkt. Niemand ist zu bekannt (oder zu teuer), um einen Catalyst-Gig abzulehnen.
Cheers Bar & Grill, 685 East El Camino Real, Sunnyvale, (408) 749-1289
Mitten im Silicon Valley wechseln sich Rock und Country ab. Wozu nach San Francisco, wenn man in der sauberen Atmosphäre Sunnyvales auch Abwechslung findet.
Covany Brewing Company, 359 Grand Avenue, Grover Beach, (805) 489-4042
Von der Terrasse dieser Kleinbrauerei überblickt man den Pazifik. In den Sanddünen der Stadt etablierte sich zu Beginn des Jahrhunderts die Künstlerkolonie der Dunites. Im Nachbardorf Pismo Beach tummeln sich seit einem Jahrhundert die Sommer-

frischler. Covany trägt dem weiten Spektrum durch ihr eklekti-
sches Angebot Rechnung.

The Edge Nightclub, 260 California Avenue, Palo Alto, (415)
324-8445
Ein Riesenladen mitten im Silicon Valley. Notebook-Computer
und Handys ersetzen hier das Billetdoux. Techno für Techniker.

JJ's Blues Downtown, 14 South Second Street, San Jose, (408)
286-3066.
June und Jeannie haben ihre Bluesklubs zusammengelegt und
den mittelkalifornischen Hotspot ins Leben gerufen. Blues und
Rockabilly dominieren, alle anderen Musikarten werden dazuge-
bucht.

Mother's Tavern, Higuera Street, San Luis Obispo
Mother's spezialisiert sich auf Blues und Blues-Rock.

Palookaville, 1133 Pacific Avenue, Santa Cruz, (408) 454-0707
Eine relativ neue, große Musikkneipe. Der Schwerpunkt ist Reggae, aber das Angebot ist breit gefächert und wechselt allabendlich.

Planet Gemini, 625 Cannery Row, Monterey, (408) 373-1617
Rock und Pop an touristisch bedeutungsvoller Stätte. 310 Perso-
nen passen hinein. Ab und zu soll darunter auch mal ein Einheimischer sein.

SLO Brewing Company, 1119 Garden Street, San Luis Obispo,
(805) 543-1843
Mini-Brauerei in zentraler Stadtlage. Prima Bier, gutes Essen,
nette Atmosphäre und erstaunlich gute Bands.

Sweet Springs Saloon, Main Street, Los Osos, (805) 528-3764
Robin Trower und Eric Burdon spielen hier vor 50 Leuten. Die
winzige Musikkneipe in der Blockhütte ist weit über das Stranddorf Los Osos hinaus bekannt.

Konzerthallen, Stadien:

Center for the Performing Arts, 255 Almaden Boulevard, San
Jose, (408) 277-5211
Jede Art Pop findet in der mittelgroßen Aula statt.

Event Center Arena, 290 South 7th, San Jose, (408) 924-6367,
Bass tickets: (408) 288-8666
Die Arena gehört zur San Jose State University, Bass hat das
Ticketmonopol, und die Studenten kaufen alle möglichen Acts
für ihre 7000 Sitzplätze ein. In San Jose Konzerte zu veranstalten ist so ähnlich wie die Wüste zum Blühen zu bringen. Man
freut sich über jedes bißchen Grün.

Fresno Convention Center, 700 M Street, Fresno, (209) 498-
4000, Bass tickets: (209) 226-2277

Das Convention Center hat drei Bühnen. Die Selland Arena mit 11 300, das William Saroyan Theater mit 2 359 und die Exhibit Hall mit 3 500 Plätzen. Verkehrsgünstig gelegen, ist in einer der drei Hallen immer etwas los.

Oakwood Lake Amphitheatre, 874 East Woodward, Manteca, (209) 239-2500

Die nötigen Tourpausen macht man gern auf dem flachen Land. Da ist es billig, man kann sich ausruhen, und die Bauern freuen sich über jede Abwechslung. Deshalb wohl sind die 6 000 Amphitheatersitze so oft ausverkauft.

Redwood Amphitheatre, 2401 Agnew Road, Santa Clara, (408) 986-5916, Bass tickets: (408) 998-2277

San-Francisco-Veranstalter Bill Graham hat sich in der Gegend einige größere Veranstaltungsorte unter den Nagel gerissen. Mit dem Redwood Amphitheatre bedient er den östlichen Teil des Silicon Valley. 10 000 Fans können hier erleben, was gerade in ist.

San Jose Arena, 525 West Santa Clara Street, San Jose, (408) 999-5724, Bass tickets: (408) 288-8666

Rock, Rap und Reggae sind für das junge Silicon-Valley-Publikum wie geschaffen. 20 000 von ihnen machen öfter in der Arena die Nacht zum Tag.

Santa Cruz Civic Auditorium, 307 Church Street, Santa Cruz, (408) 429-3779, Ticketmaster: (408) 429-3444

Ein kleiner Kulturpalast mit großem Angebot. Man meint, die Feier fände im Hörsaal statt, aber trotz der seltsamen Sitzanordnung bietet das Civic viel Platz zum Tanzen und Toben.

Sherwood Hall, 940 North Main, Salinas, (408) 758-7351

Viel Country, manchmal Rock und Pop.

Shoreline Amphitheatre, 1 Amphitheatre Parkway, Mountainview, (415) 967-4040, Bass tickets: (510) 671-4000

Bill Grahams Lieblingsprojekt. Ist aber auch zu schön, wenn man einige Hektar Halbwüste billig einkauft und Bänke für 20 000 zahlende Gäste an den Berghang nagelt. Graham ist mit Abstand der führende kalifornische Konzertveranstalter. Hier finden seine größten Coups statt.

Radiosender:

88.9 Excellent Radio, Grover Beach

Von Alternative über Folk, Blues und Elektronikrock, Reggae und Surf ist auf diesem Avantgarde-Sender alles zu hören, nur keine Reklame. Exzellent ist einer der Sender, die durch ihr nichtlizensiertes Dasein das restriktive amerikanische Sendemonopol zu Fall bringen.

92.3 KSJO, Rock in San Jose.

92.7 KRQC, Monterey
Classic Rock. Im Klartext heißt das fünfmal am Tag »Stairway To Heaven«.

94.9 KOTR, Cambria
1994 war KOTR der erfolgreichste Alternativsender Amerikas. Die künstlerische Freiheit wurde ein Opfer dieses Erfolges. Übriggeblieben ist ein guter, allerdings berechenbarer Popsender.

97.1 KSEQ, Fresno
Spitze, wenn man seinen derzeitigen Lieblingshit einmal die Stunde hören will.

97.3 KRQR, nochmal Rock in San Jose.

103.7 KRZR, Fresno
Alter Rock und neuer Rock, guter Rock und »Shleprock«. Das ist jiddisch und heißt »beschissen«.

107.5 KPIG, Santa Cruz
Ihre Internetadresse lautet »Cyberswine«. Denen ist, wie der geneigte Leser sich schon denken kann, nichts heilig. Was KOTR in Cambria einmal war, ist KPIG heute – überraschend, aufreizend, frisch von der Leber weg.

Zeitungen, Zeitschriften:

Jede der größeren Städte hat ihre eigene Tageszeitung und kostenlose Wochenzeitung mit Veranstaltungskalender. Entweder am Straßenrand in einer der Automatenreihen abholen, oder im durchgehend geöffneten 7/11 nach der »free weekly paper« fragen.

SAN FRANCISCO

Musikkneipen:

Blue Lamp, 561 Geary Street, San Francisco, (415) 885-1464
Akustikrocker, Blueser und junge San-Francisco-Talente treten allabendlich auf.

Blues, 2125 Lombard Street, San Francisco, (415) 771-BLUE
Die Boys haben sich auf guten Bar-Blues und lauten Rockabilly spezialisiert, was zur Folge hat, daß immer Partyatmosphäre herrscht.

Bottom of the Hill, 1233 17th Street, San Francisco, (415) 621-4455
Jeden Abend drei, vier Gruppen hintereinander. Und was für scharfe. Die junge Rockszene zeigt, was sie kann.

Café du Nord, 2170 Market Street, San Francisco, (415) 861-5016

Die eklektische Kaffeehaustradition der Beatniks lebt! Jazz, Spoken Word, Industrial und Punk gibt's.

Club Boomerang, 1840 Haight Street, San Francisco, (415) 387-2996

Hierher kommen Althippies aus aller Welt, um am Altar der Jugendbewegung zu beten. Pech, daß im Haight zur Zeit Punk angesagt ist.

Club Cocodrie, 1024 Kearny Street, San Francisco, (415) 986-6678

Neues und Bewährtes nebeneinander; das musikalische Angebot ist erfreulich breit gestreut.

Great American Music Hall, 859 O`Farrell Street, San Francisco, (415) 885-0750

»Great« ist nur das Lineup; die Kneipe selbst ist kaum der Erwähnung wert. Aber die Music Hall gilt als Traumladen San Franciscos, der Auftritt dort ist das Ziel aller kalifornischen Jungmusiker. Wer gebucht wird, hat's geschafft.

Hotel Utah, 500 Fourth Street, San Francisco,(415) 421-8308

Gruppen, die *Carnival Dogs* und *Circus Pimps* heißen, erlebt man hier hautnah. Gute Geheimtip-Pinte für neuen Rock.

Last Day Saloon, 406 Clement Street, San Francisco, (415) 387-6343

Für Freunde amerikanischer Musik. Hoch geht's her, laut ist's, und auf der Bühne schrammelt entweder eine Garagenband oder Taj Mahal.

Nightbreak, 1821 Haight Street, San Francisco, (415) 221-9008

Haight-Ashbury heißt im Volksmund ja schon wieder Hashbury. Die Gruppen sind jung, die Gäste auch. Gute Stimmung ohne lästige Hippie-Nostalgie.

The Saloon, 1232 Grant Avenue, San Francisco, (415) 989-7666

Blues-Rock war in Nordkalifornien schon immer angesagt. Im Saloon hört und sieht man die Besten des Genres.

Slim's, 333 11th Street, San Francisco, (415) 522-0333

Amirocker Boz Scaggs hat sich mit Slim's einen Nebenerwerb gesichert. Slim's ist die Top-Musikkneipe San Franciscos. Alles stimmt: das Sound-System, die Gruppen, die Atmosphäre, die Bedienung.

Konzerthallen, Stadien:

3 Com Park, Jamestown and Harney Way, San Francisco, (415) 467-1994

Ein Stadion für 70 000. Selten Konzerte, aber wenn, dann Weltklasse.

Bill Graham Civic Auditorium, 747 Howard Street, San Francisco, (415) 974-4000, Bass tickets: (510) 762-2277)
Frisch renoviert bietet das Civic Auditorium 7000 Fans die ideale Innenstadtkulisse. Alle möglichen Musikstile haben in San Francisco eine Chance.

Cow Palace, 2600 Geneva Avenue, Daly City, (415) 469-6065, Bass tickets: (510) 671-4000
Der Kuhpalast ist einer. Wenn am Sonnabend Springsteen spielt, war am Freitagabend vermutlich Rinderauktion. 16 500 Menschen haben Platz.

The Fillmore, 1805 Geary Boulevard, San Francisco, (415) 243-8510, Bass tickets: (510) 671-4000
Wohl das bekannteste Konzerthaus der Stadt. Hier regierten Bill Graham und seine Hippies, und sie tun's immer noch. Heute gehen knapp über 1 100 Leute in den Laden, und man sucht vergeblich die Badewanne mit dem LSD-Punsch. Ansonsten ist die Stimmung wie in alten Zeiten.

Golden Gate Theatre, 1 Taylor Street, San Francisco, (415) 673-6400, Bass tickets: (510) 671-4000
Graham-Konkurrent Nederlander aus Los Angeles macht mit seinem Laden klar, daß zwei Monopole hier gut nebeneinander auskommen. 2 423 Sitzplätze, perfekte Organisation und sehenswerte Shows.

War Memorial Performing Arts Center, 401 Van Ness Avenue, San Francisco, (415) 621-6600
Veranstalter haben die Wahl zwischen dem 3 476-sitzigen Opera House, der um 800 Plätze kleineren Davies Symphony Hall oder dem 1 000-sitzigen Herbst-Theater. Mitten in der Stadt gelegen, ist das Performing Arts Center unbedingt einen Besuch wert.

Warfield Theater, 982 Market Street, San Francisco, (415) 243-8510, Bass tickets: (510) 671-4000
Neben dem Fillmore war das Warfield Bill Grahams zweites Innenstadt-Standbein. Hier wird »The History of Rock'n' Roll« täglich fortgesetzt.

Radiosender:

104.5 KFOG, San Francisco
Dafür, daß das Album-Rockradio hier begann, hat die Stadt ein trübes Rundfunkangebot. Viel Talk, viel Jazz, viel Klassik, aber wenig Rock. KFOG gibt sich Album-alternativ. Zum Glück strahlen die meisten Sender von der gegenüberliegenden Seite der Bucht bis in die Innenstadt.

Zeitungen, Zeitschriften:

Bay Guardian und **S.F. Weekly** sind die kostenlosen Wochen-
blätter, die überall zu haben sind. Allerdings dürfte die »Date-
book«-Beilage zur Sonntagszeitung **San Francisco Examiner
and Chronicle** einen etwas ausführlicheren Unterhaltungsteil
aufweisen.

MARIN COUNTY UND BAY AREA

Musikkneipen:

924 Gilman, 924 Gilman Street, Berkeley, (510) 525-9926
Motto der Stammgäste des Punk-Klubs ist »traue keinem über 18«.
Ashkenaz, 1317 San Pablo Avenue, Berkeley, (510) 525-5054
Seit Jahrzehnten wird hier Anarchie diskutiert. Viel gute, neue
Musik aus Uni und Umgebung.
Berkeley Square, 1333 University Avenue, Berkeley, (510) 841-
6555
Großer Studentenklub mit umfassendem Konzertkalender.
Blondie's Pizza, 2340 Telegraph Avenue, Berkeley, (510) 548-
1129
Warum nicht Punkrock zu Pizza und Bier?
Club Pasand, 2288 Shattuck Avenue, Berkeley, (510) 848-0260
Rock und World Music für 300 Bierfreunde.
Eli's Mile High Club, 3629 Martin Luther King Jr. Way, Oak-
land, (510) 655-6661
Der Klub gilt als die Geburtsstätte des West Coast Blues. Ein
Billiardtisch, Musik und typisch schwarze Soulfood-Küche hal-
ten die Kneipe seit Jahrzehnten über Wasser.
Freight & Salvage Coffeehouse, 1111 Addison Street, Berkeley,
(510) 548-7603
Von akustisch bis total laut.
New George's, 842 Fourth Street, San Rafael, (405) 458-1600
Viel Blues, guter Rock, oft weltbekannte Künstler. Die Kneipe
hat Flair.
Starry Plough, 3101 Shattuck Avenue, Berkeley, (510) 841-2082
Intime Atmosphäre mit lauten Studenten und leiser Musik.
Sweetwater, 153 Throckmorton Avenue, Mill Valley, (415) 388-
2820
Nur 125 Auserwählte passen jeweils in die berühmte Kneipe. Es
ist immer was los. Mit Glück treten Nachbarn wie Van Morrison
und John Lee Hooker unangemeldet auf. Im Sweetwater ent-
standen vermutlich mehr Live-Alben als in sonst irgendeiner
Kneipe auf der Welt.

Triple Rock Brewery Company, Inc., 1920 Shattuck Avenue, Berkeley (510) 843-2739
Frisch gebrautes Bier und akustischer Folkrock. Immer brummvoll, immer stimmig.

Konzerthallen, Stadien:

Berkeley Community Theater, 1930 Allston Way, Berkeley, (510) 644-8603, Bass tickets: (510) 671-4000
Konzerte aller Art für 3500 Besucher.
Concord Pavilion, 2000 Kirker Pass Road, Concord, (510) 671-3284
Veranstalter Graham quetscht 8725 Besucher in seine Halle, die allmonatlich irgendwelche Weltsuperstars beherbergt.
Henry J. Kaiser Arena, 10th Street, Oakland, (510) 238-7765
Die nach dem Aluminium- und Schiffsbauindustriellen benannte Arena bietet nur 6000 Leuten Platz. Sie füllt sich ab und zu für Konzerte des Homeboy M. C. Hammer.
Marin Center, Avenue of the Flags, San Rafael, (415) 472-3500
Bis zu 2.000 Leute passen in das feine Auditorium. Wenig Rock, viel Erbauliches.
Oakland Coliseum Arena, 7000 Coliseum Way, Oakland, (510) 569-2121, Bass tickets: (510) 671-4000
Hier steppt der Bay-Area-Bär. Wem die Arena mit 15909 Sitzen zu klein ist, der dreht sich um und hat die 60000 Sitzplätze des Oakland Stadium vor sich. Da passen von den *Stones* über *Green Day* bis Whitney Houston alle Umsatzbringer dieser Welt rein.
Paramount Theater, 2025 Broadway, Oakland, (510) 465-6400
2968 Sitzplätze und üblicherweise ein Oldies-Popgemisch.

Radiosender:

89.3 KPFB, Berkeley
Mit den angeschlossenen KPFA 74.1 in Berkeley und KFCF 88.1 in Fresno ist dieser werbefreie Sender der Pacifica-Kette einer der stärksten Kaliforniens. Außer Top 40 hört man auf Pacifica-Sendern alle Arten Musik.

Zeitungen, Zeitschriften:

Vom *Berkeley Barb* und Country Joe McDonalds *Rag Baby*- Magazin ist weit und breit nichts mehr zu sehen. Die kostenlosen Wochenzeitungen sind eher auf Kommerz ausgerichtet, aber es gibt sie noch. Besonders in den vielen Buchläden der East Bay kann man eine Auswahl mit nach Hause nehmen.

NORDKALOFORNIEN/NORDKÜSTE

Die riesenhafte menschenleere Landschaft lädt nicht zur Speziali-
sierung ein. Wem hier eine Kneipe gehört, der bucht ab und zu Musik und weiß, daß er die Bude voll bekommt. Man ist eher zurückgezogen an dieser einsamen Küste. Zum Glück gibt's einige kleine
Universitäten und entlang des Highway 101 Kleinstädte, die regel-
mäßige Konzertveranstaltungen bieten. Wir führen deshalb nur wenige Musikkneipen auf, weil's nur wenige gibt.

Musikkneipen:

The Brickworks, 191 E. 2nd Street, Chico, (916) 898-9898
Das Universitätsstädtchen Chico, nicht weit vom Interstate 5,
bietet einen mittelgroßen Nachtklub, der sich auf Rock, Blues
und alternative Musik spezialisiert hat. Hellhörige kriegen mit,
wie sich Fuchs und Has` verabschieden.

Casper Inn, Casper, (707) 964-1650
Etwas nördlich von Mendocino, am Highway 1, liegt das Dorf
Casper, das ganz ohne Straßenbezeichnung auskommt. Die
Kneipe läßt die Puppen tanzen, mehr als 150 dürfen's allerdings
nicht sein.

Club West, 535 5th Street, Eureka, (707) 444-2624
Ein echter Nachtklub, so hart an der Oregon-Grenze. Die Kneipe
ist groß genug für Spitzenmusiker und ohne viel Konkurrenz.

Eureka Inn, 7th und F Streets, Eureka, (707) 269-2163
Die sporadischen Eureka-Inn-Konzerte bringen große Namen
des Classic Rock und Country ins Kleinstädtchen.

Jambalaya Club, 915 H Street, Arcata, (707) 822-4766
Quer durch den nordkalifornischen Gemüsegarten. Von Jazz, über
Hard Rock, bis hin zu den *Swamis of Soul* tritt hier alles auf.

McNears Mystic Theater, 23 Petaluma Boulevard North, Peta-
luma, (707) 765-2121
Direkt am Redwood-Highway, nur wenige Meilen oberhalb von
Marin County, spezialisiert sich der Nachtklub auf alternativen
Rock und Blues.

Molly Malone's, 245 Healdsburg Avenue, Healdsburg, (707) 431-
1856
Im Weinbaugebiet am Redwood-Highway finden im Sommer oft
Open-Air Konzerte statt. Doch wenn der kurze Sommer vorbei
ist, bietet Molly Malone's Konzerte unterm Dach. Sie brauchen
nicht weit zu suchen, um ihre Künstler zu verpflichten. Die Gegend zwischen Sebastopol und Healdsburg ist mit Altrockern geradezu gepflastert.

North Coast Brewing Company, 444 N. Main Street Fort Bragg, (707) 964-2739
Hausbrauerei mit gelegentlicher Konzerteinlage. Da in Fort Bragg die Zeit stillsteht, merkt keiner, daß die Musiker eigentlich schon längst tot sein müßten.

Phoenix Theater, 201 Washington Avenue, Petaluma, (707) 762-3565
Moderner Rock ist das Standbein dieses 850 Sitzplätze fassenden Großbetriebes. Doch damit sich's lohnt, bucht man alle Arten populärer Musik.

Konzerthallen, Stadien:

Adorni Center, 1011 Waterfront Drive, Eureka, (707) 839-4451
Das Humboldt Folklife Festival findet hier statt und ab und zu auch ein ordentliches Rockkonzert.

Reggae on the River, French's Camp, Piercy, südlich von Garbersville
Die seltsame Anschrift ist leider gültig. Einmal jährlich, normalerweise Anfang August, findet in der Wildnis das schärfste Reggae Open-Air der Welt statt. Selbst der Original Sunsplash nimmt sich dagegen überreglementiert aus. Im mitgebrachten Zelt wird gewohnt, im kalten Bach gebadet, und man kann rauchen, was neben dem Zelt wächst. Die Show ist immer ausverkauft. Deshalb empfiehlt sich eine telefonische Kartenvorbestellung über eine der Ticketmaster- oder Bass-Kartenverkaufsstellen.

The John Van Duzer Theatre, Humboldt State University, Arcata, (707) 826-3928
Das Universitätsstädtchen Arcata, durch eine schmale Bucht von der nordkalifornischen Metropole Eureka getrennt, bietet mit dem Van Duzer Theatre eine der wenigen großen Hallen der Gegend. Gebucht wird alles, was sich in die Gegend verirrt.

Mateel Community Center, 59 Rusk Lane, Redway, (707) 923-3368
In den Wäldern, die der 101 in Richtung Eureka durchquert, müssen Menschen leben, sonst wären die 750 Sitzplätze des Mateel Center nicht immer ausverkauft. Gute Konzerte in einsamster Gegend.

Radiosender:

90.5 KHSU, Eureka
Studentenradio der Humboldt State University. Eindeutig der schärfste Sender im ganzen Norden. Man hört sie auch auf 88.7, 89.1 und 89.3. Hier ist die Skala ebenso menschenleer wie die Gegend.

92.3 KRED, Eureka
Hot AC ist ihr Format, womit sie sich wohltuend von
93.1 KXGO, Eureka
unterscheiden. Die spielen nämlich ein Gemisch von Top 40 und
Opas Lieblingsrock.
93.9 KFMF, Chico
Alternativrock vom Land. Die Studenten der hiesigen Universität lassen neben Alternative kein anderes Format aufkommen.
106.7 KDIG, Chico
Auch der Konkurrent von KFMF hat sich durchgerungen, Alternativrock zu spielen.

Hut ab!

Man dankt überschwenglichst, denn ohne die vielen Freunde wäre
aus der vorliegenden Schwarte nie etwas geworden. Die Familie –
Jenny, beste Ehefrau von allen, Jungfilmer Mike und der platten-
produzierende Pat Kraus – sowie Lutz und Frauke Bertram sind
eigentlich schuld daran. Die freuen sich seit Jahren über die Stories, über das Menscheln meiner beruflich und privat verbundenen
Freunde aus der kalifornischen Musikszene. Sie drängten darauf,
daß aus den Rundfunkbeiträgen und abendlichen Gesprächen am
Wohnzimmertisch eine schriftliche Sammlung würde. Radiotypen
werden für's Reden bezahlt; von monatelanger Fron vorm Computer steht nichts im Vertrag. Aber wer »A« sagt, muß manchmal »B«
schreiben.

God, and what a great resource you guys were. Everyone pitched in,
nobody held back. Rob at Cargo Records, Richard Berry and Hat-
size Snyder; gracias. Cool dudes like Merrell Fankhauser and Paul
Barrere, Catfish Hodge and Freebo, David Lindley and Hani Naser,
along with Paul Irwin and Ray Woodbury. Hats off to John McEuen
and John Trudell, Babalu and Randy California, Ed Cassidy and
Merl Saunders, Country Joe McDonald and Winston Rodney, The
Burning Spear. Nicky and Moira Hopkins – wow, Nick, we all miss
you terribly – and the countless good folks at venues, labels and radio stations, who were always there to help. Charlie Goodman, Bruce
and Joy Howard at stations in California which let me do my thing,
Jürgen König und Klaus Dittrich als Speerspitze meiner deutschen
Rundfunkpartner. Lektorin Edda Fensch, deren Geduld endlos ist.

So'n Buch schreiben ist schon stark. Da merkt man erst, wieviele
selbstlose Freunde man doch hat.

Personenregister

259

Register der Bands

Ortsregister

263

Christoph Dieckmann
Oh! Great! Wonderful!
Anfänger in Amerika

134 Seiten, Klappenbroschur,
14,80 DM; 15,80 sFr.; 115,00 öS
ISBN 3-86153-032-5

Die unantastbaren Überzeugungen vieler Amerikaner unterhalb der äußeren Oberflächlichkeit reflektiert Dieckmann spannend und eigenwillig. Er schraffiert Themen und Ort so, daß ihm letztlich immer wieder ein Satz genügt, der so ganz nach dem Geschmack von Neil Young wäre: »Es steckt mehr in dem Bild, als deine Augen sehen.«

Junge Welt

Christoph Dieckmann
Time is on my side
Ein deutsches Heimatbuch

210 Seiten, Klappenbroschur,
29,80 DM/sFr.; 233,00 öS
ISBN 3-86153-093-7

Jenseits von »Ostalgie« und Deutschtümelei gelingt dem Autor die feinsinnige Schilderung einer DDR-Biographie. Die Ikonen des Rock 'n' Roll ersetzen den versagten Westen und wurden von der jüngeren Generation zu Symbolen ihrer Gegenwart auserkoren.

Frankfurter Allgemeine

Peter Wicke, Lothar Müller (Hg.)

Rockmusik und Politik
Analysen, Interviews und Dokumente

280 Seiten, Broschur,
38,00 DM/sFr.; 297 öS
ISBN 3-86153-096-1

Der Zusammenprall von kontrollierender Staatsbürokratie und aufbegehrender Rockmusik hat in der DDR ein vielschichtiges und widersprüchliches Geflecht von Behinderung und Förderung, Anpassung und Rebellion entstehen lassen.

Dem gehen die Autoren in drei analytischen Beiträgen nach, die sich mit dem gewandelten Reglementierungssystem für die Unterhaltungskunst, dem Einfluß der Staatssicherheit sowie der Entwicklung der alternativen Rockszene und ihrer Kassettenproduktion beschäftigen.

Grundlage hierfür waren zahlreiche Interviews mit Verantwortlichen aus unterschiedlichen Bereichen des Partei- und Staatsapparates, wovon elf im vorliegenden Band dokumentiert sind. In ihnen werden die ausgeklügelten Steuerungsinstrumente der DDR-Kulturpolitik offensichtlich und kommen zugleich die vielfältigen Formen zur Sprache, mit denen diese unterlaufen werden konnten.

In einem dritten Teil werden Schlüsseldokumente zur staatlichen Kontrolle der Rockmusik in der DDR aus dem Zeitraum von 1971 bis 1989 vorgestellt. Ein ausführlicher Anhang enthält Erklärungen zu den einzelnen Institutionen und ihren speziellen Zuständigkeiten.

Herman van Veen
Ein zärtliches Gefühl
Liedtexte aus 25 Jahren

264 Seiten, Klappenbroschur,
29,80 DM/sFr.; 233,00 öS
ISBN 3-86153-086-4

Trostlos wird es nie bei van Veen. Seine große Kunst ist es, Wehmut sofort durch Witz und Ironie zu brechen.

Berliner Zeitung

Zwischen den geheimen Wünschen des jungen Traumtänzers aus Utrecht und dem 50. Geburtstag des Weltstars liegen nicht nur dutzende Schallplatten und zahllose Tourneen durch alle Erdteile, sondern auch ungezählte Liedtexte und Gedichte, von denen nun die schönsten in einem Buch versammelt sind.

Tagesspiegel

Heinz Rudolf Kunze
Nicht daß ich wüßte
Lieder und Texte 1992–1995

210 Seiten, Klappenbroschur,
29,80 DM/sFr.; 233,00 öS
ISBN 3-86153-091-0

Heinz Rudolf Kunzes Lieder sind alles andere als Unterhaltungs-Fastfood. Er liefert skurrile und wortwitzige literarische Exkurse, zarte schwermütige Balladen, sowie provokante und scharfzüngige Persiflagen deutscher Befindlichkeiten. Damit ist er den Ursprüngen des Rock 'n' Roll näher als manch anderer.

Live